"华中师范大学政治学一流学科建设成果文库"资助项目

国际区域治理系列丛书
韦红 主编

SOUTHEAST ASIA

陈菲 主编

东南亚国别政治与区域治理研究

天津出版传媒集团
天津人民出版社

图书在版编目（CIP）数据

东南亚国别政治与区域治理研究 / 陈菲主编.
天津 : 天津人民出版社, 2025.1. -- (国际区域治理系
列丛书 / 韦红主编). -- ISBN 978-7-201-20880-0

Ⅰ. D733-53

中国国家版本馆CIP数据核字第2024J08H97号

东南亚国别政治与区域治理研究
DONGNANYA GUOBIE ZHENGZHI YU QUYU ZHILI YANJIU

出　　版　天津人民出版社
出 版 人　刘锦泉
地　　址　天津市和平区西康路35号康岳大厦
邮政编码　300051
邮购电话　（022）23332469
电子信箱　reader@tjrmcbs.com

责任编辑　王　琤
特约编辑　曹忠鑫
装帧设计　汤　磊

印　　刷　天津新华印务有限公司
经　　销　新华书店
开　　本　710毫米×1000毫米　1/16
印　　张　15.5
字　　数　200千字
版次印次　2025年1月第1版　　2025年1月第1次印刷
定　　价　88.00元

华中师范大学政治学一流学科建设成果文库

总编委会

丛书总序

在当今全球化与区域化交织发展的时代背景下，国际事务的复杂性与多元性日益凸显，区域治理成为连接全球治理与国家治理的重要桥梁，其理论与实践价值不言而喻。特别是东南亚地区，与中国地缘相连，战略位置重要，传统安全与非传统问题交织，区域国别治理机制错综复杂，区域治理成就与挑战并存。加强对该区域治理的研究，一方面可以客观展现区域治理的多样化图景，另一方面也有助于建构中国的区域国别学话语体系，丰富现有的国家治理和地区主义理论。

华中师范大学的政治学是国家"双一流"建设学科。作为国内政治学与国际关系研究重镇之一，我校始终秉持"开放包容、求真务实"的学术精神，致力于在区域治理研究领域深耕细作，为中国发展和外交贡献智慧与力量。近年来，我校政治学一流学科建设积极响应"一带一路"倡议及全球治理体系变革的需求，不断深化教育教学改革，强化科研创新能力，培养了一大批具有国际视野和扎实专业素养的优秀人才。相关研究团队围绕亚洲、欧洲、非洲等不同区域，就经济一体化、安全合作、文化交融、社会治理等议题展开深入研究，取得了一系列高质量的研究成果，不仅在国内学术界产生了广泛影响，也在国际舞台上发出了中国学者的声音。特别是针对热点地区的安全挑战、区域合作机制创新、跨国非传统安全威胁应对等问题,研究团队提出了诸多具有前瞻性和可操作性的政策建议,为政府决策提供了有力的智力支持。

值得一提的是,华中师范大学"中国—印度尼西亚人文交流研究中心"以政治学一流学科为依托,近年来不断拓展以印度尼西亚为中心的东南亚区域国别研究,成绩斐然。该中心先后承担了"印度尼西亚政治制度变迁与现代国家建构研究""东南亚城市化与乡村发展研究"等国家社科基金、教育部项目,出版有《印度尼西亚农业研究》《印度尼西亚海权发展的历史考察》《东南亚智库与区域治理》《中国与印度尼西亚人文交流发展报告》《印度尼西亚国情报告》等著作。此外,本中心紧跟国家和社会发展需求,在涉东南亚事务上积极提供决策咨询,影响力不断扩大。

"国际区域治理系列丛书"正是华中师范大学"中国—印度尼西亚人文交流研究中心"借"双一流"建设东风精心策划的一套学术丛书,它既是学校"双一流"建设成果的一次集中展示,也是引领中心未来研究方向与目标的重要载体。目前,该丛书已有4部成果,分别是《东南亚智库与区域治理》《东南亚国别政治与区域治理研究》《东南亚海洋生态国别治理研究》《东南亚公共卫生国别治理研究》。未来本中心将继续聚焦国际区域治理前沿问题,推动学科交叉融合,拓展研究视野,推出更多区域治理研究成果。

我们期待通过这套丛书,搭建一个学术交流与思想碰撞的平台,促进国内外学者之间的深度对话与合作,共同探索国际区域治理的新路径、新智慧,为推动全球治理体系的完善与区域合作的深化贡献力量。

韦红　于桂子山

2025年1月

前　言

　　随着21世纪全球政治经济版图的深刻重塑,东南亚地区——作为亚洲与大洋洲、印度洋与太平洋的交汇枢纽,其地缘政治战略价值愈发凸显。域外国家在东南亚的战略部署与互动,不仅对该区域的政治格局与经济增长产生深远影响,还为全球治理的动态变化增添了新的维度。

　　2022年11月5日,华中师范大学圆满举办了首届"东南亚国别政治与区域治理研究"博士研究生学术论坛。该论坛由华中师范大学政治学部国际政治研究中心、政治与国际关系学院及《社会主义研究》编辑部联合主办。此次论坛融合线上线下模式,设立两个并行会场,吸引了来自北京大学、南京大学、厦门大学等全国多所知名高校的二十余名青年才俊参与,他们就东南亚国别政治、区域治理等前沿议题展开了热烈且深入的探讨。

　　论坛的一大亮点是邀请了多位在东南亚研究领域享有盛誉的专家学者担任点评嘉宾,包括厦门大学东南亚研究中心主任、《南洋问题研究》主编范宏伟教授,南京大学国际关系研究院副院长郑先武教授,华中科技大学东盟研究中心主任黄栋教授,广西民族大学东盟学院副院长葛红亮教授,中国现代国际关系研究院东南亚和大洋洲研究所副所长骆永昆副研究员,暨南大学国际关系学院/华侨华人研究院潘玥副研究员等。各位专家深入分析了博士生论文选题的价值,聚焦问题界定的清晰度、架构布局的合理性、理论挖掘的深度,以及逻辑链条的严密性和研究方法的科学性等多个维度,进行了全面而细致的点评。这些点评不仅有助于博士生们识别自己研究中的不足与亮点,还能激励他们更深入地思考学术问题,从而对他们的学术成长道路产生积极的推动作用。

此次论坛的举办,不仅是我国高校在东南亚研究领域学术交流与人才培养方面的一次重要实践,也是推动区域国别研究向纵深发展的有力举措。论坛为博士生们构建了一个全新的交流平台,鼓励他们积极展示研究成果、深入交流学术思想,同时还促进了跨学科、跨领域的融合与协作,为构建对东南亚地区的全面而深刻的理解奠定了坚实基础。

随着中国与东南亚地区的互动日益紧密,对东南亚地区的深入研究已成为提升国家软实力、深化区域合作的重要基石。首届"东南亚国别政治与区域治理研究"博士研究生学术论坛的成功举办,正是对国家加强区域国别研究战略需求的积极响应。论坛通过高水平的学术对话,促进了理论创新与方法探索,为中国在东南亚地区的合作与发展贡献了智慧与力量。

展望未来,本次论坛的成功举办无疑将激励更多青年学者投身于东南亚研究,为中国的东南亚研究领域注入新的活力与灵感。它不仅是推动学术繁荣的催化剂,更是促进国际交流合作的桥梁,为构建人类命运共同体贡献了中国青年学者的智慧与力量。

论坛圆满结束后,我们将本次论坛的获奖论文精心收录成集,并对每篇论文进行了必要的完善。《东南亚国别政治与区域治理研究》共收录了八篇获奖论文,以下是对这些论文的简要介绍和评价:

第一篇文章为南京大学博士马赟菲的《"预备大国":一种对印度尼西亚国际角色的时空分析》。

这篇文章主要探讨了印度尼西亚在当前国际关系中的角色定位,并对其对外行为进行了时空分析,通过对现有标签和框架的批判性反思,作者提出了使用角色理论来更全面地理解印度尼西亚的国际行为。文章指出,印度尼西亚在国际上常被贴上"地区大国""中等强国"等标签,但这些标签在解释其复杂多变的对外行为时存在局限性。马赟菲博士认为,印度尼西亚的对外行为不仅受其物质实力的影响,还深受其国际理想、角色认知及时空背景等多重因素的共同影响。

文章从文献评述入手,梳理了已有研究在分析印度尼西亚对外行为成因时的三种主要思路,并指出了这些思路的不足之处。随后,作者通过引入角色理论,尝试构建一个更为全面和动态的分析框架,以解释印度尼西亚在不同时间和空间背景下的对外行为。在这一框架下,马赟菲博士强调了印度尼西亚对自身角色的独特认知,即一个拥有全球利益和关切的地区大国,并探讨了这种认知如何影响其外交政策的选择和实施。

在论述过程中,作者提供了丰富的数据和案例来支撑其观点。例如,文章提到印度尼西亚自苏加诺时期起就表现出的参与全球治理、谋求国际影响力的愿望,以及印度尼西亚政府对于"将印度尼西亚的地位降至仅仅是中等强国是一种屈尊俯就的做法"的明确表态。这些数据和案例不仅增强了文章的说服力,也使读者能够更加深入地理解印度尼西亚的国际行为。

此外,文章还关注了印度尼西亚在面临发展挑战时的外交策略调整,如怎样应对亚洲金融危机和国内政治动荡等压力。通过这些分析,文章揭示了印度尼西亚在复杂多变的国际环境中如何灵活应对挑战、维护自身利益的策略和能力。

总体来看,这篇文章在探讨印度尼西亚国际角色与对外行为方面做出了有益的尝试和贡献。首先,文章通过批判性地审视现有标签和框架,指出了其在解释印度尼西亚复杂对外行为时的局限性,这为后续研究提供了新的视角和思考方向。其次,文章引入角色理论作为分析框架,为理解印度尼西亚的国际行为提供了一种更为全面和动态的方法。这种方法不仅关注了印度尼西亚的物质实力,还深入探讨了其国际理想、角色认知及时空背景等多重因素的作用,从而揭示了印度尼西亚对外行为的独特性和在时空上的连续性。最后,作者提供了丰富的数据和案例来支撑其观点,增强了文章的说服力和可读性。

然而,文章也存在一些可以进一步探讨和改进的方面。例如,在角色理论的应用上,文章虽然进行了初步的尝试,但还可以更加深入地挖掘角色认知与外交政策之间的具体机制和互动关系。此外,文章对于印度尼西亚在不同时期和领域的对外行为进行了广泛的分析,但在某些方面还可以更加具体和细化,以便更好地揭示其内在逻辑和规律。

总而言之,这篇文章在印度尼西亚国际角色与对外行为的研究领域具有重要的学术价值和现实意义。它不仅为理解印度尼西亚的复杂对外行为提供了新的视角和方法,也为推动国际关系研究的深入发展做出了一定的贡献。

第二篇文章为兰州大学博士任明哲的《“澜湄太空合作计划”的基础、挑战及前景》。

这篇文章深入探讨了“澜湄太空合作计划”的基础、挑战及前景,展现了中国与下湄公河国家(“澜湄次区域”)在太空科技领域的合作愿景与实际行动。文章指出,该计划不仅是中国推动航天事业“走出去”的重要步骤,也是深化“澜湄合作机制”、促进区域共同发展的重要举措。通过联合研制对地观测卫星、提供返回式卫星搭载机会、开展太空育种等合作,中国展现了其作为负责任大国的担当,为区域国家提供了科技援助和发展机遇。

文章详细阐述了“澜湄太空合作计划”对中国和“澜湄次区域”的现实意义,包括推动中国航天事业国际化、提升区域国家空间科技能力、促进区域经济社会发展等。同时,文章也清醒地认识到该计划在实施过程中可能面临的机遇与挑战,如技术合作难度、资金筹措、国际政治环境等因素的影响。为此,任明哲博士提出了一系列政策建议,旨在推动该计划的顺利开展。

从研究角度来看,该文章具有较强的学术价值和现实意义。然而,不足之处在于文献研究尚有欠缺,尤其是对"澜湄国家"本土文献的挖掘不够深入。为了更全面地了解"澜湄国家"的立场和需求,未来的研究应深入挖掘这些国家的文献材料,包括官方文件、学术论文、新闻报道等,以获取更加全面和深入的信息。

此外,随着"澜湄合作机制"的不断发展,对太空合作领域的研究也应与时俱进,关注新的合作动态和趋势。例如,可以进一步探讨太空合作如何与"澜湄国家"的经济社会发展目标相结合,如何促进区域互联互通和可持续发展等议题。通过更加深入和全面地研究,可以为"澜湄太空合作计划"提供更加有力的理论支撑和实践指导。

第三篇文章为华中师范大学博士孙晨的《印太战略视域下的欧盟—印尼海洋安全合作:动因、现状与挑战》。

这篇文章深入探讨了印太战略视域下欧盟与印尼之间的海洋安全合作。文章指出,随着印太地区成为全球安全与战略的重心,欧盟与印尼作为重要力量,双边关系不断提升。自2014年印尼总统佐科上台后,双方在维护海上贸易安全、对冲大国竞争、加强战略自主及应对非传统海洋威胁等方面展开合作,取得了显著成果。这些合作包括构建涉海合作机制、强化传统与非传统海洋安全合作等。

文章也指出双方合作面临诸多挑战,包括海洋安全思维差异、内部民族主义思潮、欧盟整体一致性与印尼政治连贯性的不匹配、印太权力结构的复杂性等。特别是美国特朗普政府与拜登政府将印太置于全球战略中心,并通过拉拢盟友及伙伴在印太地区增强存在,进一步加剧了该地区的紧张局势。

在欧盟方面,自2020年起,法国、德国、荷兰等欧盟成员国相继发布印太战略,随后欧盟也正式发布了《欧盟印太合作战略》,明确表明印太地区对欧盟具有重大战略意义,并致力于为该地区的安全、稳定、繁荣及可持续发展做出贡献。而印尼作为东盟创始国和东南亚第一大国,早在2013年就提出了"印太合作构想",并在佐科总统的推动下,积极实施"全球海洋支点"战略,将国家发展战略重心转向海洋。

文章还提到了东盟成员国在印尼的推动下通过《东盟印太展望》,强调在变幻的地缘格局下保持"东盟中心地位"的重要性。这些合作与战略不仅体现了双方及地区国家对印太地区安全与发展的重视,也反映了在当前国际形势下,各国寻求合作以共同应对挑战的趋势。

总体来看,孙晨博士的这篇文章是一篇具有深刻洞察力和广阔视野的研究文章,通过对欧盟与印尼在印太战略视域下的海洋安全合作的全面剖析,为我们揭示了当前国际政治与区域治理的复杂性和动态性。文章不仅详细阐述了双方合作的动因、现状与成果,还深入分析了合作过程中面临的种种挑战与困境,为我们理解国际政治合作中的复杂性和不确定性提供了宝贵的视角。

在数据支撑和事实细节方面,文章通过引用具体的政策文件、战略报告和领导人讲话等一手资料,增强了论证的权威性和说服力。同时,文章还通过对比分析、案例研究等方法,深入剖析了双方合作的内在逻辑和外部环境,为我们展现了一幅生动而全面的国际政治合作图景。

总的来说,孙晨博士的论文是一篇具有较高学术价值和现实意义的研究文章,对于推动国际政治与区域治理领域的研究和实践具有一定的参考价值。

第四篇文章为江汉大学讲师李云龙的《中国—东盟数字卫生合作:内涵、挑战与进一步推进的路径》。

这篇文章主要探讨了中国与东盟在数字卫生领域的合作内涵、面临的挑战及未来推进的路径。文章首先强调了数字卫生作为第四次技术革命的重要组成部分，为全球公共卫生治理带来了重大变革，并指出中国与东盟构建卫生健康共同体的必要性和紧迫性。

文章详细分析了中国与东盟数字卫生合作的内涵，包括其必要性和可行性。从必要性来看，数字技术为中国与东盟公共卫生合作搭建了新平台，确保在公共卫生事件中保持高效的通信。同时，数字卫生能够有效弥补公共卫生资源不足，促进资源有效配置，助力卫生健康共同体的构建。此外，数字卫生还事关民众生产生活秩序和经济的复苏，成为推动中国与东盟疫情防控与经济合作的重要动力。从可行性来看，东盟巨大的数字卫生应用前景、中国数字卫生的蓬勃发展及中国与东盟高层推动的政治基础，共同为双方合作提供了契机和动力。

然而，中国与东盟的数字卫生合作也面临多重挑战，主要包括东盟的"数字鸿沟"、公共卫生治理失衡、合作机制协调不足及域内外政治因素的干扰。东盟各国间的经济、科技水平差距导致"数字鸿沟"问题较为突出，影响了数字卫生服务的可及性；公共卫生治理的脆弱性和不平衡性加剧了公共卫生资源的紧张；合作机制的协调不足和域内外政治因素的干扰则进一步增加了合作的复杂性和难度。

为了更好地推进中国与东盟的数字卫生合作，作者提出了多项建议，包括加强数字卫生基础设施建设、推动医药研发与公共卫生服务数字化、加强数字化公共卫生人才培养及完善数字卫生合作机制等。这些建议旨在通过多方面的努力，提升中国与东盟在数字卫生领域的合作水平，共同应对公共卫生挑战，推动构建更加紧密的中国—东盟卫生健康共同体。

总体来看，这篇文章全面系统地探讨了中国与东盟在数字卫生领域的合作问题，具有较高的学术价值和现实意义。作者不仅从多个角度论证了合作的必要性和可行性，还针对具体问题提出了切实可行的解决方案，展现了对该领域的深入思考和独到见解。

此外,文章还引用了大量数据和文献资料,增强了文章的说服力和权威性。同时,作者也充分考虑了东盟各国的实际情况和差异性,提出了具有针对性的合作建议,为未来的政策制定和合作实践提供了重要参考。

然而,这篇文章也存在一定的局限性。例如,在分析合作机制协调不足的问题时,作者未能深入探讨机制建设的具体路径和措施;在评价合作成果时,也缺乏具体的数据和案例支持。未来的研究可以进一步关注这些问题,通过实地调研和数据分析,为中国与东盟数字卫生合作的深入发展提供更加翔实和全面的支持。

总的来说,这篇文章是一篇具有较高学术水平和实践指导意义的文章,对于推动中国与东盟在数字卫生领域的合作具有重要意义。希望未来能够有更多类似的研究成果涌现,为全球公共卫生治理贡献更多的智慧和力量。

第五篇文章为集美大学讲师夏昂的《"权力转移理论"视角下大国战略竞争研究——以东南亚为例》。

这篇文章主要探讨了21世纪以来中美两国在东南亚地区的战略博弈及其影响。文章从权力转移理论的视角出发,详细分析了东南亚地区权力格局的变迁过程。

文章首先阐述了权力转移理论的核心观点,包括权力持平可能导致战争、国际体系的等级结构、权力转移的原因是国家内部工业化、只有"不满意"的崛起国才可能发动战争等。随后,作者将这些理论观点应用于分析中美在东南亚的战略博弈,指出中国的崛起导致了东南亚地区权力格局的变化,并引发了美国的战略焦虑。

在具体分析东南亚权力格局变迁的过程中,文章详细描述了三个阶段的演变:在美国主导阶段,东南亚是美国全球战略的重要一环,但随着中国经济的快速发展和东南亚地区对中国经济依赖的加深,美国在东南亚的影响力逐渐减弱;第二个阶段,随着中国崛起,中美在东南亚的经济和安全领域逐渐形成了"二元格局",即中国在经济领域占据主导地位,而美国在安全领域保持优势;进入中美战略博弈加剧阶段,美国通过提出"印太战略"等方式加强在东南亚的军事和经济存在,企图遏制中国的崛起。

此外,文章还深入探讨了中美在东南亚的战略构想及其影响。美国作为全球霸权国,一直致力于维护其在东南亚的主导地位,并通过各种手段遏制中国的崛起。而中国则通过加强与东南亚国家的经济联系,扩大在东南亚的影响力。这种战略对冲现象不仅影响了东南亚地区的权力格局,也对全球地缘政治产生了深远影响。

总体来看,这篇文章具有较高的学术价值和现实意义。首先,文章从权力转移理论的视角出发,为分析中美在东南亚的战略博弈提供了新颖的理论框架。其次,文章通过详细的历史数据和案例分析,深入剖析了东南亚权力格局的变迁过程,为理解当前国际局势提供了重要的参考。最后,文章对中美在东南亚的战略构想进行了全面的比较和分析,有助于揭示中美战略博弈的本质和影响。

然而,这篇文章也存在一些不足之处。首先,文章对权力转移理论的阐述较为简单,未能充分展现该理论的复杂性和多样性。其次,文章在分析中美战略竞争时,主要关注了经济和安全领域的竞争,对文化、社会等其他领域的竞争关注相对不够。最后,文章对未来中美在东南亚的博弈趋势预测较为笼统,缺乏具体的分析和预测。

但是,总体而言,这篇文章是一篇具有较高学术价值和现实意义的论文。通过深入分析中美在东南亚的战略博弈及其影响,文章为理解当前国际局势提供了重要的参考。

第六篇文章为武汉科技大学讲师郭志奔的《政党制度化与政治民主化:东南亚四国的比较研究》。

这篇文章深入探讨了东南亚四国——泰国、菲律宾、新加坡和印度尼西亚的政党制度化与政治民主化进程并进行了比较研究。文章首先指出,政党作为后发国家建构民族国家、推进民主改革和提升国家治理能力的关键力量,其制度化水平对政治民主化进程具有重要影响。通过政党自主性、组织性和适应性三个维度的分析,文章揭示了这四个国家在民主转型绩效方面出现差异的原因。

文章详细回顾了东南亚国家在政治民主化过程中的历史背景和制度变迁,尤其是第三波民主化浪潮对这些国家的影响。文章指出,尽管东南亚国家普遍经历了由威权主义向现代民主政体转型的过程,但不同国家在民主巩固和民主质量上却存在显著差异。通过比较泰国、菲律宾、新加坡和印度尼西亚的政党制度变迁历程,文章进一步阐释了政党制度化水平如何影响国家的民主转型和巩固。

在泰国案例中,文章详细描述了泰国政党制度的起源、发展及其与军事政变的交织关系。泰国历史上虽然多次尝试民主化,但政治稳定常被军事政变破坏,政党制度化进程因此受阻。相比之下,新加坡的政党制度更为稳定,人民行动党通过长期执政和高效治理,成为"亚洲民主典范"。菲律宾和印度尼西亚则展示了从威权统治向民主转型的复杂过程,其政党制度经历了从多党竞争到一党独大,再到多党竞争的反复变化。

总体来看,郭志奔博士的这篇文章,通过系统的比较分析和丰富的历史数据,为深入理解东南亚国家政治民主化进程提供了重要视角。文章不仅深入揭示了政党制度化水平在民主转型中的关键作用,还精准地指出了不同国家在政治发展路径上所展现的共性与差异。文章的理论框架清晰明确,分析方法科学严谨,为比较政治学和区域治理研究领域提供了新的思路和方法论参考。

然而,文章也存在一些局限性。首先,尽管文章对东南亚四国的政党制度变迁进行了详细分析,但可能未能充分考虑到全球化、国际政治经济秩序变化等外部因素对东南亚国家政治民主化的影响。其次,文章在探讨政党制度化与政治民主化的关系时,可能过于强调政党的自主性、组织性和适应性等内部因素,而忽视了社会结构、公民社会、国际援助等外部因素的作用。

但是,总体而言,郭志奔博士的这篇文章是一篇具有较高学术价值的比较政治学研究论文。作者对东南亚四国的政党制度变迁进行了深入剖析,为理解后发国家政治民主化进程提供了重要参考。未来的研究可以进一步拓展分析框架,综合考虑内外部因素,以更全面地揭示东南亚国家政治发展的复杂性和多样性。

第七篇文章为德国图宾根大学博士后郭剑峰和福建社会科学院助理研究员王艺桦的《迈向第四代领导团队时代:新加坡领导人继任机制的运行实践与适应性挑战》。

这篇文章主要探讨了新加坡领导人继任机制的运行实践与适应性挑战,特别是聚焦于新加坡人民行动党如何通过精心设计的继任机制确保政治稳定和国家发展的连续性。文章首先指出了领导人继任问题在新加坡政治发展中的重要性,并以时任总理李显龙对黄循财的推选为例,展示了新加坡在转向第四代领导团队过程中的实践。

文章通过历史路径、制度调适与环境挑战三个维度,深入剖析了新加坡领导人继任机制的形成和运作。从历史路径看,新加坡自1959年取得自治地位以来,人民行动党就通过明确的整体性发展目标和系统化的政治精英培养计划,确保了领导层的平稳过渡。文章详细回顾了从李光耀到吴作栋,再到李显龙的代际交接过程,强调了领导人个人组织实践能力和党内共识在继任机制中的重要性。

在制度调适方面,文章指出,新加坡的威斯敏斯特式议会民主制为人民行动党提供了稳定的政治框架,而总理作为最高行政首长,由国会多数党领袖出任的制度安排,进一步巩固了人民行动党的执政地位。此外,人民行动党内部的选拔和培训体系,如"干练人才推行计划"和"自我延续"的概念,为领导人的培养和选拔提供了制度保障。

　　然而,文章也指出了新加坡领导人继任机制在全球治理新变局下面临的挑战。如王瑞杰因年龄和健康原因退出竞争,使得黄循财的崛起过程更加复杂。此外,随着国内外环境的变化,新加坡新一代领导团队还需应对经济、社会、外交等多方面的挑战,确保国家发展的持续性和稳定性。

　　总体来看,这篇文章对新加坡领导人继任机制进行了全面而深入地剖析,具有较高的学术价值和现实意义。文章通过丰富的历史资料和理论框架,展示了新加坡如何通过精心设计的继任机制确保政治稳定和国家发展的连续性。同时,文章也敏锐地指出了新加坡在全球治理新变局下面临的挑战,并对未来领导人可能面临的考验进行了前瞻性分析。

　　此外,文章在研究方法上采用了追踪式研究方法,填补了现有研究中的断层,直接将领导人继任问题本身作为研究对象,打开了继任机制的"黑匣子"。这种研究方法不仅有助于深入理解新加坡的政治制度和发展模式,也为其他国家和地区提供了有益的借鉴和启示。

　　总体而言,这篇文章是一篇具有较高学术水平和现实意义的佳作,不仅对于深入理解新加坡独特的政治制度和发展模式具有重要意义,同时也为全球政治治理的改进与发展提供了有益的参考和思路,展现了重要的实践意义与理论价值。

　　第八篇文章为华中师范大学中印尼人文交流研究中心研究助理郭宾的《东盟国家的对冲战略对东盟中心地位的削弱》。

　　这篇文章主要探讨了东盟国家在实施对冲战略过程中,如何影响其作为东南亚区域合作中心地位的存续条件。文章首先界定了对冲战略的概念,指出对冲战略是小国针对区域内大国的一种风险规避行为,区别于简单的追随或制衡策略。文章随后分析了东盟国家中心地位的存续条件,包括内部因素(如东盟内部的一致性)和外部环境因素(如区域内大国均势、大国竞合关系等)。

　　文章通过具体案例分析,如马来西亚、印度尼西亚、菲律宾、泰国、越南、新加坡和缅甸等东盟成员国的对冲战略实施情况,详细阐述了这些战略如何对东盟的中心地位产生削弱作用。马来西亚作为东盟创始国与核心成员国,其实施的对冲战略在一定程度上保持了与大国的等距离关系,但也在一定程度上削弱了东盟作为对话协商平台的可信度。印度尼西亚通过提出"海上锚点"地位建设,试图在大国竞争中取得平衡,但这种战略也未能有效强化东盟的中心地位。菲律宾和泰国作为美国的盟国,在对冲战略上表现出与美国更为紧密的联系,这同样削弱了东盟在区域合作中的中立性和自主性。

文章进一步指出,东盟国家的对冲战略不仅影响其在区域内的位置,还对大国竞合状态产生直接与间接影响。作者认为,对冲战略虽然在一定程度上规避了国家风险,但也限制了东盟在区域合作中的主动性和创造性。此外,文章还提出了超越对冲战略的可行路径,包括在东盟共同体建设框架下寻求集体对冲、构建信任关系及推进中国—东盟命运共同体建设等。

总体来看,文章在理论探讨和实证分析上均体现了较高的学术价值。首先,文章从对冲战略这一新颖视角出发,深入剖析了东盟国家在国际政治中的战略行为。其次,文章通过丰富的案例分析和翔实的数据支撑,使得论点更加立体和具有说服力。最后,文章在提出问题的基础上,也给出了相应的解决方案和路径建议,具有较强的现实指导意义。

然而,文章也存在一些不足之处。例如,在分析东盟国家对冲战略的具体实施效果时,可以进一步结合更多国家的实际情况进行深入剖析,以增强结论的普适性和说服力。此外,在提出超越对冲战略的可行路径时,可以更加具体地探讨这些路径的可行性和实施难点,以便增加文章的深度。

但是,总体而言,这篇文章是一篇具有较高学术价值和现实意义的研究成果,为理解东盟国家在国际政治中的战略行为提供了新的视角和思路。

本书所汇集的八篇文章,均为首届"东南亚国别政治与区域治理研究"博士研究生学术论坛的获奖论文或佳作,收入本书时对文字做了修订。在本书的前言部分,作为论坛的组织者之一,本人对这八篇文章进行了系统性的介绍与评价,旨在为对该领域感兴趣的读者提供一个相对清晰的阅读导向与深入探索的线索。需要指出的是,鉴于个人学术视野之局限,本前言对文章的介绍与评价难免存在某些偏颇与未尽之处,望读者在阅读过程中不吝指正,以共同促进学术交流。

陈菲

2024 年 7 月 15 日

目 录

"预备大国":一种对印度尼西亚国际角色的时空分析*

马赟菲

在国际关系分析中,学者们赋予了印度尼西亚许多不同的"标签":"地区大国""中等强国""大国之间的战略平衡手"等等,并以此为框架对印度尼西亚的对外行为作出解释和预测。但若连贯考察印度尼西亚对外行为的历史,可以发现上述标签及其背后所代表的对国家行为类别化的解释有其局限性:它们或是只能对印度尼西亚的特定对外政策作出解释,或是只能对一段时空内印度尼西亚的对外行动进行描述。这样的分析方法可以总结出印度尼西亚在特定时空切片中的对外行动特征,却以牺牲该国的独特性和时空上的连续性为代价。

实际上,印度尼西亚的国际理想与上述外部赋予的标签并不相符。从客观实力上看,印度尼西亚于1945年结束荷兰的殖民统治实现国家独立,随后受1998年的亚洲金融危机和国内频繁的政治动荡的影响,至今

* 本文获第一届"东南亚国别政治与区域治理研究"博士生学术论坛一等奖,原载于《南大亚太评论》(第5辑)2021年第2期。马赟菲,南京大学国际关系学院博士研究生。

仍"面临着相当大的发展挑战"[1]。因此,许多学者将印度尼西亚定义为"正在崛起的中等力量"[2]。但自苏加诺时期起,印度尼西亚的对外行为就表现出了参与全球治理、谋求国际影响力的理想。印度尼西亚外交政策界认为"将印度尼西亚的地位降至仅仅是中等强国是一种屈尊俯就的做法"[3],印度尼西亚政府更愿意将印度尼西亚视为"一个拥有全球利益和关切的地区大国"[4]。可见,印度尼西亚自身的定位与国际社会对印度尼西亚的定位之间存在差异,这一现象提出了两个问题:第一,为什么印度尼西亚的对外行为会表现出实力和理想的不对等? 第二,其背后的逻辑又是如何在时间和空间上影响印度尼西亚的对外行为的?

基于此,笔者期望通过角色理论来考察印度尼西亚角色设定与其对外行为之间的联系,并试图论证印度尼西亚对外行为的独特性和在时空上的连续性。

一、文献评述

已有研究在分析印度尼西亚对外行为的成因时,大致遵循以下三种思路:

---

① The World Bank, Indonesia Overview, April 2021, https://www.worldbank.org/en/country/indonesia/overview.

② Christopher B. Roberts and Leonard C. Sebstian, "Ascending Indonesia: Significance and Conceptual Foundations", in Christopher B. Roberts and Ahmad D. Habir et al., eds., *Indonesia's Ascent: Power, Leadership, and the Regional Order*, Palgrave Macmillan, 2015, p. 1.

③ Moch Faisal Karim, "Middle Power, Status-seeking and Role Conceptions: the Cases of Indonesia and South Korea", *Australian Journal of International Affairs*, Vol. 72, No. 3, 2018, p. 10.

④ Marty Natalegawa, "Annual Press Statement Minister for Foreign Affairs Republic of Indonesia", https://www.kemlu.go.id/Documents/PPTM%202014/Annual%20Press%20Statement%20Minister%20for%20Foreign%20Affairs.pdf.

第一，从体系层次出发。遵从这一思路的研究，大多集中于分析后苏哈托时代印度尼西亚的对外行为。温北炎认为，中国、美国和印度尼西亚三角战略关系在印度尼西亚的大国外交中占据重要位置，自苏哈托下台后，印度尼西亚政府在中美之间实行大国平衡政策；[①]刘若楠提出，中美两国在东南亚地区的安全竞争影响东南亚国家的战略空间，亚洲金融危机后，中美包容性竞争关系明朗，使印度尼西亚有灵活的空间在大国之间平衡自己的位置；[②]安华指出，冷战后中国和印度崛起，印度尼西亚和美国、澳大利亚等全球大国的关系达到了新的高度，印度尼西亚"自由且积极"的外交政策真正得到了落实；[③]刘丰、陈志瑞和郭清水则分别从增加本国福利和防范不确定性风险两个角度，分析了印度尼西亚在中美竞合环境下采取对冲政策的原因。[④]

第二，从国内政治出发。这一思路主要关注国内因素对印度尼西亚对外行为的影响。其中，部分学者关注领导人或精英阶层认知的影响，比如，凌胜利指出，在面对中美二元格局时，东南亚国家的国内战略偏好及其对共同利益的界定会影响其对外行为的选择；[⑤]代帆认为，印度尼西亚的脆弱性及其艰辛的建国经历，使得印度尼西亚的国家精英有一种深层

[①] 温北炎：《试析中、美、印度尼西亚三角战略关系》，《东南亚纵横》2003年第12期。

[②] 刘若楠：《大国安全竞争与东南亚国家的地区战略转变》，《世界经济与政治》2017年第4期。

[③] Dewi Fortuna Khaidir Anwar, "The Impact of Domestic and Asian Regional Changes on Indonesia Foreign Policy", *Southeast Aisan Affairs*, 2010, pp. 126–141.

[④] 刘丰、陈志瑞：《东亚国家应对中国崛起的战略选择：一种新古典现实主义的解释》，《当代亚太》2015年第4期；Cheng-Chwee Kuik, "How Do Weaker States Hedge? Unpacking ASEAN States' Alignment Behavior Towards China", *Journal of Contemporary*, Vol. 25, No. 100, 2016, pp. 1–15.

[⑤] 凌胜利：《二元格局：左右逢源还是左右为难？东南亚六国对中美亚太主导权竞争的回应（2012—2017）》，《国际政治科学》2018年第4期。

次的不安全感,并主导了印度尼西亚外交政策的制定;①韦恩斯坦认为,印度尼西亚精英对外部世界保持敌对的世界观导致了印度尼西亚强调保护国家独立的外交政策;②苏克玛则认为,印度尼西亚作为一个后殖民国家,其外交是服务于执政者的国内政权合法性。③另有学者关注印度尼西亚战略文化的影响,如王琛认为,印度尼西亚追求内部稳定和国家统一的"曼陀罗思想"使得印度尼西亚的历任政府都形成了"核心利益—边缘利益"的战略结构;④维卡克萨纳提出,受家族国家观念影响,印度尼西亚的外交政策的基本目标是维持国内和地区秩序。⑤

第三,从国家身份出发。近年来,部分学者遵循拥有特定身份的行为体具有特定的行为模式和价值取向的逻辑,用"中等强国"身份框架对印度尼西亚的对外行为进行分析。克里斯托弗·罗伯茨⑥、莫克·费萨尔·卡里马⑦等学者将印度尼西亚定义为中等强国,并把印度尼西亚参与组建中

---

① 代帆:《脆弱性、不安全感与印度尼西亚的外交政策——从苏加诺到苏哈托》,《南洋问题研究》2008年第1期。

② Franklin B. Weinstein, *Indonesian Foreign Policy and The Dilemma of Dependence From Sukarno to Soeharto*, EQUINOX Publishing, 1976.

③ Rizal Sukama, *Indonesia and China: The Politics of a Troubled Relationship*, Routledge, 1999.

④ 王琛:《"曼陀罗思想"对印度尼西亚外交政策的影响:战略文化的视角》,《东南亚研究》2020年第1期。

⑤ I Gede Wahyu Wicaksana, "The Family State: a Non-Realist Approach to Understanding Indonesia's Foreign Policy", *Asian Journal of Political Science*, Vol. 27, No. 3, 2019.

⑥ Christopher B. Roberts and Ahmad D. Habir et al., eds., *Indonesia's Ascent: Power, Leadership, and the Regional Order*, Palgrave Macmillan, 2015.

⑦ Moch Faisal Karima, "Middle Power, Status-Seeking and Role Conceptions: the Cases of Indonesia and South Korea", *Australian Journal of International Affairs*, Vol. 72, No. 4, 2018.

等强国合作体(MIKTA)视为对其身份的确认。①在这一分析框架下，学者们认为印度尼西亚通过按地区大国的身份规范行事来追求中等强国的国际地位。戴维来认为，印度尼西亚对外战略的重心是推行中等强国外交，将印度尼西亚塑造为地区领袖国家；②毕世鸿和屈婕提出，印度尼西亚采取与其中等强国身份相符的外交行为，通过提供智识领导力、依托多边主义和维持在大国间的自主性，强化了其中等强国地位；③郑先武认为，在后苏哈托时代，印度尼西亚将中等强国身份融入区域大国身份及区域秩序建构之中，使得印度尼西亚这一时期的外交政策由专注国内发展转向了提升国际地位。④

在已有研究中，从体系层次和国内要素出发的分析方法展示了印度尼西亚对外行为的外部推力和内部动力。但是这种方法深受时空的局限，当国际环境、执政政党、精英偏好等情景和时序要素发生变动时，作为因变量的印尼对外行为也会随之发生改变。这样的研究有助于我们探究影响印度尼西亚对外行为的更多可能性，但容易掩盖印度尼西亚对外行为自其独立以来的连贯性。正如诺赛其所说，外交政策是连续性力量和变革力量之间无休止的对话。⑤社会科学早期的研究往往以个案分析为导向，但这样的方法会导致因果关系的疏漏或偏差。而基于时空规制来

① Benjamin Engel, "MIKTA and Middle Power Diplomacy in South China Sea: The Group of Middle Powers Could Potentially Play an Important Role in the South China Sea DIsputes", *The Diplomat*, August 2015, https://thediplomat.com/2015/08/mikta-and-middle-power-diplomacy-in-the-south-china-sea/.

② 戴维来：《印度尼西亚的中等强国战略及其对中国的影响》，《东南亚研究》2015年第4期。

③ 毕世鸿、屈婕：《"印太"视阈下印度尼西亚外交内在逻辑探析——基于"中等强国"行为模式的视角》，《印度洋经济体研究》2020年第6期。

④ 李峰、郑先武：《区域大国与区域秩序建构——东南亚区域主义进程中的印度尼西亚大国角色分析》，《当代亚太》2015年第3期。

⑤ F. S. Northedge, "The Nature of Foreign Policy", in F. S. Northedge, ed., *The Foreign Policy of the Powers*, Faber and Faber, 1968, p. 11.

选择案例,可以实现一种动态比较,使案例研究实现从单一时空的"截面数据"到"面板数据"的飞跃。①用"中等强国"身份框架对印尼的对外行为进行解释,一定程度上弥补了上述研究的不足。该方法关注到了国家对外行为的连续性和稳定性,然而其不足之处在于,"中等强国"身份是以经济、人口、资源、在国际组织中的身份等客观指标划定的框架,一方面,对不同指标的侧重可能会导致差异较大的划分结果,因而"中等强国"身份存在较大的模糊性和不准确性;另一方面,"中等强国"概念认为符合这一身份的国家有着类似的特征,这种对国家对外行动的理解过于单一化和理想化,容易出现现实与理论的脱节错位。

本文期望能够寻找到一条线索,串联起印度尼西亚自独立以来对外行为的连续性特征。对此,角色理论的优势在于,第一,角色在一定程度上作为路径依赖的结果,具备使国家对外行为保持长期稳定的可能性,同时,角色理论本质上是对国家主观意图的分析,因而其因果推断具有精准性。通过对印度尼西亚角色的归纳,可以发现印度尼西亚对外行为的连贯性;第二,角色作为一种预期激励,对一国的外交政策的影响更多是长期的,而非暂时的、短期的,因而可以解释现有研究难以回答的问题,比如,为何印度尼西亚对外行为体现出的理想超于其国家实力。

二、角色逻辑与对外行为:理论框架

(一)角色概念

角色概念来源于戏剧表演。演员在舞台上按特定角色进行表演、诠释角色的同时,也受到剧本和舞台的物理属性的限制。②在外交政策研究

---

① 叶成城、黄振乾、唐世平:《社会科学中的时空与案例选择》,《经济社会体制比较》2018年第3期。

② Marijke Breuning, "Role Theory in Politics and International Relations", in Alex Mintz and Lesley Terris, eds., *The Oxford Handbook of Behavioral Political Science*, Oxford University Press, 2018, p. 1.

中,霍尔斯蒂最早使用角色理论对国家的对外行为进行分析。

霍尔斯蒂将国家角色定义为政策制定者,认为"他们的国家在国际体系或附属的区域体系中应该持续执行"的功能,是国家关于其在面对或身处外部环境中的方向或功能的图像。①将角色概念与外交政策相联系,角色既是自变量,即作为国家对外行为的解释变量;也是因变量,即国家与国际体系之间的动态互动形成了一国的国家角色。因此,角色搭建起了一座研究国家对外行为的桥梁——国家确定国家角色,并在国际社会中通过符合其角色规范的外交政策诠释其角色。正如阿格斯坦所言,角色是外交政策制定者用来判断和作出政治角色的路线图。②

在现有国际关系研究中,"地位"和"身份"是与"角色"内涵相近且被大量用于解释国家对外行为的两个概念。通过对比这三个相似且常常被交叉使用的概念,可以阐明角色作为自变量与一国对外行为之间的关系,也可以厘清角色在对外行为的诸多解释要素之中的特殊性。

首先,地位是对特定国家价值属性(财富、威胁能力、文化、人口、社会政治组织和外交影响力)排名的集体信念。③地位具有两个特征:一是地位代表着在某一群体内的相对社会位置,④是可以被客观评估的;二是地位更多的是表示他者的认同而非自我认同,比如一些拥有地区大国地位

① K. J. Holsti, "National Role Conceptions in the Study of Foreign Policy", *International Studies Quarterly*, Vol. 14, No. 3, 1970, p. 246.

② Lisbeth Aggestam, "Role Conceptions and the Politics of Identity in Foreign Policy", *ARENA Working Paper*, August 1999, https://www.sv.uio.no/arena/english/research/publications/arena-working-papers/1994-2000/1999/99_08.html.

③ Deborah Welch Larson and T.V.Paul, et al., "Status and World Order", in T.V.Paul and Deborah Welch Larson, et al., eds., *Status in World Politics*, Cambriedge University Press, 2014, pp. 3-29.

④ Moch Faisal Karim, "Middle Power, Status-seeking and Role Conceptions: The Cases of Indonesia and South Korea", *Australian Journal of International Affairs*, Vol. 72, No. 4, 2018, p. 7.

的国家可能并不认可自己"中等大国"的标签。[①]而角色是主观的、动态的,受期望所引导、在互动中生成、在反思中调整,并且必然需要获得他者的认同。[②]与静态的地位相比,角色不是固定的、普遍的,拥有同样地位的国家可以扮演不同的角色,因而角色概念可以用于解释拥有同等地位的国家为何会采取不同的对外行为。

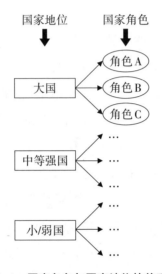

图1-1 国家角色与国家地位的关系

资料来源:笔者自制。

其次,身份是行为体在社会可识别的类别中对自我的定义。[③]身份是一种相对固定和国家主义的概念,它作为一个国家的半永久性特征,根植

---

① Bruce Gilley, "Conclusion: Delusions of Grandeur in the Goldilocks Zone", *International Journal*, Vol. 71, No. 4, pp. 651-658.

② Moch Faisal Karim, "Middle Power, Status-seeking and Role Conceptions: The Cases of Indonesia and South Korea", *Australian Journal of International Affairs*, Vol. 72, No. 4, 2018, p. 8. Robert W. Cox, "Middlepowermanship, Japan, and Future World Order", *International Journal*, Vol. 44, No. 4, 1989, p. 825.

③ P. J. Burke and D. C. Reitzes, "The Link between Identity and Role Performance", *Social Psychology Quarterly*, Vol. 44, No. 2, 1981, p. 84.

于社会、政治和历史信念等要素之中。[1]角色是"在特定情况下动员起来的身份"[2]。通常情况下，国家不会只致力于一种角色，而是可能扮演多种角色，这些角色或相互补充，或反映不同背景下的行为选择。[3]这些情境角色与国家在主导角色中所表达的身份相一致；[4]同时，行为体在不断扮演角色的过程中对身份进行反馈。[5]因此，角色不仅可以反映国家的身份认同，还可以更具体地呈现出国家对自身身份进行调整或实现的愿景。

角色 ⟶ 行为 ⟶ 身份

角色—身份互动过程

身份 ⟶ 角色 ⟶ 行为

身份—角色互动过程

图1-2　国家角色与国家身份互构过程

资料来源：Dirk Nabers，"Identity and Role in International Politics"，in Sebstian Harnisch and Comelia Frank，et al.，eds.，*Role Theory in International Relations*，Routledge，2011，p. 83.

---

[1] 参见 Ted Hopf，*Social Construction of International Politics：Identities and Foreign Policies，Moscow，1955 and 1999*，Cornell University Press，2002. Peter J.Katzenstein，*Cultural Norms and National Security：Police and Military in Postwar Japan*，Cornel University Press，1996.

[2] Michael Alan Brittingham，"The 'Role' of Nationalism in Chinese Foreign Policy：A Reactive Model of Nationalism and Conflict"，*Journal of Chinese Political Science*，Vol. 12，No. 2，p. 149.

[3] 参见 Kalevi Holsti，"National Role Conceptions in the Study of Foreign Policy"，International Studies Quarterly，Vol. 14，No. 3，p. 277. Sebstian Harnisch，Cornelia Frank and Hann Maull，"Conclusion：Role Theory，Role Change，and the International Order"，in Sebstian Harnisch，Cornelia Frank and Hanns Maull，eds.，*Role Theory in International Relations*，p. 287.

[4] Jürgen Rüland，"Democratizing Foreign-Policy Making in Indonesia and the Democratization of ASEAN：A Role Theory Analysis"，*Trans-Regional and-National Studies of Southeast Asia*，Vol. 5，No. 1，2017，p. 4.

[5] Dirk Nabers，"Identity and Role in International Politics"，in Sebstian Harnisch and Comelia Frank，et al.，eds.，*Role Theory in International Relations*，Routledge，2011，p. 83.

(二)角色的生成与作用

角色理论认为,国家对外行为的态度、决策和行动将与国家角色相一致,因此可以通过把握国家角色来对一国的对外行为进行解释和预测。[①]国家的角色概念是通过自我期望(Ego-Part)和改变性期望(Alter-Part)两个过程构建的,两个过程相互协调、共同作用,保证了国家角色的稳定性。

自我期望是角色概念的国内来源。自我期望是指国家对自身在国际社会中特定位置的愿景。[②]正如在现实生活中,行为是由自我定义的目标、价值、规范、期望等因素共同作用的结果,在国际社会中,国家的行为也受自我期望的引导。自我期望受国家的利益需求、价值观念、文化渊源、历史经验等要素的综合作用影响,[③]不同的来源构成了各国不同的角色选择。需要明确的是,由于国内要素往往包含集体和个人两个维度,本书所指的自我期望是指集体维度下的期望,因为集体和个人的关系是通过共同或共享的角色生成的,一个集体的凝聚力主要取决于共同角色被集体和个人内化到何种程度。因此,精英若要作出具有合法性的外交政策决定,需要以集体期望的支持为前提;[④]同时,集体期望作为集体记忆的

---

① K. J. Holsti, "National Role Conceptions in the Study of Foreign Policy", *International Studies Quarterly*, Vol. 14, No. 3, 1970.

② Sebastian Harnisch, "'Dialogue and Emergence': George Herbert Mead's Contribution to Role Theory and His Reconstruction of International Politics", in Sebastian Harnisch, Cornelia Frank and Hanns W. Maull, eds., *Theory in International Relations: Approaches and Analyses*, Routledge, 2011, pp. 36–54.

③ 参见 K. J. Holsti, "National Role Conceptions in the Study of Foreign Policy", *International Studies Quarterly*, Vol. 14, No. 3, p. 243. Sebastian Harnisch, "Conceptualizing in the Minefield: Role Theory and Foreign Policy Learning", *Foreign Policy Analysis*, Vol. 8, No. 1, 2012.

④ K. J. Holsti, "National Role Conceptions in the Study of Foreign Policy", *International Studies Quarterly*, Vol. 14, No. 3, 1970, p. 246.

一部分,也会影响到决策者的个性、价值观和对外部世界的看法。①

改变性期望是角色概念的外部来源,是指其他国家对某国在国际社会中作用的要求和期望。②国际社会的其他成员可被视作观众,国家的角色设定只有在得到观众认可的情况下,才具备规范影响和合法性;同时,外部观众的承认,也可以使国家确信自己的角色选择是恰当的。③因此,如其名称所示,改变性期望影响国家的角色设定:国家在依据自我期望制定国家角色的同时,也会在与外部世界的互动中对角色进行检验,如果角色得到了其他国家的确认,那么该角色将得到强化,反之则会进行调整。④他者改变性期望的来源包括对该国国家实力、国家威望、对外承诺、参与国际事务的程度、政府期望、国际舆论等,⑤不同的国家会对目标国开出不同的"角色处方"(Role Prescriptions)。⑥

综合两个过程来看,国家首先基于自我期望设定国家角色,在其扮演国家角色的过程中与外部世界发生互动,外部世界依据对该国的改变性期望对其角色表现作出反应,继而该国会基于他国的反馈对国家角色进行确认或调整。

---

① Juergen Rueland, "Democratizing Foreign-Policy Making in Indonesia and the Demoratization of ASEAN: A Role Theory Analysis", *Trans-Regional and -National Studies of Southeast Aisa*, Vol. 5, No. 1, 2016.

② Marijke Breuning, "Role Theory in Politics and International Relations", in Alex Mintz and Lesley Terris, eds., *The Oxford Handbook of Behavioral Political Science*, Oxford University Press, 2018, pp. 5-6.

③ Victor Gigleux, "Explaining the Diversity of Small States' Foreign Policies Through Role Thoery", *Third World Thematics: A TWQ Journal*, Vol. 1, No. 1, 2016.

④ Cameron G. Thies, "International Socialization Processes vs. Israeli National Role Conceptions: Can Role Theory Integrate IR Theory and Foreign Policy Analysis?", *Foreign Policy Analysis*, Vol. 8, No. 1, 2012, pp. 25-46.

⑤ K. J. Holsti, "National Role Conceptions in the Study of Foreign Policy", *International Studies Quarterly*, Vol. 14, No. 3, 1970, p. 242.

⑥ K. J. Holsti, "National Role Conceptions in the Study of Foreign Policy", *International Studies Quarterly*, Vol. 14, No. 3, 1970, p. 246.

在此过程中,国家角色,特别是主要角色影响着国家想要什么、做什么和它们不想要什么、不做什么,规定、组织和诱导着某些过程性的决策偏好。[①]基于国家角色作出的政治决策往往被该国认为是正常的、自然的、理所当然的,因而可以被外部观察者用作解释和理解该国行动的框架。与此同时,国家的主要角色还是相对稳定的,如学者所观察到的那样,美国在第二次世界大战以来国家角色保持了总体稳定,[②]法国和德国在战后尽管受到了国际地位改变、外部国家要求等外部压力,但它们国家角色中的核心部分并没有发生根本性改变,国家对外行为的发展脉络可被视为"变化中的延续""延续中的变化"或是"遗产引导下的变化"。[③]

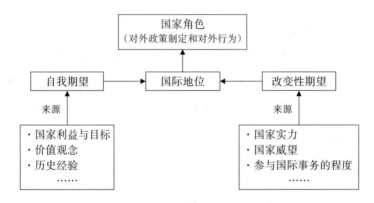

图 1-3　国家角色的生成过程

资料来源:参考 J. Holsti,"National Role Conceptions in the Study of Foreign Policy",*International Studies Quarterly*,Vol. 14,No. 3,1970,p. 245。

[①] Ulrich Krotz,"National Role Conceptions and Foreign Policies:France and Germany Compared",*Program for the Study of Germany and Europe Working Paper*,2002,http://aei.pitt.edu/9291/1/Krotz.pdf,p. 31.

[②] Ronald O'Rourke,"U.S. Role in the World:Background and Issues for Congress",Congressional Research Service,R44891,https://sgp.fas.org/crs/row/R44891.pdf,p. 1。

[③] Ulrich Krotz,"National Role Conceptions and Foreign Policies:France and Germany Compared",Program for the Study of Germany and Europe Working Paper,2002,http://aei.pitt.edu/9291/1/Krotz.pdf,pp. 32-34。

(三)角色的层次

角色的来源表明了角色的相对稳定性,角色的结构又使得角色扮演具有灵活性。由于国家事务在重要性(中心性)和面对的情况(突出性)上有所不同,国家需要扮演不同的角色。①霍尔斯蒂通过分析71个国家的外交政策声明,提取了各国表现出的国家角色,其统计结果表明,每个国家平均拥有4.6个角色,并且国家拥有角色的数目与在世界或区域事务中的积极程度呈正相关。②

诸多的国家角色可以被划分为主导角色和辅助角色两类,二者之间相互补充,反映国家在不同背景下的行为选择。主导角色是可以反映一国地位身份的角色,也是在每一种情境下都突出的角色,比如新兴国家、小成员国、主要成员国和大国等,其在范围上没有穷尽,但每一种都可被视为一种身份的理想类型。③辅助角色是只涉及某些问题领域或与其他国家的具体关系的角色,④辅助角色一方面嵌入在主导角色之中,⑤另一方面也依赖于具体情境的需要。⑥

主导角色与辅助角色之间是规定与辅助的关系:国家以主导角色为

① Glenn Chafetz,"The Struggle for a National Identity in Post-Soviet Russia",*Political Science Quarterly*,Vol. 111,No. 4,1996-1997,p. 664.

② K. J. Holsti,"National Role Conceptions in the Study of Foreign Policy",*International Studies Quarterly*,Vol. 14,No. 3,1970,p. 277.

③ Cameron G. Thies,"International Socialization Processes vs. Israeli National Role Conceptions:Can Role Theory Intergrate IR Theory and Foreign Policy Analysis?",*Foreign Policy Analysis*,Vol. 8,No. 1,2012.

④ Cameron G. Thies,*The United States,Israel,and the Search for International Order:Socializing States*,Routledge,2013,p. 46.

⑤ Cameron Thies,"International Socialization Processes vs. Israeli National Role Conceptions:Can Role Theory Integrate IR Theory and Foreign Policy Analysis?",*Foreign Policy Analysis*,Vol. 8,No. 1,pp. 33-34.

⑥ Ole Elgström and Michael Smith,"Introduction",in Ole Elgström and Michael Smith,eds.,*The European Union's Roles in International Politics*,Routledge,2006,p. 5.

依据规范其在具体领域内的辅助角色,但国家的自我期望可能与客观现实存在不对称,国家最初的角色设定可能存在过高或者过低的问题。①在改变性期望的压力下,假如国家有能力和信念完成辅助角色,那么国家制定的主导角色成立。反之,国家会选择修改辅助角色,或放弃辅助角色,过渡到其他角色。②两种国家角色呈现出伞形结构,主导角色居于核心位置,并具有稳定性;辅助角色是主导角色在具体议题上的延伸与表达,较主导角色而言更加灵活可变。国家遵从角色扮演的逻辑制定和实施对外行为,在空间上展示出辅助角色与主导角色间的一致性,在时间上表现为对外行为的延续性。

由此,国家角色逻辑可以对以下两个问题进行解释:第一,国家在国际社会中的表现之所以会出现超出其客观实力的情况,是因为国家对自身的期望高于其客观实力,在其期望得到外部世界的承认或默许的时候,国家就可以按其制定的角色行事。第二,由于一国的主导角色往往长期稳定,因此国家角色可以成为一国对外行为中的稳定因素。正如威什通过定量分析得出的结论:"国家角色为行为提供了长期的指导方针,当试图解释长期行为模式而非单一决策时,角色的寿命和稳定性是一种重要资产。"③

---

① Cameron G.Thies, "International Socialization Processes vs. Israeli National Role Conceptions:Can Role Theory Intergrate IR Theory and Foreign Policy Analysis?", *Foreign Policy Analysis*, Vol. 8, No. 1, 2012.

② Cameron G.Thies, "A Social Psychological Approach to Enduring Rivalries", *Political Psychology*, Vol. 22, No. 4, 2001.

③ Naomi Bailin Wish, "Foreign Policy Makers and Their National Role Conceptions", *International Studies Quarterly*, Vol. 24, No. 4, 1980, p. 547.

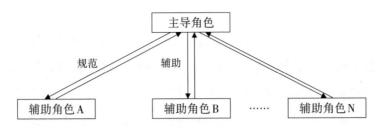

图1-4　国家角色层次示意图

资料来源：笔者自制。

三、印度尼西亚对外行为的角色逻辑

根据角色理论的分析思路，笔者认为，独立后，印度尼西亚构建了"预备大国"的主导角色和"民主倡导者""地区领导者""和平建设者"三个二级辅助角色。由于印度尼西亚预备大国的角色表现得到了大国和东南亚地区其他国家的默许，印度尼西亚可以在客观实力尚未达到大国标准的情况下在国际事务中按"预备大国"的逻辑行事；同时，在主导角色的规范下，印度尼西亚还在其他领域扮演不同的辅助角色，为主导角色提供支撑。印度尼西亚的主导角色和辅助角色相辅相成，并且由于没有受到改变性期望的阻止而得以在时间上有所延续，在空间上彼此相关。笔者将通过历史溯源，对印度尼西亚的角色逻辑进行更为具体的阐释。

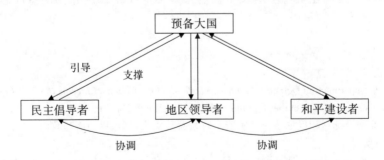

图1-5　印度尼西亚国家角色结构（1946年至今）

资料来源：笔者自制。

(一)主导角色:预备大国

印度尼西亚的"预备大国"角色包含两重含义:第一,印度尼西亚的预期角色是国际社会中的大国;第二,印度尼西亚在"预备期"内通过在国际层面发挥职能,期望获得外部世界对其全球大国角色的承认。印度尼西亚在客观条件和历史经历的驱动下设置了这一主导角色,并顺利地完成了角色表现,使这一角色得以长期维持,成为影响其对外行为的内部框架。

1.角色的自我期望

国家的自我期望是多重因素共同驱动的综合体,由于难以详尽每一种来源,笔者选择其中最为重要的两个因素来进行阐述,它们是构成印度尼西亚形成自我期望的客观原因和主观动机。

第一,从客观原因看,印度尼西亚制定预备大国角色是基于其优越的物质条件。在地缘位置上,印度尼西亚地处太平洋与印度洋的交界地带,拥有大于其陆地国土面积五倍的主权海域,[①]海域内有马六甲海峡、龙目海峡、望加锡海峡和巽他海峡四大海上交通要道。[②]在自然资源上,印度尼西亚是世界上最大的蒸汽煤、精炼锡和镍矿的出口国,是黄金、铝土矿、铅、锌和铜的主要出口国,拥有世界上40%的地热能源储备,且印度尼西亚前五大出口物都是大宗商品。[③]在经济水平上,自20世纪90年代末以来印度尼西亚经济稳步增长[④],按购买力平价计算2014年国内生产总值

---

① Department of Defence, *Indonesia: Defending the Country Entering the 21st Century*, Ministry of Defence of the Republic of Indonesia, March 2003, p. 30.

② 鞠海龙:《印度尼西亚海上安全政策及其实践》,《世界经济与政治论坛》2011年第3期。

③ Richard Dutu, "Making the Most of Natural Resources in Indonesia", OECD Economics Department Working Papers, 2015, p. 7.

④ Greg Fealy and Hugh White, "Indonesia's 'Great Power' Aspirations: A Critical View", *Asia & The Pacific Policy Studies*, Vol. 3, No. 1, 2016, p. 93.

已经排在了世界第九位,超过了英国、意大利。①这些物质条件为印度尼西亚追求大国理想提供了必要的物质基础,也使得印度尼西亚社会各阶层都支持国家在国际事务中发挥积极作用的愿望。②

第二,从主观动机看,印度尼西亚扮演预备大国角色的愿望来源于其历史经历和民族主义情绪。自15世纪起,葡萄牙、西班牙、英国和荷兰等国先后对印度尼西亚进行殖民统治,为印度尼西亚的民族主义情绪播下种子。1945年印度尼西亚发动革命获得独立,独立后印度尼西亚的民族主义情绪并没有消失,长期被殖民的挫败感和创伤使民族主义者认为印度尼西亚需要在国际舞台上反对西方资本家,③并向外部世界展示一个强大的形象;④随后,苏哈托在执政期间推行"发展主义"与"民族主义",不仅促进了印度尼西亚"自信"和"感觉良好"的情绪,也让印度尼西亚政府意识到民族主义是维持印度尼西亚国家地位的重要黏合剂;⑤近几年,印尼国内"自信的"民族主义者支持政府将国家的对外议程推向更高的高度,来捍卫国家的完整、骄傲与威望。印尼国内的政治话语强调印尼拥有维护自身利益的经济和战略影响力,"印尼现在是一个大国,应该表现得像一个大国"⑥。受此种情绪和话语的影响,在2014年的总统竞选中,佐科

① PWC, "The World in 2050: Will the Shift in Global Economic Power Continue?", https://www.pwc.com/gx/en/issues/the-economy/assets/world-in-2050-february-2015.pdf, p. 2.

② R. Sukma, "Indonesia Finds a New Voice", *Journal of Democracy*, Vol. 22, No. 4, 2011, p. 117.

③ F. Bunnell, "Guided Democracy Foreign Policy: 1960—1965", *Indonesia*, Vol. 2, 1966, pp. 37-76.

④ Maureen De Silva and Lai Yew Meng, "The Roots and Evolution of Natioanlism in Indonesia", *Akademika*, Vol. 91, No. 3, 2021, p. 96.

⑤ Maureen De Silva and Lai Yew Meng, "The Roots and Evolution of Natioanlism in Indonesia", *Akademika*, Vol. 91, No. 3, 2021, pp. 98, 102.

⑥ Greg Fealy and Hugh White, "Indonesia's 'Great Power' Aspirations: A Critical View", *Asia & the Pacific Policy Studies*, Vol. 3, No. 1, p. 95.

和普拉博沃·苏比安托纷纷将国家主权和印尼的国际领导地位作为各自施政纲领的核心。佐科在执政后也采取了更为积极和强硬的态度来彰显其捍卫印尼大国身份的决心,比如印尼当局不顾欧盟、巴西、澳大利亚和国际特赦组织等的施压,坚决对外国毒贩执行死刑。①

2.角色的表现

根据赫德利·布尔(Hedley Bull)的论述,一个国家若要成为大国需要满足这样的标准:在国际体系中承担其大国的权利和义务,同时被其他大国接纳为大国联盟的一员,并且要有高于地区内其他国家的军事力量。②以此为标准,印度尼西亚长期以来都在以预备大国的角色来规范自己的行动。

首先,印度尼西亚试图参与国际事务并在国际领域发挥影响力。在20世纪五六十年代,印度尼西亚总统苏加诺主张印度尼西亚要在全球,特别是新独立国家中发挥领导作用,随后印度尼西亚召开了囊括29个亚非国家和地区的万隆会议,还参与创立了不结盟运动。苏哈托执政时期,苏哈托和印度尼西亚外长在联合国大会上批评国际组织的程序和代表性,主张对联合国、布雷顿森林体系和其他全球论坛进行民主重组。③苏西洛在任期内提出"千友零敌"和"全方位外交"的思想,指出"印尼在国际舞台上的活动空间已日益广阔,印尼为地区和国际事务贡献力量的潜力也日益强大"④。苏西洛执政时期,印尼推动组织"巴厘民主论坛",这一方面是为了

---

① "Six Drug Convicts Executed in Indonesia, including Foive Foreigners", https://www.theguardian.com/world/2015/jan/18/indonesia-six-drug-convicts-shot-dead-five-foreigners.

② Syed Mohammed Ad'ha Aljunied, "Locating the Rise of Indonesia: Is the Great Power Status Possible?", Lee Kuan Yew School of Public Policy, https://lkyspp.nus.edu.sg/gia/article/locating-the-rise-of-indonesia-is-the-great-power-status-possible.

③ United Nations General Assembly, A/50/PV.14, p. 9.

④ 王辉:《第二波改革的起跑线——印尼苏西洛总统2010年国情咨文评析》,《东南亚研究》2011年第1期。

促进地区与国际层面的和平与民主领域的合作,另一方面也体现出印尼希望用民主原则来改造东盟,以加强国家软实力,实现其大国梦想。①近年来佐科政府和政府官员更是倾向于表达印度尼西亚在国际事务中已经是一个主要大国,佐科还宣告式地表示作为印度尼西亚的总统,"他应该与其他重要国家的领导人在一起,而不是被边缘化",他也应该被邀请在美国国会发表演讲,"就像其他大国领导人那样"②。

其次,印度尼西亚努力参与大国联盟并在其中发挥作用。1999年,印度尼西亚成为具有排他性的二十国集团的一员,它积极地提出倡议,比如提出建立全球支出支持基金(GESF)为发展中国家的发展准备流动性资金,这鼓励了二十国集团对发展问题的讨论,也影响了国际金融机构的议程安排。③此外,印度尼西亚还参加了东盟、伊斯兰合作组织、亚太经济合作组织等一系列多边国际组织,在全球环境、健康政策和安全问题上尝试发挥领导性作用。④2022年,印尼主办了二十国集团峰会,提出了"一起复苏,强劲复苏"的全球性主题,在此之下,又提出了"构建全球健康框架""向可持续能源过渡"和"数字转型"三大议题,表明印尼试图在全球转型过程中发挥更为重要的协调和领导作用。⑤2023年,印尼寻求加入经济与合作发展组织,试图成为首个加入这一"发达国家俱乐部"的东南亚

---

① 沈燕清:《从巴厘岛民主论坛看日本对东南亚的价值观外交》,《东南亚南亚研究》2014年第4期。

② Greg Fealy and Hugh White, "Indonesia's 'Great Power' Aspirations: A Critical View", *Asia & The Pacific Policy Studies*, Vol. 3, No. 1, 2016, p. 92.

③ G20 Reaearch Team, "The Role of Indonesia in the G-20: Backgroud, Role and Objectives of Indonesia's Membership", Friedrich Ebert Stiftung Indunesia Office in Cooperation with Department of International Relations, https://library.fes.de/pdf-files/bueros/indonesien/08365.

④ Evan A. Laksmana, "Pragmatic Equidistance: How Indonesia Manages its Great Power Relations", in David B. H. Denoon, ed., *China, The United States, and the Future of Southeast Asia*, New York University Press, 2017, p. 114.

⑤ 庞中英:《二十国集团迎来"全球南方"时刻》,《当代世界》2022年第11期。

国家。

总的来看,在预备大国角色的驱动下,印度尼西亚主动培养与大国的多种战略关系,提高对国际事务的参与程度,要求自己像一个大国那样行事。

3.角色的维持

如前文所述,来自外部世界的改变性期望影响着国家角色将是需要调整还是更加稳固。印度尼西亚在国际社会中扮演预备大国的角色,并没有遭到其他国家的反感和反对,这鼓励了印度尼西亚继续延续这一主导角色。

首先,印度尼西亚优越的客观条件获得了其他国家的尊重和期待:印度尼西亚在发展中国家中是发展迅速的新兴经济体之一;印度尼西亚的人口总量位居世界第四,是全球产品的潜在消费者;印度尼西亚是一个新兴的民主国家,对其他发展中国家发展民主具有潜在的影响。上述条件赋予了印度尼西亚进一步崛起的潜力,也使得其他国家乐见印度尼西亚的发展,并在印度尼西亚的发展中获益。拥有这些特点被认为是印度尼西亚入选二十国集团的有力原因,[①]这也表明世界主要国家认可印度尼西亚在国际领域发挥更大的作用。

其次,东盟为印度尼西亚以东南亚领导者的身份参与全球事务提供了平台和跳板,使其得以在更广泛的国际体系中凸显出大国地位。对他国而言,印度尼西亚领导的团结的东盟是重要的行为体也是有吸引力的合作伙伴,而印度尼西亚被潜在地视作东盟成员国的集体观点的代表。近年来,印太地区成为大国战略竞争的重点,面对世界主要大国在该地区

---

① G20 Reaearch Team, "The Role of Indonesia in the G-20: Backgroud, Role and Objectives of Indonesia's Membership", Friedrich Ebert Stiftung Indunesia Office in Cooperation with Department of International Relations, https://library.fes.de/pdf-files/bueros/indonesien/08365.pdf, p. v.

的战略构想和行动安排，印尼以积极的姿态主动提出了以东盟为中心的印太合作构想。为了充分发挥印尼在印太地区的战略价值，进而以重要大国的身份参与到印太事务之中，印尼提出了多个区域合作框架，比如，2014年印尼提出"全球海洋支点"战略，利用印尼在印度洋和太平洋的区位优势，主动参与影响印太地区未来的重要事务。[①]东盟的重要性更是受到了许多大国的关注，2019年，印尼提出了"印度—太平洋展望"（IPO）概念，表示应由东盟主导印太地区的合作。印度尼西亚的倡议得到了东盟各国和域外大国的认可和尊重，表明国际社会承认印度尼西亚是与传统大国具有同等重要性的正在崛起的大国。[②]

在接收到外部世界的正向反馈后，印度尼西亚的政府官员多次表示新加坡和马来西亚是远不如本国重要的国家。在巴厘岛问题上印度尼西亚可以无视澳大利亚的抗议，因为印度尼西亚的影响力已经越来越超过澳大利亚。[③]这些正是印度尼西亚有信念继续扮演预备大国角色的表现。

通过考察历史可以发现，印度尼西亚在经历过依据自我期望设置角色、表现角色、接收改变性期望反馈后巩固角色三个进程，不断将预备大国进一步确定为主导角色，并在主导角色的规范下扮演了一系列辅助角色。

---

① Rendi A. Witular, "Jokowi Launches Maritime Doctrine to the World", https://www.thejakartapost.com/news/2014/11/13/jokowilaunches-maritimedoctrine-world.html.

② Syed Mohammed Ad'ha Aljunied, "Locating the Rise of Indonesia: Is the Great Power Status Possible?", Lee Kuan Yew School of Public Policy, https://lkyspp.nus.edu.sg/gia/article/locating-the-rise-of-indonesia-is-the-great-power-status-possible.

③ Greg Fealy and Hugh White, "Indonesia's 'Great Power' Aspirations: A Critical View", *Asia & The Pacific Policy Studies*, Vol. 3, No. 1, 2016, p. 98.

(二)辅助角色

1.民主倡导者

苏加诺时期,印度尼西亚外交政策最鲜明的特征是反殖民主义,但在苏加诺的逻辑中,反对殖民主义即对民主的维护。苏加诺认为,"民主不是西方社会秩序的垄断或发明"①,它需要"被修改以适应特定的社会条件"。苏加诺提倡的反殖民主义强调国家主权、自决和独立,民族主义是驱动反殖民主义"革命"的核心力量,因此印度尼西亚独立初期的反殖民主义运动可以被理解为一种反对"西式民主",提出印度尼西亚民主观念的进程。苏加诺认为,印度尼西亚"潘查希拉"所提倡的"审议和协商一致决策"(Musyawarahdan Mufakat)概念是印度尼西亚自己的民主形式,同时又"具有国际意义"②。苏加诺认为,印度尼西亚在万隆会议等国际论坛上的领导地位表明,印度尼西亚的民主概念是有效的,因此联合国也应采纳这一概念。③他认为联合国是西方国家体系的产物,④一个本质上极不民主的组织,"潘查希拉"是对联合国进行全面改革的指南,⑤联合国应该以其为原则对各机构特别是安理会进行修正,以真正反映该组织自1945年成立以来所发生的变化。⑥

在苏哈托的新秩序政权下,印度尼西亚出现了腐败勾结频发、裙带关系泛滥、经济依赖外债、人民自由受到压制等问题,⑦被学者视为印度尼西

---

① United Nations General Assembly, Fifteenth Session, Plenary Meeting, 1960, p. 286.
② United Nations General Assembly, Fifteenth Session, Plenary Meeting, 1960, p. 286.
③ United Nations General Assembly, Fifteenth Session, Plenary Meeting, 1960, p. 287.
④ United Nations General Assembly, Fifteenth Session, Plenary Meeting, 1960, p. 287.
⑤ United Nations General Assembly, Fifteenth Session, Plenary Meeting, 1960, p. 286.
⑥ United Nations General Assembly, Fifteenth Session, Plenary Meeting, 1960, p. 289.
⑦ R. William Liddle, "Indonesia's Democratic Past and Future", *Comparative Politics*, Vol. 24, No. 4, 1992.

亚民主的失败。①但考察苏哈托的民主实践，印度尼西亚民主倡导者的角色并未因政权的更替和手段的变化而发生本质改变。首先，苏哈托并未放弃追求民主，在他的理解中，民主和人权是由历史经验、文化和宗教状况以及民族和地区的特殊性塑造的，②印度尼西亚提倡的民主内核是集体发展权利，而非西方倡导的个人政治权利，因为"自由必须与责任相匹配，没有责任的自由会导致混乱和无政府状态"③。其次，苏哈托和外交部部长阿里·阿卡塔斯延续了苏加诺对西式民主的批评，他们质疑冷战后大多数西方国家政府在与发展中国家的关系中世界条件的合法性，④指责全球多边组织的不民主结构将发展中国家边缘化，⑤批评国际机构"民主的价值观在国家内部被严格遵守，但在国家之间被忽视"，认为"这是对民主基本原则的否定"。⑥通过不断批评国际组织的程序问题和代表性问题，苏哈托继续扮演民主倡导者的角色，主张对联合国、布雷顿森林金融体系和其他全球论坛进行民主重组，⑦要求限制安理会常任理事国的否决权，提高常任理事国中亚洲代表权的比重，⑧并推动印度尼西亚成为常任理事国

---

① Ikrar Nusa Bhakti, "The Transition to Democracy in Indonesia：Some Outstanding Problems", in Jim Rolfe, ed., *The Asia-Pacific：A Region in Transition*, Asia-Pacific Center for Security Studies, 2004.

② Juergen Rueland, "Democratizing Foreign-Policy Making in Indonesia and the Demoratization of ASEAN：A Role Theory Analysis", *Trans-Regional and -National Studies of Southeast Aisa*, Vol. 5, No. 1, 2016.

③ UNGA, A/52/PV. 18, p. 11.

④ Juergen Rueland, "Democratizing Foreign-Policy Making in Indonesia and the Demoratization of ASEAN：A Role Theory Analysis", *Trans-Regional and -National Studies of Southeast Aisa*, Vol. 5, No. 1, 2016.

⑤ UNGA, A/51/PV.14, p. 12.

⑥ UNGA, A/47/PV.14, p. 21.

⑦ UNGA, A/50/PV.14, p. 9.

⑧ UNGA, A/51/PV.14, p. 10.

的候选人。①

在后苏哈托时代,印度尼西亚实现了民主过渡,国家内部对于民主的期望在内涵与方式上重新得到统一,并随之在国际社会继续扮演民主倡导者的角色。一方面,印度尼西亚的领导人和外交部部长将印度尼西亚的民主实践作为民主的"最佳实践案例"在国际社会进行展示与宣传,以强化其民主国家的角色。比如,苏西洛时期的外交部部长哈桑在联合国大会上明确提出印度尼西亚成为安理会常任理事国席位有力竞争者的理由:印度尼西亚是全球第三大民主国家,拥有世界上最多的信仰伊斯兰教人口②;继任外交部部长马蒂·纳塔莱加瓦也提到印度尼西亚在东盟框架下推动以人为本的区域治理和促进、保护地区人权中的作用。③另一方面,印度尼西亚在地区和国际层面通过提出倡议、组建和参与多边论坛来扮演民主领域"倡导者"的角色。苏西洛执政时期,印度尼西亚在东盟的主要外交议程之一是实现民主和人权规范的社会化,④以促进东南亚地区的民主。2008年,印度尼西亚发起了巴厘民主论坛以促进亚太地区的民主合作,至今它仍是东南亚地区讨论区域民主和政治发展的唯一政府间论坛,通过这一论坛,"印度尼西亚可以在全球舞台上发挥作用,并提醒其周围邻国运行民主的重要性"⑤。随后,印度尼西亚在2009年参与组建了东盟政府间人权委员会,于2012年签署了《东盟人权宣言》,上述举措都

① Juergen Rueland, "Democratizing Foreign-Policy Making in Indonesia and the Demoratization of ASEAN: A Role Theory Analysis", *Trans-Regional and -National Studies of Southeast Aisa*, Vol. 5, No. 1, 2016.

② UNGA, A/59/PV.11, p. 13.

③ UNGA, A/66/PV.26, p. 28.

④ Moch Faisal Karim, "Middle Power, Status-seeking and Role Conceptions: the Cases of Indonesia and South Korea", *Australian Journal of International Affairs*, Vol. 72, No. 3, 2018.

⑤ Jakarta Post, "Bali Democracy Forum: Yhdhoyono's Legacy at Stake", https://www.thejakartapost.com/news/2014/09/25/bali-democracy-forum-yudhoyono-s-legacy-stake.html.

表明，印度尼西亚民主倡导者的角色在后苏哈托时代逐步走出内部集体期望与个人期望冲突导致的短暂波动，得到了进一步的发展与实践。

2.地区领导者

当前，印度尼西亚作为东南亚地区大国或是地区领导者的角色已受到了国际社会的普遍承认，但实际上，印度尼西亚作为地区领导者的角色定位历史十分悠久，甚至有历史学家将其追溯到满者伯夷王国和爪哇在东南亚群岛霸权的崛起。[①]

1949年独立后，苏加诺将印度尼西亚定义为全球不结盟运动的领导者。[②]在联合国大会上，苏加诺将印度尼西亚描绘为那些仍在摆脱殖民主义枷锁或遭受帝国主义之苦的国家的利益捍卫者，[③]这表明印度尼西亚已经将自己的角色定位为广泛区域内的领导者。

在苏哈托执政时期，印度尼西亚主要在两个领域内扮演地区领导者的角色。其一，印度尼西亚开始重新谋求担任不结盟运动的主席，以此来恢复其不结盟运动创始人之一的地位，并增强其在该运动中的作用，最终苏哈托当选为1992—1995年任期内不结盟运动主席。其二，印度尼西亚谋求在东盟中的领导地位。首先，苏哈托积极支持组建东盟，并作为创始国之一签署了《东盟宣言》。[④]其次，印度尼西亚领导东盟国家签署了一系

---

① Joseph Chinyong Liow, "Can Indonesia Fuldill its Aspirations to Regional Leadership?", in Gilbert Rozman and Joseph Chinyong Liow, eds., *International Relations and Asia's Southern Tier: ASEAN, Australia, and India*, Palgrave Macmillan, 2018, p. 175.

② Joshua Kurlantzick, "Indonesia: Southeast Aisa's Once and Future Regional Power?", *Aspenia*, https://aspeniaonline.it/indonesia-southeast-asias-once-and-future-regional-power/.

③ United Nations General Assembly, Fifteenth Session, Plenary Meetings, pp. 283-284.

④ David Camroux, "ASEAN is Indonesia's Past, not its Future", *East Asia Forum*, August 22, 2018, https://www.eastasiaforum.org/2018/08/22/asean-is-indonesias-past-not-its-future/.

列关键的和平与安全协议,比如1971年印度尼西亚推动确立东盟作为亚洲和平、自由和中立区的原则,重申了保证成员国的稳定和安全不受任何形式外来干涉的规范;1972年在巴厘岛峰会上推动建立了《东南亚友好合作条约》,为区域冲突的和平解决制定了行为准则和指导方针。①尽管印度尼西亚凭借其人口和经济体量,早在东盟成立伊始就被广泛认为是东盟的"天生领袖"②,但"印度尼西亚的克制,和它对区域合作的重大贡献,为其赢得了其他成员国的尊重和认可,并由此被认为是'平等中的第一'(First Among Equal)"③。

在后苏哈托时代,印度尼西亚作为地区领导者的角色更加突出。一方面,印度尼西亚积极推动东南亚区域内合作。比如,印度尼西亚在2003年举行的第九届东盟首脑会议上提出建立东盟安全共同体的构想,2004年又进一步正式提出东盟安全共同体行动计划的行动草案,至2004年第十届东盟峰会,《东盟安全共同体行动计划》在东盟得以通过。④印度尼西亚于2008年创办的巴厘民主论坛是另一个例证,该论坛通过对话、分享,促进东南亚地区的和平与民主合作,至今仍是东南亚地区讨论区域民主和政治发展的唯一政府间论坛,每年都会吸引众多的政府首脑和非政府组织代表参与。另一方面,印度尼西亚作为地区领导者推动东南亚地区与其他国家和地区展开合作。比如,2013年印度尼西亚

---

① Bama Andika Putra, "Indenesia's Leadership Role in ASEAN: History and Future Prospects", *International E-Journal of Advances in Social Sciences*, Vol. 1, No. 2, 2015, p. 189.

② Shada Islam, "Indonesia's Changing Regional Role: Relations With ASEAN and China", *Studia Diplomatica*, Vol. 64, No. 3, 2011, p. 35.

③ Dewi Fortuna Anwar, "ASEAN and Indonesia: Some Reflections", *Asian Journal of Political Science*, Vol. 5, No. 1, 1997, p. 33.

④ Joseph Chinyong Liow, "Can Indonesia Fuldill its Aspirations to Regional Leadership?", in Gilbert Rozman and Joseph Chinyong Liow, eds., *International Relations and Asia's Southern Tier: ASEAN, Australia, and India*. Palgrave Macmillan, 2018, p. 175.

外长马蒂·纳塔莱加瓦在美国提出签署印太友好合作条约的建议,表示希望"(我们)为印度—太平洋地区内的友谊与合作而努力。地区各国承诺共建信任,以和平方式解决争端,并促成一种普遍的安全概念:强调安全是共同利益"①。佐科政府同样延续了这一角色。2014年,佐科提出了"全球海洋支点"构想,印尼希望通过该战略重塑印尼的海洋强国身份,也想借此战略主动加强与印度洋地区的合作。在该构想的主导下,印尼将1995年成立的环印度洋区域合作联盟与"全球海洋支点"战略相对接,2017年,环印度洋区域合作联盟领导人峰会在雅加达召开,峰会通过并签署了《环印联盟协约》《环印联盟2017—2021年行动计划》和《关于预防和打击恐怖主义和暴力极端主义的声明》。印尼时任外长蕾特诺·马尔苏迪指出,环印度洋区域合作联盟是印尼"全球海洋支点"外交政策的组成部分。②

此外,印尼还试图在大国竞争中引领东盟国家的方向。2019年美国发布《印太战略报告》,含蓄地表达了中美两国将在印太地区展开战略竞争。面对这一战略环境,佐科提出了印度—太平洋展望概念,这一计划以东盟为中心,符合东盟国家的利益,③表明印度尼西亚试图将大国拉入东盟框架内,以谋求平等的谈判协商地位,这可以被视作地区领导者作用的发挥,也可以被视为印度尼西亚对大国地位的努力。

---

① Marty Natalegawa, "An Indonesian Perspective on the Indo-Pacific", https://theasanforum.org/can-indonesia-fulfill-its-aspirations-to-regional-leadership/.

② I Gusti Bagus Dharma Agastia and A.A. Banyu Perwita, "Jokowi's Maritime Axis: Change and Continuity of Indonesia's Role in Indo-Pacific", *Journal of ASEAN Studies*, Vol. 3, No. 1, 2015, p. 37.

③ Evan Laksmana, "Indonesia's Indo-Pacific Vision is a Call for ASEAN to Stick Together Instead of Picking Sides ", S*outh China Morning Post*, https://www.scmp.com/week-asia/geopolitics/article/2173934/%20indonesias-indo-pacific-vision-call-asean-stick-together.

3.和平建设者

通常而言,维护地区乃至国际和平与稳定是大国的任务,但印度尼西亚基于其预备大国的角色定位,始终致力于成为和平的建设者。

苏加诺时期的反殖民主义运动虽然在形式上表现为"革命""斗争",但其目的是维护世界范围内的和平,特别是殖民国家的安全稳定。印度尼西亚副总统哈塔曾明确指出,印度尼西亚外交政策上的主要目标包括"在联合国框架内帮助仍生活在殖民体系内的人们实现自由""与邻国建立良好关系,其中的大多数国家与印度尼西亚过去的处境类似""根据'潘查希拉'理念寻求国家间的友爱"①。

新秩序时期,印度尼西亚的对外政策由苏加诺的"高调外交"转向苏哈托的"低调外交"。但这种转向更多的是领导人风格的转变,而非国家角色的调整。正如苏哈托对国会议员发表的内部演讲所言,"有人会问为什么印度尼西亚对外界的声音不再像以前那样'伟大',好像我们已经放弃了我们在世界和平中的理想和角色? 不,我们的理想不会改变……当我们的国家拥有韧性时,我们将能够发挥更有效的作用。同时,我们也不会保持沉默,仍会根据我们现有的能力发挥作用"②。与苏哈托通过低调方式促进国际和平的期望相符的是,在1979至1991年的柬埔寨冲突中,印度尼西亚就柬埔寨问题多次同东盟各国外长召开会议,同越南达成了谅解协议作为解决方案,并作为调解人组织了"雅加达非正式会议",推动柬越双方就矛盾进行讨论和协商;③促成了菲律宾政府和摩洛哥民族解放

---

① Mohammad Hatta, "Indonesia's Foreign Policy", *Foreign Affairs*, Vol. 31, No. 3, 1953, pp. 441–442.

② Mohamad Rosyidin, "Foreign Policy in Changing Global Politics: Indonesia's Foreign Policy and the Quest for Major Power Status in the Asian Century", *South East Asia Research*, Vol. 25, No. 2, 2017, p. 7.

③ Ajat Sudrajat and Danar Widiyanta, et al., "The Role of Indonesia in Creating Peace in Cambodia: 1979–1992", *Journal of Critical Reviews*, Vol. 7, No. 2, 2020.

阵线的和平谈判,并推动双方于1996年达成和平协定。①这一时期印度尼西亚虽然表现得更加务实,但仍然通过斡旋调解、促进对话等方式扮演地区和平建设者的角色。

后苏哈托时期,印度尼西亚和平建设者的角色在地区和国际层面均得到了充分表现。在地区层面,印度尼西亚将自己定位为"伊斯兰世界的缓和声音及伊斯兰世界与西方世界之间的桥梁"②,以调解伊斯兰国家之间以及伊斯兰和非伊斯兰国家之间的矛盾冲突。比如,在缅甸罗兴亚人问题上,印度尼西亚敦促缅甸减少使用武力,允许向罗兴亚难民提供人道主义援助,③并接纳了超过1800名罗兴亚难民进入亚齐省。④此外,印度尼西亚还在东盟外长会议上提倡制定遣返罗兴亚难民计划,敦促缅甸和东盟确保罗兴亚少数民族自愿、安全、有尊严地返回缅甸若开邦。在国际层面,纳塔莱加瓦提出了印度尼西亚的"超越地区"外交,他指出,"作为一个拥有全球利益的地区大国,印度尼西亚将继续支持用外交手段来解决各种争端和冲突局势"⑤。诸多案例可以佐证印度尼西亚对其他国家和地区冲突的关注和参与:在黎以冲突中,印度尼西亚作为联合国驻黎巴嫩部

① Margareth Sembiring, "The Mindanao Peace Process: Can Indonesia Advance it?", https://reliefweb. int / report / philippines / mindanao -peace-process-can-indonesia-advance-it.

② Rizal Sukma, "Domestic Politics and International Posture: Constraints and Possibilities", in Anthony Reid, ed., luoxi. Institute of Southeast Asian Studies, 2012.

③ ANTARA News, "Indonesia Gives Grant of Rp7.5 Billion to Help Myanmar Refugees", https://en. antaranews.com/news/138508/indonesia-gives-grant-of-rp75-billion-to-help-myanmar-refugees.

④ The Guardian, "They are Our Brothers: Rohingya Refugees Find Rare Welcom in Aceh", https://www.theguardian.com/world/2018/may/25/they-are-our-brothers-rohingya-refugees-find-rare-welcome-in-aceh.

⑤ Avery Poole, "The Foreign Policy Nexus: National Interests, Political Values and Identity", in Christopher B.Roberts and Ahmad D.Habir, et al., eds., Indonesia's Ascent: Power, Leadership, and the Regional Order, Palgrave Macmillan, 2015, p. 156.

队人数最多的派遣国,派出包括印度尼西亚鹰航部队在内的1290人前往黎巴嫩帮助恢复黎南部的安全和提供人道主义援助;[①]在巴以冲突中,印度尼西亚坚定支持巴勒斯坦的独立,为巴勒斯坦提供政治、经济和技术支持,并呼吁结束一切形式的暴力、恢复世界的安全和稳定。[②]

四、结语

印度尼西亚自独立后,政府几经更迭,国家实力起伏波动,国际格局发生了数次重大调整,印尼的对外政策与对外行动也以政府更替为标志呈现出阶段性的特点,这构成了印尼对外政策中"变"的一面,体现着印尼对国家发展和国际形势变化的调整与适应。与之同时存在的是,印尼独立后长期以"拥有全球利益和关切的大国"来进行自我界定与实践,这一理想不仅并未随时间的推移和情势的变化而发生质的改变,反而在很大程度上影响着印尼的对外政策与行动,这构成了印尼对外政策中"不变"的一面,体现着印尼国内对本国的共同理解和对印尼发展方向的共同意志。

角色理论对于分析国际对外行为中持续稳定的有着独特的优势。通常而言,在国家对外行为分析中,自变量是解释国家对外行为发生改变、呈现某种特征的要素,而角色的功能则在于提供一个结构式的框架,展示潜藏在动态背后的国家对外行为中稳定不变的性质。国家角色是国家主观期望和外部期望互动的产物,一方面可以体现国家行为的内部动机,另一方面可以发挥"图式"的作用,对国家行为产生持续的、框架式的影响。

---

① Adchit Al-Qusayr, "Indonesia's Contribution to World Peace is Undeniable", Embassy of the Republic of Indonesia, https://www.embassyofindonesia.org/indonesias-contribution-to-world-peace-is-undeniable/.

② Rentno LP Marsudi, "Indonesia: Partner for Peace, Security, Prosperity", *The Jakarta Post*, https://www.thejakartapost.com/academia/2018/01/10/full-text-indonesia-partner-for-peace-security-prosperity.html.

假如国家设定的角色并未在改变性期望的作用下被迫修订，国家将持续地按照其自我期望来进行角色扮演、广泛地在各领域布局辅助角色来服务于主导角色的成立。因而角色理论对国家对外行为的理解既反映了国家与国际社会的二元互动，又超越了政府更替、情势变化等时间与空间变化的影响，更契合复杂决策情境下国家行动的过程。

通过角色理论的视角，可以发现印度尼西亚独立后一直以"预备大国"作为主导角色，并在不同领域延伸发展出"民主倡导者""地区领导者""和平建设者"三种辅助角色。辅助角色与主导角色的内核相同、目的一致：都是为了实现印度尼西亚成为世界性大国的自我期望，这构成了印度尼西亚对外行为在时间、空间上相互连接的脉络。角色理论作为一种分析方法，可以对国家行为进行长期的、广泛的追踪，本文并未穷尽印度尼西亚扮演的全部角色，对印度尼西亚国家角色的探索和总结仍有广阔的研究空间。

"澜湄太空合作计划"的基础、挑战及前景*

任明哲

2022年7月4日，时任国务委员兼外长王毅在缅甸蒲甘出席澜沧江—湄公河合作第七次外长会时，宣布中国将推出六大惠湄举措，与下湄公河国家分享合作红利、增添发展动力，其中一大举措为实施"澜湄太空合作计划"。主要内容包括：与下湄公河国家联合研制对地观测卫星，提供返回式卫星搭载机会，开展太空育种合作。欢迎五国加入中国参与主持的国际月球科研站合作，开展月球及深空探测、卫星地面站、空间碎片监测合作，为各国提供空间科技培训。①"澜湄太空合作计划"是太空科技与澜湄合作机制的有机融合，关注的是前沿高科技领域合作，同时也是中国对下湄公河国家开展援助和南南合作的重要组成部分。这一计划的提出可以视为新时代澜湄合作中又一重大亮点，太空合作有望成为新时代澜湄合作机制取得高质量发展的一个新的重要增长点。由于"澜湄太空合作计

---

* 本文获第一届"东南亚国别政治与区域治理研究"博士生学术论坛二等奖，修改稿载于《印度洋经济体研究》2023年第2期。本文系四川大学中国南亚研究中心研究项目《印度干涉主义与南亚小国的反应研究》（项目批准号：ccsac2021006）的阶段性成果。任明哲，兰州大学马克思主义学院马克思主义理论专业博士研究生。

① 《王毅谈中方下阶段六大惠湄举措》，中华人民共和国外交部网站，https://www.mfa.gov.cn/wjbzhd/202207/t20220704_10715091.shtml。

划"提出时间尚短,目前国内外学术界并未就该计划进行专门分析和探讨,鉴于此,本文将在深入分析开展"澜湄太空合作计划"对中国和澜湄次区域的重大时代价值的基础上,系统梳理中国与下湄公河国家太空合作的成果,进而探讨"澜湄太空合作计划"在实施过程中面临的机遇和挑战,并探讨如何顺利开展"澜湄太空合作计划"。

一、"澜湄太空合作计划"实施的意义

"澜湄太空合作计划"的提出对于中国和澜湄次区域的发展均具有极强的现实意义。

(一)对中国而言

第一,有利于中国进一步加快推动航天事业"走出去"的步伐。随着中国航天事业的不断发展,积极开展太空国际合作、开拓国际太空市场,推动中国航天商业服务国际化是中国航天业持续发展的必由之路。2016年中国国家航天局发布的《中国航天国际合作2030发展战略》提出,要打造航天国际合作新格局,推动航天产品及卫星应用"走出去",助推中国商业航天发展。2022年1月28日,中国国务院新闻办公室发布的《2021中国的航天》白皮书指出,"支持商业航天国际合作,包括发射服务,以及卫星整星、卫星及运载火箭分系统、零部件、电子元器件、地面设施设备等产品技术合作"①。澜湄次区域可以成为中国航天"走出去"的重点区域。

首先,澜湄国家均将太空事业发展上升至国家发展的战略高度,相关国家已经意识到太空科技对于新兴科技产业、国家经济社会进步与国家安全的重要性。其次,进入21世纪,中国的太空科技实现了快速发展,已经具备了世界一流的太空科技、完全自主的太空创新能力、门类齐全的太

---

① 中华人民共和国国务院新闻办公室:《〈2021中国的航天〉白皮书》,http://www.scio.gov.cn/zfbps/ndhf/47675/Document/1719949/1719949.htm。

空基础设施,最为重要的优势是中国的太空服务产品价格相对低廉。最后,澜湄国家彼此之间山水相连、人文相亲。自2016年3月澜湄合作机制建立以来,澜湄六国共同提出"建设面向和平与繁荣的澜湄国家命运共同体"。经过近几年的发展,澜湄合作展示出强大的制度韧性与活力,为"澜湄太空合作计划"的开展奠定了制度基础。因此,澜湄国家有着进行太空合作绝佳的地缘优势。可以说,以上多方面因素的叠加是推动"澜湄太空合作计划"能够顺利开展的动力和源泉,而"澜湄太空合作计划"可以成为推动中国航天商业服务国际化及开拓国际太空市场的试验田。

第二,有利于中国同下湄公河国家之间关系的稳步提升。澜湄次区域是中国推动构建周边命运共同体最有可能取得实质性成效的地区,是人类命运共同体建设从纸面落到地面的最佳选项之一。①通过开展"澜湄太空合作计划",借助太空合作这种功能性领域的良性互动,不仅可带动双方在其他相应领域的合作,使之成为推动双方关系演进的软性资源,促进双方合作伙伴关系的升级,而且可以助力中国与下湄公河国家伙伴关系的持续发展与国家间互动的有效推进,最终推动澜湄合作迈上更高台阶。在双边层面,中国与越南(2015年11月5日)、老挝(2016年5月3日)、柬埔寨(2018年7月19日)、缅甸(2020年1月18日)、泰国(2022年7月5日)分别明确构建中越、中老、中柬、中缅、中泰命运共同体。在多边层面,2016年3月23日,澜湄合作首次领导人会议在海南三亚举行,六国一致决定建设面向和平与繁荣的澜湄国家命运共同体。②"澜湄太空合作计划"的提出可以形成"双边国家命运共同体促进多边命运共同体,双多

① 卢光盛:《全面推进澜湄国家命运共同体建设》,中国社会科学网,http://ex.cssn.cn/gd/gd_rwxn/gd_ktsb_1696/zbmygttjsllysj/202007/t20200709_5153278.shtml?COL-LCC=4230438113%26。

② 以《澜沧江—湄公河合作首次领导人会议三亚宣言——打造面向和平与繁荣的澜湄国家命运共同体》(简称《三亚宣言》)的发布为标志,中国、泰国、柬埔寨、老挝、缅甸和越南六国领导人共同提出建设面向和平与繁荣的澜湄国家命运共同体。

边命运共同体平行发展"的澜湄命运共同体构建模式。此外,澜湄次区域由于其极为关键的地缘位置与资源禀赋,是中国实现中华民族伟大复兴的有力战略依托,也是周边外交的关键一环。因此,"澜湄太空合作计划"的提出可以为新时代中国周边外交的发展注入新的动力,推动周边命运共同体的构建,为人类命运共同体的构建产生示范效应,最终促进人类命运共同体的实现。

(二)对澜湄次区域而言

第一,有利于加强澜湄次区域互联互通。澜湄合作机制涉及澜湄六国之间的经贸合作、交通运输、物流信息和互联互通等多个方面。基础设施互联互通是澜湄合作机制的先行军,而太空科技所带来的定位导航、监控、授时等功能都是交通基建和物流运输等领域不可或缺的技术。"澜湄太空合作计划"的实施将极大地推动区域内各国之间的空间信息建设,实现澜湄次区域信息的互联互通,同时也是实现交通基础设施互联互通的有力支撑,是澜湄六国和次区域之间对"3+5+X合作框架"的有益补充。得益于"澜湄太空合作计划"所提供的导航、通信、遥感太空技术支持,澜湄次区域将构建涵盖公路、铁路、水路、港口和航空五位一体的区域交通物流网,通过构建兼顾下湄公河国家利益和需求的立体物流网,从而实现澜湄次区域利益生态链的交融与可持续发展。"澜湄太空合作计划"可以发挥太空技术在澜湄合作机制中的牵引作用,促进水陆空天电网一体的澜湄机制信息通道建立,进而推动合作共赢、高效快捷、安全可靠的澜湄次区域国际物流通道建设。

第二,有利于加速澜湄次区域经济发展。澜湄合作机制涉及中国、柬埔寨、老挝、缅甸、泰国、越南,六国人口众多且各国发展水平差异较大,尤其是下湄公河国家在整体上信息基础设施较为落后,影响了澜湄合作机制资源共享和互联互通,也在一定程度上阻碍了商贸、物流、信息流以及社会经济合作交流。开展"澜湄太空合作计划",可充分发挥中国的太空技术信息优势,服务下湄公河国家,支撑澜湄次区域信息化建设,实现次区域资源互惠共享,使下湄公河国家均能最大程度地享受到中国"太空发展红利",支撑下湄公河国家经济建设和社会发展。"澜湄太空合作计划"是以实现空间信息综合集成应用服务为目标,为澜湄国家各部门及澜湄次区域地区共建"一带一路"服务的综合性工程,最终目的在于实现区域内各国经济的持续稳定发展。通过实施"澜湄太空合作计划",为澜湄合作机制实施顶层设计、战略实施全过程监管和战略实施效能评估提供持续可靠的空间信息资源、技术支撑和应用服务,从而有效促进区域内资源与信息的整合。

第三,有利于提升防灾减灾应对能力。当前,澜湄次区域太空遥感和信息技术相对落后,与次区域防灾减灾的现实需求相比,仍然存在较大的差距。而长期以来,中国太空技术的全方位发展为防灾减灾工作提供了有力支持,中国可以通过"澜湄太空合作计划",构建集遥感、通信、导航定位于一体的区域性防灾减灾空间基础设施,完善澜湄次区域的空间信息基础设施。因此,"澜湄太空合作计划"的实施有助于防灾减灾和环境监测系统、重大灾害应急遥感监测信息平台、基于卫星通信的灾害应急通信平台、防灾减灾应用业务系统等一系列防灾减灾平台的建设,使得下湄公河国家有足够的能力应对各类灾害,并为灾害监测与评估提供决策支持。"澜湄太空合作计划"所提供的天基信息服务还将在通信、电力中断等恶劣条件下,提供灾害信息快速提取服务、分析灾情结果,提供集灾害预警监测、应急评估、决策支持与产品服务于一体的应急救灾服务;培养专业化的空间技术应用应急响应队伍,推动太空信息技术在澜湄次区域防灾减灾中广泛深入应用;为次区域提供全天候、宽覆盖、高分辨率及特定灾害的立体式监测服务,为澜湄次区域应对灾害险情时建立应急通信联络提供技术支持和保障,从而实现防灾救灾指挥决策的信息畅通。

二、实施"澜湄太空合作计划"的已有基础

澜湄合作机制自建立以来,澜湄国家在政治安全、经济和可持续发展、社会人文等各领域均开展了切实有效的合作,澜湄国家人民之间进一步了解彼此的愿望也日益强烈。而太空领域的合作是澜湄国家拓展合作的新领域,是澜湄机制全方位合作的新平台,今后也可以成为澜湄机制重点发展合作的新高地。当前澜湄国家已经开展了一系列合作,这些既有合作是"澜湄太空合作计划"开展的现实基础。

(一)签署协议为合作提供制度保障

构建双边太空合作机制,签署一系列谅解备忘录等合作文件,为太空合作提供制度框架。中国与下湄公河国家最早签署的空间合作协议是2008年8月22日中老两国签署的《中国国家航天局与老挝科技署关于空间科学与技术合作框架协议》,该协议旨在加强双方在通信卫星、对地观测、联合举办培训班与研讨会等方面加强合作,为两国开展有关太空技术合作项目奠定了法律基础。中国与下湄公河国家之间不仅有政府层面的合作,还有企业层面的合作。2014年11月11日,中国航天科技集团公司旗下中国长城工业集团有限公司和泰国泰空大众有限公司(THAICOM)签署了《通信卫星项目合作框架协议》,该协议是中国和泰国开发新的通信卫星项目的一次契机,双方努力将合作开发的卫星服务于澜湄次区域,甚至更广阔的亚太地区。2018年1月10日,第二次澜湄国家领导人会议发布的《澜湄合作五年行动计划(2018—2022)》提出:"增加包括北斗系统在内的全球卫星导航系统在澜湄国家基础设施建设、交通、物流、旅游、农业等领域的应用。"①近年来,中国与下湄公河国家还签订了一系列谅解备忘录、合作框架协议及意向书等合作文件(见表2-1)。这些协议和文件

---

① 《澜沧江—湄公河合作五年行动计划(2018—2022)》,中国政府网,http://www.gov.cn/xinwen/2018-01/11/content_5255417.htm。

为推动"澜湄太空合作计划"的发展勾勒出蓝图,指明了前行方向。

表2-1　中国与下湄公河国家签订的太空合作文件

国家	签订时间	协议名称	备注
泰国	2012年12月	《中泰地球空间灾害预测系统战略合作框架协议书》	共同建立泰国地球空间灾害预测系统。
	2013年3月	《泰国地球空间灾害监测、评估与预测系统合作协议书》	共同构建泰国地球空间监测、评估及预测系统项目。
	2013年9月	《中国—东盟遥感卫星数据共享与服务航天合作协议》	中国资源卫星应用中心与东盟国家卫星遥感数据合作。
	2014年11月11日	《通信卫星项目合作框架协议》	目标是促成新的卫星采购与研发合作。
	2015年5月13日	《中国卫通集团有限公司与泰国公司关于卫星商业合作的谅解备忘录》	就两国开展卫星采购等事宜达成一致。
老挝	2008年8月22日	《中国国家航天局与老挝科技署关于空间科学与技术合作框架协议》	在通信卫星、对地观测、联合举办培训班与研讨会等方面加强合作。
	2009年9月25日	《老挝卫星广播通信系统建设及商业运营项目谅解备忘录》	中国为老挝发射"老挝一号"卫星。
	2010年2月25日	《老挝卫星广播通信系统建设项目合同》	中国为老挝建设卫星广播通信系统。
	2013年9月	《中国—东盟遥感卫星数据共享与服务航天合作协议》	中国资源卫星应用中心与东盟国家卫星遥感数据合作。
	2015年11月	《卫星合资公司股东协议》	确认中老双方控股比例及服务范围。
柬埔寨	2017年4月	《国家地理信息产业框架协议》	共筹柬埔寨国家地理空间信息数据库,提供地理空间数据支持服务。
	2018年1月11日	《"亲王一号"通信卫星项目框架协议》	中国以在轨交付形式向柬埔寨交付一颗通信卫星——"亲王一号"。
	2020年10月25日	《中国北斗系统在柬埔寨应用推广合作谅解备忘录》	借助北斗系统升级柬埔寨道路地图,提升柬埔寨交通信息化水平。
缅甸	2013年8月	《卫星遥感数据分享应用合作意向书》	中国与下湄公河国家中第一个签订相关合作文件的国家。

资料来源:中国国家航天局官网国际合作一栏。

(二)中国向下湄公河国家出口卫星及北斗导航系统服务

在卫星出口方面,2015年11月,中国成功将"老挝一号"通信卫星发射升空,这是中国向东盟国家和地区出口的首颗卫星。在地面接收设备方面,中国向下湄公河国家出售了大量卫星接收站等设备。2011年4月,中国向泰国交付了"HJ-1A"卫星接收站,成为中国首个卫星遥感地面接收站整站出口项目。同年7月,中国首次向泰国出口环境减灾卫星数据接收站,并提供对地观测卫星数据产品。2012年12月1日,中国援助老挝建设的"老挝一号"卫星地面站正式启动,为老挝建设通信卫星地面广播电视系统提供了完备的基础设施。中国北斗卫星导航系统是继美国全球定位系统(GPS)与俄罗斯格洛纳斯卫星导航系统(GLONASS)后第三个先进的卫星导航系统。2020年7月31日,北斗全球卫星导航系统正式开通服务,已经完成了全球组网建设,可以为整个澜湄次区域提供定位、导航与通信服务。

基于北斗导航系统,中国和下湄公河国家联合开展了一系列北斗合作项目。目前,下湄公河国家使用北斗卫星导航系统的国家有缅甸、泰国、老挝和柬埔寨等。2013年,中国向缅甸提供了五百余台高精度农业服务北斗终端,这是北斗高精度产品首次在东南亚国家批量应用于农业数据采集、土地精细管理;①2014年6月,中国北斗导航系统落户泰国并投入商业化运行;2015年3月17日,中国和泰国共建面向东盟的"中国—东盟北斗科技城";中国与柬埔寨、泰国共建面向东盟的全球卫星导航基站;②2015年8月28日,中国和老挝共建万象赛色塔北斗产业示范园、中

①《服务全球 造福人类——走向世界舞台的中国北斗记事》,光明网,https://m.gmw.cn/baijia/2020-08/02/34049979.html。

②《中泰投资百亿元共建"中国—东盟北斗科技城"》,新华网,http://www.xinhua-net.com/world/2015-03/19/c_1114691974.htm。

老遥感卫星数据联合应用中心,旨在帮助老挝的太空技术设施;[①]2016年8月,北斗卫星导航系统正式落地老挝,为该国全境用户提供不同精度的位置和时间服务信息;2021年5月11日,中国向柬埔寨提供550台北斗车载终端,为柬埔寨建设国家交通车辆监控平台、国家水路船舶监控平台、全国交通道路高精度地图。[②]此外,中国倡议实施"澜湄流域北斗卫星定位导航服务系统建设及民生领域应用示范"项目,借助北斗系统,加快促进下湄公河国家基建、交通、物流、旅游及农业的发展。[③]

(三)中国向下湄公河国家提供物质、技术及培训援助

在物质援助方面,2005年9月,中国向柬埔寨援助的"PCVSAT"卫星气象设备交付使用。2006—2007年,中国向泰国、老挝、缅甸、越南等下湄公河国家赠送风云卫星数据广播系统,推动全球地球观测数据共享系统的提升。中国还无偿援助缅甸、老挝等国地面卫星电视接收站,并提供卫星通信与卫星电视广播服务。此外,中国还以较为先进的技术手段向下湄公河国家提供区域性公共产品。2015年10月,中国成功发射"亚太9号"通信卫星,填补了湄公河地区的通信服务空白,为促进湄公河地区的经济建设和社会发展提供了通信保障。[④]2018年5月10日,中国成功发射"风云四号"气象卫星,填补了湄公河地区的天气监测服务空白。[⑤]

---

① 《"GMS位置服务与北斗产业示范园"落地老挝万象赛色塔开发区》,《中国日报》网站,http://cnews.chinadaily.com.cn/2015-09/04/content_21788772.htm。

② 《柬埔寨成为东盟地区第一个推广使用中国北斗导航系统的国家》,《柬华日报》网站,https://jianhuadaily.com/20210511/125039。

③ 中国卫星导航定位应用管理中心:《中方在澜湄合作会议上倡议实施北斗应用示范项目》,http://www.beidouchina.org.cn/hezuo/1984.html。

④ 《亚太九号卫星填补"海上丝绸之路"通信服务空白》,中国新闻网,https://www.chinanews.com.cn/gn/2015/10-17/7574244.shtml。

⑤ 目前全球仅有四个国家和地区拥有静止气象卫星。其中欧洲和美国的卫星主要覆盖西半球,中国和日本的卫星主要负责东半球天气监测。资料来源:国家航天局:《"风云四号"开始服务亚太地区》,http://www.cnsa.gov.cn/n6758 823/n6758840/c6801399/content.html。

在技术输出援助方面,2012年9月,首届中国—东盟科技部长会议举行,启动了中国—东盟科技伙伴计划,并提出把空间技术与应用等中国先进与适用技术推广到东盟国家。2012年中国—东盟技术转移中心成立,致力于促进中国与下湄公河国家的创新合作及技术转移。2014年7月,泰国、柬埔寨和老挝等下湄公河国家的学员来到位于武汉的中国光谷北斗基地,参观学习中国的北斗技术。[1]

在人才培养方面,中国大力培养柬埔寨、泰国等下湄公河国家的太空科技人才,进行有关卫星技术与航天器项目管理方面的专门训练。2016年12月,中国科学院与泰国相关部门达成在北斗导航系统研究及培训等方面的项目协议,推动北斗系统在共建"一带一路"国家的应用。

在空间信息联合开发方面,中国与下湄公河国家的合作成果丰富。考虑到澜湄次区域对开展空间信息交流合作的迫切需求,2017年11月,中国与澜湄国家联合共建澜沧江—湄公河空间信息交流中心,并配套建设云南北斗应用服务中心、云南省生态气象和卫星遥感中心等卫星应用中心,致力于推动澜沧江—湄公河沿线互联互通与经济生态发展。[2]

(四)在多边场合加强太空开发合作

多边太空合作向来是国际太空合作的重要形式,中国与下湄公河国家在联合国及亚太空间合作组织等多边机构均有着相应的航天合作。双方在联合国外空委员会、国际空间研究委员会及国际宇航联合会、国际地球观测组织、世界气象组织、全球卫星导航系统国际委员会等组织机制下,在防灾减灾、地球观测、卫星导航、地球科学研究等领域开展了多边合作。2005年,亚太空间合作组织在北京签订了《亚太空间合作组织公

---

① 《中国北斗加速亚太布局:朝鲜等8国代表前来学习》,环球网,https://mil.huanqiu.com/article/9CaKrnJFlJM。

② 李卫海、李雁、张泉等:《澜湄合作中的云南省"高分+北斗"》,《卫星应用》2022年第5期。

约》,中国在该公约框架内积极与成员国共享卫星遥感数据资源等。作为联合国空间合作计划的一部分,2008年9月,中国、泰国、伊朗三国参与研制的卫星发射成功,以应对自然灾害与开展环境监测。由中国、泰国等亚洲国家倡导的亚太空间合作组织于2008年12月成立,其成员包括泰国等下湄公河国家,该组织致力于成员国间的空间技术与应用国际合作。2017年5月,中国与世界气象组织签订了"一带一路"合作文件,文件强调在世界气象组织这个专门性国际组织框架下,扩大中国与包括下湄公河国家在内的共建"一带一路"国家的综合观测、研究及服务能力等方面的合作。2018年7月,老挝发生溃坝事故,中国积极援助老挝,为其提供灾区的卫星应急监测服务。[1]2018年11月14日,亚太空间合作组织成立十周年高层论坛在北京举行,此次论坛主题为"空间合作构建人类命运共同体",论坛发布了《亚太空间合作组织2030年发展愿景》,旨在促进发展中国家自由平等获得空间技术及空间数据应用、通过空间合作和人才培养助力发展中国家的能力建设。[2]此外,中国积极借助"澜湄空间信息走廊"建设的契机,与亚太空间合作组织联合推进遥感卫星数据和产品在澜湄次区域的应用网络,推进互联互通,以更好的空间信息服务推动各国经济社会发展。

三、"澜湄太空合作计划"的机遇和挑战

"澜湄太空合作计划"倡议提出的时间尚短,其具体规划和措施尚未出台,目前仅可根据澜湄国家之间已开展的太空合作对"澜湄太空合作计

---

[1] 中华人民共和国国务院新闻办公室:《〈2021中国的航天〉白皮书》,http://www.scio.gov.cn/zfbps/ndhf/47675/Document/1719949/1719949.htm。

[2]《亚太空间合作组织成立十周年高层论坛在京举行》,亚太空间合作组织专题网站,http://www.cnsa.gov.cn/n6758823/n6758844/n6759927/n6759928/c6803948/content.html。

划"实施面临的机遇和挑战进行逻辑研判。

(一)"澜湄太空合作计划"面临的机遇

第一,澜湄国家均重视发展太空事业,制定各类太空规划用以指导太空国际合作。在澜湄国家中,中国的航天实力最强,自1956年开展太空事业以来,中国将发展太空事业上升至国家战略高度,出台了多项太空发展规划。其中最为重要的为航天白皮书。自2000年11月22日中国发布第一版《中国的航天》白皮书以来,中国政府已经连续发布了五版航天白皮书。[①]为规范太空活动,中国相继出台了《关于印发国家卫星导航产业中长期发展规划的通知》(2013年)、《关于创新重点领域投融资机制鼓励社会投资的指导意见》(2014年)、《国家民用空间基础设施中长期发展规划(2015—2025年)》(2015年)、《信息通信行业发展规划(2016—2020年)》(2016年)、《关于推动国防科技工业军民融合深度发展的意见》(2017年)和《关于促进商业运载火箭规范有序发展的通知》(2019年)等政策文件。此外,2016年中国国家航天局发布的《中国航天国际合作2030发展战略》为中国开展太空国际合作提供了政策指导。随着太空技术的进步及扩散带来的卫星小型化和廉价化,下湄公河国家也纷纷出台了自己的太空计划。相较而言,越南和泰国的太空计划较为完善。2003年,泰国信息产业和通信技术部委托朱拉隆功大学制定国家空间总体规划,即《2004—2014年泰国空间主导计划》,该计划的核心是使泰国成为东盟太空事业的领导者。[②]2006年6月14日,越南制定《航天技术研究与

---

① 五版航天白皮书分别于2000年11月22日、2006年10月13日、2011年12月29日、2016年12月27日和2022年1月28日发布。资料来源:中华人民共和国国务院新闻办公室官网发布的《政府白皮书》,http://www.scio.gov.cn/zfbps/index.htm。
② 刘韬:《"一带一路"沿线国家航天情况介绍之泰国》,《卫星应用》2015年第11期。

应用2020战略》,期望在2020年可以自主研制卫星。①2021年2月4日,越南发布《2030年空间科学与技术发展和应用战略》,为越南未来十年的太空发展规划绘制了蓝图。缅甸、老挝和柬埔寨由于经济发展水平较为落后,尚未出台太空政策。为减少对其他国家卫星服务的依赖,缅甸实施了"三步走"的规划。第一步,租赁其他卫星。第二步,拥有自己的卫星。第三步,逐步增加卫星数量,拥有本国独立的卫星系统。②老挝和柬埔寨也一直在寻求外部力量的支持来制定太空政策。以柬埔寨为例,2017年4月26日,柬埔寨同中国合作签署了《国家地理信息产业框架协议》,旨在建立国家地理空间信息数据库。③

第二,以卫星研发为核心的太空技术正成为国家太空战略的核心内容。在第三太空时代,④卫星研发技术的创新发展将成为新的国际热点,并加速转向高速率、全覆盖、智能化方向发展,目前全球已有上百个国家拥有自己的卫星。对发展中国家而言,尽管以卫星研发为核心的太空技术起步较晚,但它们正紧紧抓住太空科技发展新机遇,开展卫星研发规划布局。截至2022年1月1日,澜湄次区域国家一共发射了513颗人造卫星,其中中国499颗、泰国7颗、越南5颗、缅甸1颗、老挝1颗。⑤整体来看,发射的人造卫星数量在澜湄国家中最多,且涵盖了包括资源卫星、气

---

① Bộ Khoa học và Công nghệ, Chiến lược nghiên cứu và ứng dụng công nghệ vũ trụ đến năm 2020 (《航天技术研究与应用2020战略》), https://m.thuvienphapluat.vn/van-ban / cong-nghe-thong-tin / Quyet-dinh-137-2006-QD-TTg-Chien-luoc-nghien-cuu-ung-dung-cong-nghe-vu-tru-den-2020-12559.aspx.

② 任明哲:《东盟国家太空政策探析》,《东南亚研究》2021年第4期。

③《中国与柬埔寨国家地理信息产业签署框架协议》,中国新闻网,http://www.chinanews.com.cn/cj/2017/04-25/8208911.shtml。

④ 冷战时期的美苏太空竞赛是第一太空时代,海湾战争开启了第二太空时代,目前世界已迈入第三太空时代的大门。资料来源:中国现代国际关系研究院太空安全课题组:《第三太空时代的安全挑战与规则构建》,《当代世界》2022年第2期。

⑤ Union of Concerned Scientists, "UCS Satellite Database", https://www.ucsusa.org/resources/satellite-database.

象卫星、通信卫星、导航卫星和海洋卫星等多种用途和门类的卫星。下湄公河国家目前已经拥有了 14 颗卫星，但这些卫星均是在其他航天大国的帮助下发射的。泰国的卫星均是通过同其他国家开展国际合作发射的，而泰国也在尝试通过开展国际合作掌握独立研制卫星的技术，目前泰国已经与 18 个国家开展了太空合作，签署了 23 份备忘录、5 份合作意向书和 7 份合作协议。①越南在卫星方面主要是同日本合作，且两者之间的合作已经取得了一些进展，具体表现在越南已经具备了独立研制微型卫星的能力。2013 年，日本的 5 所大学接收了来自越南的 36 名技术人员，为其提供太空技术培训，这些学员在学成归国后，于 2017 年研制出一颗"微龙"微型卫星。②当前缅甸拥有的卫星是同卢森堡签订的租赁合同，租赁了卢森堡 Intelsat 卫星制造商的"MyanSat 2"卫星。柬埔寨与中国于 2018 年 1 月 11 日签署了柬埔寨"亲王一号"通信卫星框架协议，旨在借助中国的帮助，发射属于自己本国的第一颗卫星。总的来看，下湄公河国家希望利用太空技术来促进社会和经济发展。不过这些卫星基本上以民用为主，且多依靠其他国家的资金和技术援助，也主要在其他国家（中国、美国和日本）完成发射任务。

第三，"澜湄太空合作计划"的发展潜力巨大。全球太空热潮正在形成，全球太空产业正迎来蓬勃发展的历史机遇。据摩根士丹利估计，目前全球太空产业的价值约为 3500 亿美元且还在迅速增长，预计到 2040 年将超过 1 万亿美元。在澜湄次区域层面，下湄公河国家是全球太空市场的重要组成部分，其太空事业发展前景广阔，蕴藏着巨大的开发潜力。澜湄国家的快速发展奠定了其对太空的需求。澜湄六国的国内生产总值总量

---

① 刘韬：《"一带一路"沿线国家航天情况介绍之泰国》，《卫星应用》2015 年第 11 期。

② Tuoi Tre News, "Vietnam to build radar satellites", https://tuoitrenews.vn/news/society/20161218/vietnam-to-build-radar-satellites/381.html.

在过去十年中翻了一番,接近19万亿美元,占世界经济总量的比例由十年前的12%增长至19.5%,是全球经济增长最快和最具发展潜力的地区之一。^①与此同时,数字化时代加强了各国对太空通信与导航能力的依赖,下湄公河国家同样也意识到太空领域作为新兴战略产业的重要性。^②以卫星服务收入为例,2013年全球卫星产业收入达2000亿美元,2018年为2770亿美元,预计2028年将达到4740亿美元。^③下湄公河国家不仅重视太空技术这一"必需品"对经济社会发展的重要性,而且也开始关注卫星产业收入这一巨大的市场。下湄公河国家中,太空技术相对发达的泰国和越南正在加大对太空领域进行投资。目前,泰国拥有的"Thaicom"系列通信卫星,2015年的净利润达到创纪录的21.22亿泰铢(约合6000万美元),且仍在向澳大利亚、印度、缅甸和马来西亚等国扩张太空市场。^④越南政府对太空所能带来的商业利益抱有强烈期待,2021年2月4日,越南出台了《2030年空间科学与技术发展和应用战略》,尝试打造自己的卫星定位系统,并正在大力促进太空商业化,以谋求太空利益、获取太空红利。^⑤由此可见,下湄公河国家在太空领域巨大的发展潜力为"澜湄太空

---

① 2012年全球国内生产总值为75.5万亿,中国国内生产总值为8.51万亿、泰国3975亿、越南1558亿、缅甸583亿、柬埔寨140亿、老挝101亿,共计9.15万亿;2021年全球国内生产总值为96.1万亿、中国17.73万亿、泰国5060亿、越南3626亿、缅甸650亿、柬埔寨270亿、老挝188亿,共计18.71万亿。数据来源:The World Bank,https://data.worldbank.org.cn/。

② 陈翔:《中国与东南亚国家的太空合作初探》,《国际研究参考》2017年第11期。

③ 任明哲:《东盟国家太空政策探析》,《东南亚研究》2021年第4期。

④ Peter B. de Selding,"Thaicom Reports Record Profit on Television Growth,Plans Successor to IPStar Broadband Satellite",https://spacenews.com/thaicom-reports-record-profit-on-television-growth-plans-successor-to-ipstar-broadband-satellite/.

⑤ Báo điện tử Đảng Cộng sản Việt Nam(《越南共产党机关报》),"Chiến lược phát triển và ứng dụng khoa học,công nghệ vũ trụ đến năm 2030(《2030年空间科学与技术发展和应用战略》)",https://dangcongsan.vn/khoa-hoc-va-cong-nghe-voi-su-nghiep-cong-nghiep-hoa-hien-dai-hoa-dat-nuoc/tin-tuc-su-kien/chien-luoc-phat-trien-va-ung-dung-khoa-hoc-cong-nghe-vu-tru-den-nam-2030-580507.html.

合作计划"的顺利实施奠定了基础。

第四,中国和下湄公河国家在太空领域具有较强的互补性。双方的互补性主要体现在两个方面:一方面,中国的太空事业取得了举世瞩目的成就,正由太空大国向太空强国迈进。以北斗导航系统和载人航天活动为代表,中国在卫星研发与发射、卫星导航、卫星通信、卫星遥感、深空探测和载人航天领域获得快速发展。先进的技术条件和制造能力使得中国能够为下湄公河国家提供世界一流的太空产品和服务,这为"澜湄太空合作计划"的顺利实施提供了基础的技术保障。另一方面,下湄公河国家均是发展中国家,缅甸、老挝和柬埔寨等国的经济发展和科技水平普遍较为落后。因此,他们在开展太空活动方面受到资金和技术的限制,同时对太空服务也存在特殊的要求。太空活动具有高投入和高风险特性,而中国可以把成本和风险降至可控的范围内。

目前,中国已经熟练掌握了"一箭多星"发射技术,极大地降低了单颗卫星的发射成本和使用难度。比如,中国帮助埃塞俄比亚发射的微型卫星就采取了"一箭九星"的方式。同时,微型卫星质量较轻、功能单一、成本较低,深得下湄公河国家的青睐。与欧美发达国家相比,中国的卫星技术不仅技术上有保障,而且非常适合下湄公河国家的实际需求,降低了下湄公河国家卫星的生产、发射和运营成本。总之,中国太空技术的价格优势与下湄公河国家的实际需求紧密结合,使得双方的太空合作具有较强的互补性。

(二)"澜湄太空合作计划"面临的挑战

尽管中国同下湄公河国家之间已经开展了一系列的太空合作,在太空科技应用于经济社会发展方面取得了一系列成果,但也存在一些问题。在未来,这些问题一定程度上会妨碍"澜湄太空合作计划"的深入开展,具体问题主要表现在以下四个方面:

第一,下湄公河国家对于"澜湄太空合作计划"的认可和接受程度。

对于中国推出的"澜湄太空合作计划",湄公河流域国家也存在不同的声音,担心由中国主导会使小国利益受损。一方面,无论是在澜湄合作机制下已开展的其他领域的合作,还是已有的太空合作中,湄公河流域国家已经表现出既不希望全面倒向中国,又对西方国家在本地区的活动保持警惕。下湄公河国家一直通过推行"大国平衡"策略获取利益并提高自身地位,通过积极参与各种机制来获得资金和技术的支持。①以日本援助越南建设国家航天中心为例,该航天中心需投资约7亿美元,其中6亿美元来自日本政府为越南提供的发展援助资金。由此可见,今后下湄公河国家必然不会放弃这一策略。另一方面,次区域国家之间存在着多重矛盾以及利益之争,尤其是次区域各国的市场主要是外向的,国家内部的市场并不占据重要地位,而且泰国和越南等国也一直尝试扩大自身在澜湄次区域的太空影响力。例如,2016年12月,泰国与老挝签署了电视信号播出协议及双方战略合作备忘录,借助后者的通信信号将自身的通信服务覆盖东南亚地区全境。②如何增强"澜湄太空合作计划"对于下湄公河国家的吸引力,切实让下湄公河国家从合作中得到实惠,这是推进澜湄合作机制面临的一个突出问题。在过去的6年中,澜湄次区域的开发合作一直以开放灵活而著称,"澜湄太空合作计划"需要通过开发合作的良性竞争,以公平公正的姿态,真正赢得下湄公河国家的信任和支持。

第二,"澜湄太空合作计划"的实施面临着域外大国的竞争。澜湄次区域地理位置独特、发展潜力巨大、战略价值突出,故域外大国不断强化合作,以期扩大自身在本地区的影响。当前对"澜湄太空合作计划"的开展能够产生一定影响的域外因素主要是美国、印度和日本。在地区层面。

---

① 卢光盛、金珍:《"澜湄合作机制"建设:原因、困难与路径?》,《战略决策研究》2016年第3期。

②《泰国丝路电视台携手老挝亚太卫星 东方网络海外布局效果凸显》,环球网,https://china.huanqiu.com/article/9CaKrnJZnMs。

一方面,2021年和2022年举行的两届美日印澳领导人峰会均强调将太空领域作为一个整体开展合作,并强化在印太框架下,向区域内重点国家提供太空技术支持,这不仅是美国整合和变革太空同盟体系的需要,同样也会刺激印太地区太空军备竞赛进一步发酵,从而挤压中国与相关国家进行太空合作的空间。另一方面,2021年11月2日,日印举办了太空领域对话的第二次会议,就太空双边合作、太空安全和技术贸易问题进行了讨论,两国一致同意强化太空合作,并试图掌握地区太空态势发展的主导权。[1]在下湄公河国家同日本和印度的双边层面。下湄公河国家已经分别同日本和印度开展了一系列太空合作。以日本和越南为例,双方已经建立了涉及太空技术研发、太空政策制定、地区太空发展等多个层面的太空合作关系,其中日本为越南提供的部分太空技术援助往往是打着"民用"的幌子夹带军事用途的私货。因此,美国、日本和印度等域外大国作为澜湄次区域重要的力量存在,不断介入澜湄次区域的太空合作与竞争,或将逐步改变澜湄次区域的太空竞争地缘格局。与此同时,三国的太空国际合作理念及政策的差异,也会对下湄公河国家的太空政策取向及其太空合作理念产生重要影响,进而为"澜湄太空合作计划"的实施增加了更多的不确定因素。

第三,各国政局与民主化或将阻碍"澜湄太空合作计划"的开展。稳定的政局是发展太空事业、开展太空国际合作最为重要的前提。在世界第三波民主化浪潮的冲击下,下湄公河国家的政局都明显受到了不同程度的冲击,其政治现代化也面临着各式各样的挑战,政治风险较高。[2]在一个动荡的政局下,保障社会的基本运转是首位,否则开展太空技术研发就无从谈

---

① 外务省:《第2回日印宇宙对话の开催(结果)》,https://www.mofa.go.jp/mofaj/press/release/press3_000624.html。

② 罗圣荣:《澜湄次区域国际减贫合作的现状、问题与思考》,《深圳大学学报(人文社会科学版)》2017年第3期。

起,政局动荡也会对开展太空国际合作产生消极影响。以缅甸和日本为例。2021年2月1日缅甸政局突变。随后,美西方对缅甸追加新一轮全面制裁,这一制裁影响到了日本和缅甸之间的太空合作。2021年2月20日,由缅甸出资、日本研制、美国发射的"MMSATS-1卫星"成功升空,随后这颗卫星一直被安置在日本的"希望号"实验舱内。到了3月12日,这颗卫星一直被保存在国际空间站没有动静。最终,保存变成了扣押,这颗卫星并未按照计划进入运行轨道。①由此,缅甸的"卫星梦"最终破灭。

第四,"澜湄太空合作计划"资金匮乏。太空环境的恶劣性、太空活动的复杂性、航天器要求的特殊性以及太空科技的前沿性等,决定了太空活动需要耗费巨额费用,②加之2019年初开始的疫情,使得近些年全球绝大多数发展中国家的经济发展存在困难,对于经济社会资源和综合实力相对较弱的下湄公河国家来说,开展太空技术研发是一种奢侈。由此,下湄公河国家在太空预算方面远远不足,表现出以下两个特点:首先,下湄公河国家的太空预算在全球太空预算中所占的比例十分低,2012年其占全球太空预算的比例为0.7%,2021年占比仅为0.1%,经过十年的发展,不升反降。其次,无论是和发达国家相比,还是和周边地区国家(如印度、日本和韩国)相比,下湄公河国家的太空预算远远落后于这些国家。以2021年各国太空预算为例,美国546亿美元、日本41.1亿美元、印度19.6亿美元、韩国6.8亿美元,下湄公河国家则仅有1.02亿美元。由此可见,"澜湄太空合作计划"的实施仍然需要澜湄国家加大太空领域的资金投入。

---

① Tim Kelly, "Myanmar's First Satellite Held by Japan on Space Station after Coup", https://www.reuters.com/article/us-myanmar-politics-satellite-japan-excl-idUSKBN2B4101.

② 任明哲:《东盟国家太空政策探析》,《东南亚研究》2021年第4期。

表2-2　有关国家和地区太空预算（2012—2021年）

单位：亿美元

国家/地区	2012	2013	2016	2018	2020	2021
越南	0.93	0.34	0.61	0.45	0.21	0.35
泰国	0.2	0.2	0.3	0.3	0.94	0.38
老挝	0.87	0.2	0.17	0.17	0.18	0.17
缅甸	—	—	—	—	0.23	0.12
下湄公河国家	3	0.74	1.08	0.92	1.56	1.02
东盟	3.48	1.56	2.96	3.36	3	3.38
中国	20.2	23.8	49.1	58	88.5	103
日本	25.4	19.6	30.1	30	33.2	41.1
印度	12.5	11.7	10.9	15	20.4	19.6
韩国	2.3	2.13	6.7	5.9	7.2	6.8
美国	198.2	197.7	360	410	477	546
全球	415	—	622	709	825	924

注：①尽管越南在下湄公河国家中的太空科技水平相对较高，在太空计划方面的资金投入仍然很少，2012年为建设越南科技航天中心投入了0.93亿美元，此后的资金投入也维持在较低的水平。②欧洲咨询（Euroconsult）发布的全球政府太空预算报告仅有2012年、2013年、2016年、2018年、2020年及2021年。

资料来源：Euroconsult, "Profiles of Government Space Programs 2012—2021", https://digital-platform.euroconsult-ec.com/。

四、推进"澜湄太空合作计划"的思考

就深化太空合作而言，如何增强"澜湄太空合作计划"对于下湄公河国家的吸引力，打消下湄公河国家的顾虑。在澜湄合作机制下真正让"澜湄太空合作计划"惠及下湄公河国家，切切实实让下湄公河国家从合作中享受到中国太空科技发展的红利，进而夯实澜湄合作机制就显得尤为重要。为此，未来可从以下四方面着力：

（一）倡导新理念

一是要倡导"共商、共建、共享"的合作理念。中国在推出澜湄合作机

制之初,强调的是一种"共商、共建、共享"的新型合作机制,表明中国绝不是将自身战略强加于别国,而是在相互尊重的基础上共同探索合作的最优模式,实现共同发展。澜湄合作机制概念之所以得到其他五国的热烈回应并很快得到落实,自然与这种"共商、共建、共享"新型合作理念分不开。"共商"即要协商一致,共同制定澜湄合作机制下的太空合作规划;"共建"即基于北斗导航系统,整合已有资源,建立和完善与太空合作议题相关的联系制度;"共享"则是同下湄公河国家就中国太空科技做好遥感、导航、通信卫星信息和数据的免费共享。

二是倡导"真实亲诚、亲诚惠容"的合作理念。在国际宇航大会等太空国际合作的重大国际场合宣布中国合作举措、理念和原则,拓展太空科技国家合作途径和模式,为下湄公河国家提供太空科技公共产品服务,积极参与解决下湄公河国家面临的经济社会发展困境。

三是要倡导人类命运共同体的新理念。鉴于下湄公河国家对太空事业发展越来越重视,中国作为一个正在从航天大国迈向航天强国的发展中国家,应该在卫星轨道公平分配问题及其他外空资源开发和利用上积极努力,适当照顾下湄公河国家为代表的发展中国家的太空利益,同时注重外空资源的和平开发和利用,助力联合国2030年可持续发展议程目标实现。

四是坚持"四位一体"的太空合作新理念,即倡导、支持和鼓励科研机构、企业、高等院校和社会团体共同参与、共同协调,形成多层次和多形式的澜湄太空交流与合作态势。

（二）创建新平台

在澜湄合作机制下,创建一个专门的、有针对性的澜湄太空合作平台。当前,中国不仅和老挝、泰国、缅甸和柬埔寨分别开展了北斗导航合作,而且已经建设了云南北斗应用服务中心,并开展了"澜湄流域北斗卫星定位导航服务系统建设及民生领域应用示范"项目。可以考虑基于北斗导航系统,整合现有资源,建设澜湄北斗中心。

一是便于开展太空国际合作研究。主要是收集提炼发展中国家太空合作的经验,比较总结不同类别国家的太空合作模式,追踪探讨太空合作领域的热点问题,专题分析太空政策的影响,为"澜湄太空合作计划"的政策制定者、理论研究者和实践者提供技术支撑。

二是分享太空事业发展经验。澜湄各国虽然太空技术发展水平差异巨大,但在发展太空事业过程中都积累了一定的经验,在合作中要兼容并蓄,充分借鉴各国发展经验。作为澜湄合作的倡导者,中国在太空事业的发展方面积累了丰富的经验,在开展"澜湄太空合作计划"过程中,可因地制宜推介中国太空科技发展经验,贡献太空科技发展领域的"中国智慧"和"中国方案"。

三是在未来澜湄北斗中心建设完成后,以具体太空合作项目为抓手,开展双边或多边合作,积极推动下湄公河国家参与太空合作战略与规划的制订,尤其重要的是可以结合次区域内部已有的早期收获项目,积极参与和扩大对澜湄次区域太空公共产品的供给,切实让下湄公河国家从合作中享受到中国太空科技发展的红利。

(三)寻求新平衡

一是寻求双边和多边的平衡。从制度设计来看,澜湄合作属于"1+5"的多边合作。推进"1+5"多边合作的同时,重视双边太空合作项目的开展,不但更容易推进,也可以为推动"1+5"合作发挥示范作用,从而形成"以双边促多边、双多边机制平行发展"的澜湄次区域太空合作发展模式。

二是平衡与现有合作机制之间的关系。一方面要处理好同日湄合作机制之间的关系。日本在澜湄次区域深耕已久,有着不可小觑的影响力,近年来日本在日湄合作机制框架下已经开展了太空减灾项目合作。另一方面要处理好同亚太空间合作组织和亚太地区空间机构论坛之间的关系。这两个合作机制分别是中国和日本发起的亚太空间合作组织和亚太地区空间机构论坛,它们的发展议程和合作领域具有一定的相似性,如开展地区太空科技人才培养、开展小型卫星研发项目和建设太空科技知识共享平台等等。[1]因此,为避免"澜湄太空合作计划"同日湄合作机制、亚太空间合作组织及亚太地区空间机构论坛之间出现资源重复,应注意考虑加强同这些合作机制之间的协调。

三是平衡好中国同域外国家在澜湄次区域之间的竞合关系。重点是要处理好日本和印度等在澜湄次区域开展太空合作项目较多的国家之间的关系,避免出现不利于地区发展的恶性竞争。中国可以考虑同日本和印度以民用领域为切入口,借鉴第三方市场合作的经验和理念将其延伸至澜湄次区域和太空领域。[2]这种合作模式及其探索具有现实意义,不仅有助于避免中国与相关国家在澜湄次区域战略关系的恶性循环,有效降低地区太空竞争的负面影响,而且可以实现优势互补,推动下湄公河国家太空事业的发展。

(四)开发新领域

一是以太空合作促进上下游产业合作。太空科技的最终目标是促进产业发展,根据澜湄国家已有的太空合作项目,进一步深化澜湄国家之间

---

[1] Saadia M. Pekkanen, "China, Japan, and the Governance of Space: prospects for competition and cooperation", *International Relations of the Asia-Pacific*, Vol. 1, No. 1, May 2020, p. 17.

[2] 2018年5月9日,中国国家发展改革委、商务部与日本外务省、日本经济产业省共同签署了《关于中日第三方市场合作的备忘录》。同年10月26日,中日两国政府共同举办第一届中日第三方市场合作论坛,签署了52项合作协议。这为中日两国在第三方市场开展合作奠定了法律基础。2019年12月2日,中日企业第三方市场合作交流会在北京举行。关于中日在东南亚地区开展的第三方市场合作可以参见:毕世鸿、屈婕:《多边合作视角下中日在东盟国家的第三方市场合作》,《亚太经济》2020年第1期;刘姝:《亚洲命运共同体视域下中日第三方市场合作》,《国际论坛》2021年第5期;金仁淑:《新时代中日第三方市场合作的叠加效应研究》,《日本学刊》2021年第6期。事实上,中日在太空领域也开展过一些民用领域的合作。以全球天气监测为例,当前拥有静止气象卫星的国家和地区仅有4个,西半球由欧洲和美国的卫星负责监测,而东半球则由中国和日本的卫星负责监测。资料来源:国家航天局:《"风云四号"开始服务亚太地区》,http://www.cnsa.gov.cn/n6758823/n6758840/c6801399/content.html。

在卫星研制、月球及深空探测和卫星地面站等领域的合作,同时加大澜湄国家间太空科技人才的培训,依托"澜湄太空合作计划"搭建的太空科技平台,推进电网、冶金、建材、配套工业、医疗设备、信息通信、轨道交通、水路交通、航空运输、装备制造及可再生能源等领域的产能合作。

二是开展太空育种合作。充分利用澜沧江—湄公河流域特色生物资源,通过太空育种产学研方面的联合攻关,为澜湄国家农作物生物育种装上太空科技"芯片",提升澜湄国家农产品市场竞争力和农业科研创新和服务水平,推动澜湄国家特色现代农业朝着绿色、优质和高效的高质量方向发展,为澜湄国家发展提供粮食安全保障。

三是争取太空合作资金多元化。正如前文所述,现阶段下湄公河国家的经济发展水平还难以满足澜湄太空合作对资金的需求,但太空资金投入的多少,直接影响着太空合作的深度。当前多数国家和国际组织均将太空事业发展置于发展的核心位置,可以争取的资源比较充足,可以认真研究澜湄次区域的太空合作项目需求和国际机构的贷款政策,不仅可以积极争取世界银行、亚开行、亚投行等国际金融机构的资金支持和援助,而且可以通过丝路基金和中国—东盟海上合作基金等金融平台,甚至国家开发银行、中国进出口银行、出口信用保险公司等金融机构,在符合规定、风险可控的条件下,为其提供金融服务,[1]从而增加"澜湄太空合作计划"资金的多元化渠道。

五、结语

当今世界正经历百年未有之大变局,世界进入了动荡变革期,全球太空格局正在发生深刻变化。在太空领域表现出全球太空竞争博弈日趋激

---

① 张晓哲:《空间信息走廊为"一带一路"建设提供强大动力》,《中国经济导报》,http://www.ceh.com.cn/ep_m/ceh/html/2016/11/25/A02/A02_38.htm。

烈、美国印太太空战略开始落地实施及亚洲太空力量的群体性崛起等特点。"澜湄太空合作计划"是太空科技与澜湄合作机制的有机融合,关注的是前沿高科技领域合作。"澜湄太空合作计划"不仅是中国在新时代提出的六大惠湄举措之一,承载着澜湄六国人民共同的愿望,同时也是中国对下湄公河国家开展援助和南南合作的重要组成部分。以和平合作为基础、以开放包容为特征、以互学互鉴为保障、以互利共赢为路径的"澜湄太空合作计划"不仅可以视为新时代澜湄合作又一重大亮点,而且可以成为澜湄合作机制取得高质量发展的一个新的重要增长点,为六国以及澜湄合作机制的发展注入新的"源头活水"。

当前,澜湄合作机制正奔向下一个"金色五年","澜湄太空合作计划"实施的过程中机遇与挑战并存。一方面,疫情凸显了太空基础设施对于经济社会发展所能发挥的科技支撑性作用,使得其成为澜湄国家能力建设的重要共识;澜湄国家均意识到以卫星研发为核心的太空技术是国家太空战略的核心内容;全球太空热潮正在形成,全球太空产业正迎来蓬勃发展的历史机遇,"澜湄太空合作计划"框架下的太空经济发展潜力巨大;最为重要的是中国和下湄公河国家在太空领域具有较强的互补性。另一方面,该计划的实施仍然面临着下湄公河国家的认可和接受程度、域外大国的竞争角力、各国政局稳定程度及资金匮乏等挑战。未来,中国应通过强化共建共享,携手下湄公河国家共同坚持倡导新理念、创建新平台、寻求新平衡、开发新领域,助推"澜湄太空合作计划"发展。基于此,为澜湄合作机制的发展注入太空科技这一新动力,推动澜湄合作机制的高质量发展和澜湄命运共同体的构建。

鉴于澜湄次区域极为关键的地缘位置与资源禀赋,其已成为中国实现中华民族伟大复兴的有力战略依托,也是周边外交的关键一环。由此我国发起成立了"澜湄太空合作计划",该计划是新时代我国在澜湄次区域推动太空国际合作的又一新的举措。在未来,深入推进"澜湄太空合作计划",维持澜湄国家之间太空合作的发展势头,是澜湄国家下一阶段在高科技领域合作的重点方向。此外,近年来,中美大国博弈日益激烈,这种博弈落实到太空领域则使得太空技术合作、太空安全合作以及太空安全治理则逐渐成为美国印太战略框架的新的关注议题和战略关切。在此背景下,美国逐步加大在印太地区的太空关注力和投入力度,而位于印太地区核心区域的东南亚地区则成为美国开展太空合作以提升自身印太地区太空影响力的重要区域。因此,就中国而言,推动"澜湄太空合作计划"落地实施的过程中,不仅要提升中国在澜湄次区域太空硬实力的影响力,同时也要提升中国的太空软实力,进而增强"澜湄太空合作计划"对湄公河国家的吸引力,这种太空影响力和吸引力的提升同样可以获得亚太地区其他国家的关注,进而为中国开展太空国际合作提供示范效应。如果说"澜湄太空合作计划"是新时代中国太空国际合作的一个新议程,那么该计划也就能成为中国开展太空国际合作的一个新的增长点。在"澜湄太空合作计划"的框架下,深化太空国际合作,同样可以视为新时代中国开展"南南合作"的典范,为未来推动"一带一路"框架下的太空合作以及构建"天基丝绸之路"提供"中国智慧"和"中国方案",进而成为中国推动构建太空国际合作新格局和倡导世界各国共同在外层空间构建人类命运共同体的"试验田"。

印太战略视域下的欧盟——
印尼海洋安全合作:动因、现状与挑战*

孙　晨

近年来,随着印太日益成为全球安全与战略的重心,作为东南亚域内外重要力量的欧盟与印度尼西亚(以下简称"印尼")间双边关系不断提升。自2014年佐科上台以来,双方在维护海上贸易安全、对冲大国竞争、加强战略自主与应对非传统海洋威胁等需求推动下,稳步开展各项海洋安全合作,在构建涉海合作机制、强化海洋传统与非传统安全合作方面取得显著成果。然而双方合作的深化面临着海洋安全思维差异与内部民族主义思潮、欧盟整体一致性与印尼政治连贯性及印太权力结构等挑战掣肘。

美国特朗普政府与拜登政府都将印太置于全球战略中心,实现从"亚太再平衡"向"印太战略"的转变,并积极拉拢盟友及伙伴增强印太投入以

─────────

* 本文获第一届"东南亚国别政治与区域治理研究"博士生学术论坛三等奖,修改稿载于《东南亚研究》2023年第4期。本研究得到国家留学基金"国际区域问题及外语高层次人才培养项目"(项目批准号:CSC202306770019)国别与区域研究人才专项资助,感谢论坛评委范宏伟、郑先武、黄栋、葛红亮、骆永昆、潘玥老师对本文提出的建设性意见。孙晨,华中师范大学政治与国际关系学院国际关系专业博士研究生,中印尼人文交流研究中心科研助理。

抗衡来自中国的"紧迫挑战"①。在此背景下,欧盟及其成员国愈发重视印太。2020年,法国、德国与荷兰等先后发布"印太战略";2021年4月19日,欧盟外长理事会批准《欧盟印太合作战略》结论性文件,认为印太地区对欧盟"具有重大战略意义",欧盟要为"地区安全、稳定、繁荣及可持续发展作出贡献",以应对"日益严峻的挑战和紧张局势"②;同年9月16日,《欧盟印太合作战略》正式发布,文件明确指出"从非洲东海岸到太平洋岛国的广泛地区对欧洲的战略意义日益重要"③。作为东盟创始国和东南亚第一大国,早在2013年就提出"印太合作构想"④,印尼总统佐科于2014年竞选时提出"全球海洋支点"构想并在胜选后积极实施,将本国定位为"印太重要力量",使印尼国家发展战略重心由陆地开始转向海洋。⑤2019年6月23日,在印尼主导和推动下,东盟成员国通过《东盟印太展望》并强调应在不断变幻的地缘格局下保持"东盟中心地位"⑥。随着各方"印太战略"的出台,欧盟同印尼在印太地区的合作潜力不断增强,特别是双方通过多种方式推进海洋安全合作尤其值得关注。无论是《东盟印太展望》中将海洋事务列为四大合作领域之首并主张"和平解决争端以促进海上安

---

① The White House, "Indo-Pacific Strategy of the United States", https://www.white-house.gov/briefing-room/speeches-remarks/2022/02/11/fact-sheet-indo-pacific-strategy-of-the-united-states/.

② European Council, "Indo-Pacific: Council adopts conclusions on EU strategy for cooperation", https://www.consilium.europa.eu/en/press/press-releases/2021/04/19/indo-pacific-council-adopts-conclusions-on-eu-strategy-for-cooperation/.

③ European Commission, "The EU Strategy for Cooperation in the Indo-Pacific", https://ec.europa.eu/commission/presscorner/detail/en/qanda_21_4709.

④ Center for Strategic & International Studies, "An Indonesian Perspective on the Indo-Pacific", https://www.csis.org/events/indonesia-conference-csis.

⑤ Rendi A. Witular, "Jokowi Launches Maritime Doctrine to the World", https://www.thejakartapost.com/news/2014/11/13/jokowi-launches-maritime-doctrine-world.html.

⑥ Dewi F. Anwar, "Indonesia and the ASEAN outlook on the Indo-Pacific", *International Affairs*, Vol. 96, Issue 1, January 2020, pp. 111-129.

全及保障航行和飞越自由"[1],还是《欧盟印太合作战略》中强调要"确保欧盟成员国加强海军部署""保护印太海上通信与航行自由""提高印太伙伴海上安全能力"[2]等举措,都对印太海洋安全局势产生重要影响。

　　国内外学者有关欧盟—印尼的相关研究主要涉及双边伙伴关系、经贸往来及环境合作等方面,[3]而海洋安全研究仅在地区层面提及双边海洋安全合作的方式、角色与前景等,[4]抑或在印尼海洋战略与印太展望的研究中涉及欧盟。[5]此外,欧盟(成员国)、印尼同其他域内国家的双多边海

---

　　[1] The ASEAN Secretariat, "ASEAN Outlook on the Indo-Pacific", https://asean.org/storage/2019/06/ASEAN-Outlook-on-the-Indo-Pacific_FINAL_22062019.pdf.

　　[2] European Commission, "Joint Communication to the European Parliament and the Council: The EU Strategy for Cooperation in the Indo-Pacific", https://www.eeas.europa.eu/sites/default/files/jointcommunication_2021_24_1_en.pdf.

　　[3] 李雪威、李鹏羽:《欧盟参与全球海洋塑料垃圾治理的进展及对中国启示》,《太平洋学报》2022 年第 2 期; Camroux D., Srikandini A., "EU-Indonesia Relations: No Expectations-Capability Gap?", *The Palgrave Handbook of EU-Asia Relations*, Palgrave Macmillan, 2013, pp. 554-570; Hennessy, A., Winanti, P.S., "EU-Indonesia Trade Relations", *A Geo-Economic Turn in Trade Policy?*, Palgrave Macmillan, 2022, pp. 319-342; Verdinand R., "Environmental diplomacy: Case study of the EU-Indonesia palm oil dispute" *Mandala: Jurnal Ilmu Hubungan Internasional*, Vol. 2, No. 1, 2019, pp. 1-21.

　　[4] 吴向荣:《对冲视角下的欧盟南海政策》,《南洋问题研究》2020 年第 3 期; 王振玲:《欧盟对外战略转变及其东亚安全政策新动向》,《东南亚研究》2022 年第 6 期; Mahyudin E., et al, "Maritime Security on Southeast Asia Through Extra-Regional Cooperative Efforts", *Journal of Positive School Psychology*, Vol. 6, No. 5, 2022, pp. 8087-8093; Giese D., "The Asean Way Versus Eu Maritime Multilateralism: The unintended consequences of EU-ASEAN maritime security cooperation", *The Unintended Consequences of Interregionalism*, Routledge, 2020, pp. 85-105.

　　[5] 陈榕猇:《从"群岛观"到"全球海洋支点"构想——印尼海洋政策的形成及演变》,《东南亚研究》2021 年第 2 期; 薛松:《印度尼西亚海洋安全思维与合作逻辑》,《国际安全研究》2021 年第 3 期; 李云龙、赵长峰:《印度尼西亚"印太"合作构想的缘起、演进与考量——兼论中国的应对策略选择》,《区域与全球发展》2021 年第 5 期; Islam S., "Indonesia's rise: Implications for Asia and Europe", *European View*, Vol. 10, No. 2, 2011, pp. 165-171; Chapsos I and Malcolm J. A., "Maritime security in Indonesia: Towards a comprehensive agenda?", *Marine Policy*, Vol. 76, 2017, pp. 178-184.

洋安全合作研究也为本文提供了参考。①综合来看,现有欧盟—印尼海洋安全合作研究存在如下不足:一是缺乏专门性研究成果。现有研究较少涉及专门性的欧盟—印尼海洋安全战略、合作走向的考察分析。二是研究时效性不足。鲜有将欧盟—印尼海洋安全合作置于印太视域下,特别是在美国拜登政府上台等背景下,还未有相关研究成果。因此,在印太视域下探究欧盟与印尼海洋安全合作的动因、现状及面临的挑战对于准确把握和动态评估印太海洋安全局势与中国周边安全环境具有重要意义。

一、欧盟与印尼海洋安全合作的动因

欧盟与印尼的海洋安全合作并非一时兴起,而是双方需求的高度契合性与彼此利益的共通性从根本上推动了各项合作的开展。具体而言,维护印太海上贸易安全的利益需求、对冲大国竞争与强化自主的战略需求和应对多重非传统海洋威胁的现实需求是欧盟同印尼开展海洋安全合作的主要动因。

(一)维护印太海上贸易安全的利益需求

欧盟已明确认识到印太未来的发展潜力巨大,正如《欧盟印太合作战略》所指出的,该地区创造了超过全球60%的国内生产总值,贡献了全球2/3的经济增长,域内拥有美国、中国、日本、印尼等二十国集团成员与重要区域组织东盟,预计到2030年,全球24亿新增中产阶级人口中超过90%将诞生于此。印太地区还是全球价值链、国际贸易和投资流动的中

---

① 韦红、姜丽媛:《澳大利亚—印尼海上安全合作:动因、现状与影响》,《和平与发展》2019年第6期;王竞超:《印太语境下的日本—印尼海洋安全合作:进展、动因与限度》,《东南亚研究》2021第3期;高文胜、刘洪宇:《"印太"视域下的日法海洋安全合作及其对华影响》,《太平洋学报》2022年第2期;曾祥裕:《欧洲大国介入印度洋:特点、动机及影响》,《国际问题研究》2022年第3期;Casarini N., "Maritime Security and Freedom of Navigation from the South China Sea and Indian Ocean to the Mediterranean:Potential and Limits of EU-India Cooperation", *Istituto Affari Internazionali*, 2016, pp. 1–22.

心,处于数字经济与科学技术的发展前沿。[①]

同时,印太是欧盟第二大出口目的地,欧盟与印太域内国家的商品和服务贸易占其全球总额的70%以上,向域内国家的对外直接投资(FDI)占其全球总投资额的60%以上。[②]印尼作为占东盟国内生产总值超过35%的重要经济体,是第一个与欧盟缔结伙伴关系合作协议(PCA)的东盟国家,也是欧盟在东盟中的第五大贸易伙伴,欧盟则是印尼的第四大贸易伙伴。自佐科政府上台以来,欧盟与印尼双边货物贸易额稳步增加,2021年达248亿欧元,其中欧盟出口和进口额分别为80亿欧元和168亿欧元,印尼对欧盟贸易顺差接近90亿欧元(见图3-1)。[③]此外,欧盟还是印尼最大的非亚洲投资来源地,截至2020年欧盟对印尼的对外直接投资存量达到252亿欧元,有近1100家欧洲公司在印尼投资并雇用了约110万印尼民众,而2021年印尼吸引欧盟对外直接投资更是逆势增长32.3%,全年累计达21亿欧元。[④]

① European Union External Action, "EU Strategy for Cooperation in the Indo-Pacific", https://www.eeas.europa.eu/sites/default/files/eu-indo-pacific_factsheet_2022-02_0.pdf.

② European Union External Action, "Indo-Pacific: Speech by High Representative/Vice-President Josep Borrell at the EP plenary", https://www.eeas.europa.eu/eeas/indo-pacific-speech-high-representativevice-president-josep-borrell-ep-plenary_en.

③ European Commission, "EU trade relations with Indonesia", https://policy.trade.ec.europa.eu/eu-trade-relationships-country-and-region/countries-and-regions/indonesia_en.

④ Delegation of the European Union to Indonesia and Brunei Darussalam, "EU Trade and Investment with Indonesia 2022/2023", https://www.eeas.europa.eu/delegations/indonesia/eu-trade-and-investment-indonesia-20222023_en.

图3-1 佐科任期以来欧盟与印尼双边货物贸易概况（单位：亿欧元）

资料来源：欧盟统计局数据库，https://ec.europa.eu/eurostat/en/。

　　欧盟与印尼的经贸往来高度依赖海上航运，这催生了欧盟与印尼在海上贸易与航线安全领域展开合作。全球九成以上的对外贸易通过海上航运进行且多数需途经印太海域，其中超过25%的海上贸易需通过马六甲海峡，[1]而欧盟约40%的对外贸易必须经由印太及南海海域。[2]印尼作为全球最大的群岛国家，具有海域面积广阔、岛屿众多且海岸线漫长等特点。据印尼海洋与投资统筹部最新数据，其海域总面积达640万平方公里，拥有超过1.75万个岛屿与10.8万公里海岸线。[3]然而长期以来印尼重

　　① German Federal Foreign Office，"German Government policy guidelines on the Indo-Pacific region"，https://www.auswaertiges-amt.de/blob/2380514/f9784f7e3b3fa1bd7c5446d274a4169e/200901-indo-pazifik-leitlinien--1--data.pdf.

　　② European Union External Action，"EU Strategy for Cooperation in the Indo-Pacific"，https://www.eeas.europa.eu/sites/default/files/eu-indo-pacific_factsheet_2022-02_0.pdf.

　　③ Kemenko Kemaritiman dan Investasi RI，"Menko Maritim Luncurkan Data Rujukan Wilayah Kelautan Indonesia"，https://maritim.go.id/menko-maritim-luncurkan-data-rujukan-wilayah-kelautan-indonesia/.

陆轻海战略思维盛行、海军和海岸警卫力量薄弱,导致海盗、海上武装抢劫及海上恐怖活动等安全事件频发。据统计,印尼海域发生的海盗安全事件数量在绝大多数年份占东南亚的一半以上,甚至一度占全球海盗事件的40%以上。①往返印太的海上贸易航线与货物供应链若因海上安全事件而中断,将会对欧盟与印尼经济发展造成严重影响。因此,维护印太海上航线及供应链安全畅通的利益需求,驱动了双方的海洋安全合作。

(二)强化自主与对冲大国竞争的战略需求

美国拜登政府上台以来不断强化印太战略布局,出台《美国印太战略》,并积极拉拢传统盟友与潜在伙伴构建各类区域、小多边及双边合作机制,包括召开美国—东盟特别峰会、美日印澳四边伙伴关系领导人峰会、美英澳三边安全伙伴关系峰会以及各双边会晤,并宣布启动印太经济框架试图遏制日益扩大的中国经济影响力。美日印澳于2022年5月提出的印太海域态势感知伙伴关系②、美英日澳新于2022年6月宣布建立的蓝太平洋伙伴关系③等最新态势都体现出美国及其盟友对印太海洋安全的高度重视。

在此背景下,欧盟着手增强战略自主性。事实上,欧盟提出战略自主由来已久,最早可追溯至20世纪50年代的欧洲防务共同体构想。④2016年发布的欧盟"全球战略"中多次提及"战略自主",通过欧盟永久性

① 薛松:《印度尼西亚海洋安全思维与合作逻辑》,《国际安全研究》2021年第3期。
② The White House, "Quad Joint Leaders' Statement", https://www.whitehouse.gov/briefing-room/statements-releases/2022/05/24/quad-joint-leaders-statement/.
③ The White House, "Statement by Australia, Japan, New Zealand, the United Kingdom, and the United States on the Establishment of the Partners in the Blue Pacific (PBP)", https://www.whitehouse.gov/briefing-room/statements-releases/2022/06/24/statement-by-australia-japan-new-zealand-the-united-kingdom-and-the-united-states-on-the-establishment-of-the-partners-in-the-blue-pacific-pbp/.
④ 葛建华:《欧盟战略自主与欧版"印太战略"》,《亚太安全与海洋研究》2020年第2期。

结构合作机制、欧洲国防工业发展计划、欧洲和平基金、欧洲防务基金等举措，推动欧盟安全防务战略自主性以建立更强大欧洲。[1]欧盟认为，印太地区充斥着激烈的地缘政治竞争博弈，存在领海主权划界争端，印太域内军费开支占全球比重从2009年的20%增加到2019年的28%，导致地区海洋安全形势日益严峻。[2]2022年3月，欧盟正式批准《欧洲安全与防务战略指南针》。文件指出为应对威胁挑战和维护欧盟安全利益，需"增强海上安全提供者职能""定期举行军事演习""建立快速反应部队并将其海上存在扩大至印太地区"[3]，因此海洋安全对欧盟战略自主具有重要意义。

印尼作为东盟创始国和东南亚第一大国，拥有"中等强国""海洋强国""区域大国"三重身份，[4]被公认为"区域领导者"与"桥梁建设者"，[5]也有着"潜在崛起大国"与"第三亚洲巨人"之称。[6]同时印尼有着"不干涉""独立与积极"的"长久战略自主"文化，2014年佐科执政后，在处理国际

---

① European Commission, "Shared Vision, Common Action: A Stronger Europe——A Global Strategy for the European Union's Foreign And Security Policy", http://eeas.europa. eu/archives/docs/top_stories/pdf/eugs_review_web.pdf.

② European Union External Action, "EU Strategy for Cooperation in the Indo-Pacific", https://www.eeas.europa.eu/sites/default/files/eu-indo-pacific_factsheet_2022-02_0. pdf.

③ European Council, "A Strategic Compass for a stronger EU security and defence in the next decade", https://data.consilium.europa.eu/doc/document/ST-7371-2022-INIT/en/ pdf.

④ 李峰、郑先武：《区域大国与区域秩序建构——东南亚区域主义进程中的印尼大国角色分析》，《当代亚太》2015年第3期。

⑤ Agastia, I. Gusti Bagus Dharma, "Understanding Indonesia's role in the 'ASEAN Outlook on the Indo-Pacific': A role theory approach", *Asia & the Pacific Policy Studies*, Vol. 7, No. 3, September 2020, pp. 293-305.

⑥ Rosyidin M, "Foreign policy in changing global politics: Indonesia's foreign policy and the quest for major power status in the Asian Century", *South East Asia Research*, Vol. 25, No. 32, 2017, pp. 175-191.

事务时秉持"独立自主"和"自由进取"理念。面对日益复杂的印太海洋安全局势,印尼采取"动态均衡"策略,防止任何一个大国主导东南亚事务。①印尼同中美外"独立第三方"的欧盟开展海洋安全合作,能在一定程度上平衡中美竞争影响,维护"东盟中心地位"。②因此,在印尼对冲中美竞争和欧盟战略自主的推动下,双方形成了开展海洋安全合作的战略契合点。

(三)应对多重非传统海洋威胁的现实需求

欧盟作为一支"不容忽视的海上力量",其海洋安全政策缘起于环境、经济等非传统安全领域。③欧盟早期的海洋相关政策文件,如2007年发布的《欧盟综合海洋政策》、2008年6月出台的欧盟《海洋战略框架指令》、2012年推出的《蓝色增长议程》等都聚焦于非传统安全领域,并在2014年6月通过的《欧盟海洋安全战略》中明确将自然资源与环境保护、应对气候变化、海事基础设施等非传统海洋安全议题列为主要目标,指出"开放、受保护和安全的海洋状况,是欧盟实现经济增长与自由贸易、发展运输与旅游业、保障能源与海洋生态安全的基础"④。印太是全球环境污染高发地,自2000年以来该区域在全球二氧化碳排放量中所占份额已从37%增加到57%,预计到2030年该区域的新增能源需求量将占全球份额的70%

① Sebastian L. C., "Indonesia's Dynamic Equilibrium and ASEAN Centrality", *The NIDS International Symposium*, http://www.nids.mod.go.jp/english/event/symposium/pdf/2013/E-01.pdf.

② 王振玲:《欧盟对外战略转变及其东亚安全政策新动向》,《东南亚研究》2022年第6期。

③ 陈菲:《欧盟海洋安全治理论析》,《欧洲研究》2016年第4期。

④ European Commission, "European Union Maritime Security Strategy", https://data.consilium.europa.eu/doc/document/ST%2011205%202014%20INIT/EN/pdf.

以上。①可持续与包容性发展、绿色转型、海洋治理等非传统安全议题均被列入欧盟印太战略的优先事项，欧盟欲通过积极领导印太地区气候变化、生物多样性锐减及海洋污染等问题的治理，彰显其领导力并扩大地区影响力。因此，作为东南亚第一大国和东盟创始成员国的印尼成为欧盟的首选合作伙伴。

印尼的海洋渔业产值约为 270 亿美元，拥有 700 万个海洋相关就业岗位，50% 以上的居民动物蛋白需求源自海洋，但同时约有 38% 的海洋面临捕捞过度，至少三分之一的珊瑚礁状况堪忧，红树林等沿海生态系统破坏严重，海洋垃圾造成的经济损失每年超过 4.5 亿美元。②作为世界最大"群岛国家"，海平面上升、海洋生物多样性与海洋污染等非传统海洋安全问题与印尼发展息息相关。佐科执政后通过一系列法律法规逐步明确海洋政策，2017 年 2 月颁布的《印尼海洋政策》（2017 年第 16 号总统条例）提出"全球海洋支点"构想的具体内容；③2022 年 2 月颁布的《印尼海洋政策行动计划 2021—2025》（2022 年第 34 号总统决定条例）拓展确立了具有 7 大支柱、76 个具体项目的印尼海洋政策。④其中 7 大支柱包含海洋人力资源开发、国防与海上执法安全、海洋治理机构建设、基础设施与福利改善、海洋空间管理与环境保护、重塑海洋文化、海

① European Commission, "Joint Communication to the European Parliament and the Council: The EU Strategy for Cooperation in the Indo-Pacific", https://www.eeas.europa.eu/sites/default/files/jointcommunication_2021_24_1_en.pdf.

② The World Bank, "A Sustainable Ocean Economy is Key to Indonesia's Prosperity", https://www.worldbank.org/en/news/press-release/2021/03/25/sustainable-ocean-economy-key-for-indonesia-prosperity.

③ Badan Pemeriksa Keuangan RI, "Kebijakan Kelautan Indonesia", https://peraturan.bpk.go.id/Home/Details/62168.

④ Badan Pemeriksa Keuangan RI, "Rencana Aksi Kebijakan Kelautan Indonesia Tahun 2021-2025", https://peraturan.bpk.go.id/Home/Details/200309/perpres-no-34-tahun-2022.

事外交等多个海洋非传统安全议题。①印尼还积极推进蓝色经济与可持续发展,起草《蓝色经济战略》,设定海洋废物清除国家行动计划,力争至2025年减少70%的塑料垃圾。②欧盟有着对海洋非传统安全的持续关注和长效经验,而印尼作为"群岛国家"在气候变化、海洋治理等方面有着充足需求,使得双方在应对多重非传统海洋安全威胁时,具有开展合作的现实需求。

二、欧盟与印尼海洋安全合作的现状

在利益、战略、现实三大动因需求驱动下,欧盟与印尼广泛开展各类传统与非传统海洋安全合作,体现出海洋安全合作领域深化拓展、机制日趋完善、项目不断增多等特点,在构建涉海合作机制、强化海上军事合作与发展非传统安全项目方面取得长足进展。

(一)构建涉海合作机制

早在各方"印太战略"推出以前,欧盟与印尼就通过各渠道展开合作。1988年欧共体驻印尼代表团成立,开启了双边关系新局面;2000年欧盟委员会通过了《关于深化同印尼关系的通讯》,进一步提升了双边关系水平;③2014年5月1日,《欧盟—印尼伙伴关系与合作框架协议》生效,使印尼成为第一个同欧盟建立伙伴关系的东盟国家。④佐科执政以来,双边高层互访频繁,伙伴关系不断深化,政治互信持续增强,在欧盟—东盟、欧

---

① Kemenko Kemaritiman dan Investasi RI, "Kebijakan Kelautan Indonesia", https://maritim.go.id/konten/unggahan/2017/06/Kebijakan_Kelautan_Indonesia_-_Indo_vers.pdf.

② Antara News Agency, "Indonesia ensures Blue Financing Strategy supports archipelagic states", https://en.antaranews.com/news/198173/indonesia-ensures-blue-financing-strategy-supports-archipelagic-states.

③ European Commission, "Commission proposes closer EU relations with Indonesia", https://ec.europa.eu/commission/presscorner/detail/en/IP_00_98.

④ European Commission, "EU-Indonesia Partnership and Cooperation Agreement", https://trade.ec.europa.eu/doclib/docs/2016/july/tradoc_154810.pdf.

盟—印尼、欧盟成员国—印尼等层面广泛建立了各类合作机制。

2014年11月，时任欧洲理事会主席赫尔曼·范龙佩访问印尼，双方一致同意继续增强双边伙伴关系合作的深度和广度。[1]2016年4月，佐科实现印尼领导人对欧盟的历史性首访，时任欧盟委员会主席容克称印尼为"欧盟的关键战略伙伴"[2]，会后双方领导人发表联合声明，一致同意在经贸往来、环境保护、气候变化和地区事务等领域展开合作，欧盟还表示"认可并支持印尼实现其海洋愿景"[3]。佐科第一任期内双方首脑的成功互访，为进一步合作进行了顶层设计，建立了政治互信，使得佐科第二任期内的双边政治安全、海洋事务等机制能够确立并不断完善。2019年5月，欧洲理事会主席和欧盟委员会主席联名致信祝贺佐科连任，强调愿继续深化欧盟—印尼伙伴关系，[4]佐科第二任期内的欧盟—印尼合作由此展开。基于此，欧盟同印尼形成了各层级、各议题合作机制，如建立政治、安全、人权、贸易投资、环境与气变、渔业与海事等高级别对话机制，其中多个对话机制涉及海洋安全合作议题（见表3-1）。

---

[1] European Council, "Press statement by President Herman Van Rompuy, following his meeting with the President of Indonesia, Joko Widodo", https://www.consilium.europa.eu/media/25011/145846.pdf.

[2] Sekretariat Kabinet RI, "Bertemu Presiden Komisi Eropa, Presiden Jokowi: Indonesia Mitra Strategis Uni Eropa", https://setkab.go.id/bertemu-presiden-komisi-eropa-presiden-jokowi-indonesia-mitra-strategis-uni-eropa/.

[3] European Council, "Joint statement by the President of the European Council, the President of the European Commission, and the President of the Republic of Indonesia", https://www.consilium.europa.eu/en/press/press-releases/2016/04/21/tusk-statement-president-indonesia-widodo/.

[4] European Council, "Joint letter to the President of the Republic of Indonesia", https://www.consilium.europa.eu/en/press/press-releases/2019/05/24/letter-of-congratulations-from-presidents-tusk-and-juncker-to-joko-widodo-on-his-re-election-as-president-of-the-republic-of-indonesia/.

表3-1 佐科第二任期以来欧盟—印尼高级别对话机制概况

时间	对话机制	涉及海洋安全内容
2019年11月	第四次欧盟—印尼安全对话会	强调海上安全重要性,讨论多边论坛及海事态势感知合作
2019年11月	第四次欧盟—印尼政治对话会	强调在安全问题上的合作,特别是在海事、反恐等方面的合作
2020年9月	第三次欧盟—印尼渔业和海洋事务对话会	就渔业和海洋治理政策、区域和全球性发展及海洋经济展开讨论
2020年10月	第五次欧盟—印尼安全对话会	深化海上态势感知、维和、安全防务政策等合作
2020年10月	欧盟—印尼气候对话高级别研讨会	加强绿色经济与气候行动方面合作
2020年11月	第五次欧盟—印尼政治对话会	探讨在"地平线欧洲"计划(Horizon Europe)下的潜在研究合作
2021年11月	第六次欧盟—印尼安全对话会	讨论海上安全议题,强调海上态势感知合作重要性
2022年3月	第六次欧盟—印尼政治对话会	讨论双方印太战略对接,重申多边主义对促进印太和平稳定的重要性
2022年7月	第六届欧盟—印尼联合委员会工作会议	鼓励通过"加强亚洲安全合作"计划(ESI-WA)、"印度洋关键海上航线"项目(CRIMA-RIO)等展开安全合作;期待召开渔业和海洋事务高级别对话会

资料来源:笔者根据欧盟对外行动署、印尼海洋与投资统筹部、印尼外交部官网资料自制。

2022年2月,印尼外长蕾特诺·马尔苏迪出席由欧盟理事会轮值主席国法国主办的首次印太部长级合作论坛,此次会议由27个欧盟成员国和约30个印太地区国家外长共同参加,蕾特诺在会上表示,印尼愿在维护"东盟中心地位"及和平、稳定和可预测性的地区秩序下,同各国展开安全、海洋事务、绿色转型、贸易投资等领域合作。[①]2022年6月,即将担任

---

① Kementerian Luar Negeri RI, "Statement by the Minister for Foreign Affairs of the Republic of Indonesia Plenary Session-Ministerial Forum for Cooperation in the Indo-Pacific", https://kemlu.go.id/portal/id/read/3349/berita/statement-by-the-minister-for-foreign-affairs-of-the-republic-of-indonesia-plenary-session-ministerial-forum-for-cooperation-in-the-indo-pacific.

欧盟轮值主席国的捷克主办印太高级别对话会,蕾特诺同捷克外长利帕夫斯基共同主持会议,会后蕾特诺在声明中表示,愿同欧盟及其成员国就印太挑战与潜力、印太战略协同、安全架构、经济弹性、可持续及地区联通性等议题展开合作。①此外,印尼还同欧盟各成员国广泛在双边海事论坛等机制内开展合作。佐科第二任期以来,印尼已同荷兰、德国、丹麦、法国先后举行海事合作会议,并表达同比利时、希腊等国开展双边海事合作的意向(见表3-2)。②

表3-2 佐科第二任期以来欧盟成员国同印尼的海事合作机制概况

时间	会议机制	相关内容
2019年2月	第三届荷兰—印尼双边海事论坛	在海上安全、造船、港口发展、职业培训、渔业领域继续开展合作;荷兰表示支持印尼"全球海上支点"构想
2019年12月	第二届德国—印尼双边海事论坛	加强在海上安全、海洋外交、海洋环境保护和基础设施、渔业等领域展开合作,讨论联合深海采矿的可能性
2020年11月	第二届丹麦—印尼双边海事论坛	就可持续海洋发展暨蓝色增长、环境保护与航运、海事部门数字化等问题进行讨论
2022年3月	第一届法国—印尼双边海事对话	强调海上问题对双边关系的重要性,就区域和国际海洋安全、经济与环境问题合作展开讨论
2022年5月	第四届荷兰—印尼双边海事论坛	加强双方港口发展、能源转型、船舶制造等方面合作,并讨论印尼新首都绿色城市事宜

资料来源:笔者印尼海洋与投资统筹部官网资料自制。

---

① Kementerian Luar Negeri RI, "Press Briefing Rangkaian Pertemuan High Level Dialogue on the Indo-Pacific Praha, Republik Ceko", https://kemlu.go.id/portal/id/read/3690/siaran_pers/press-briefing-rangkaian-pertemuan-high-level-dialogue-on-the-indo-pacific-praha-republik-ceko-13-juni-2022.

② Kemenko Kemaritiman dan Investasi RI, "Belgia Tertarik Kerjasama dengan Indonesia di Bidang Kemaritiman", https://maritim.go.id/belgia-tertarik-kerjasama-dengan-indonesia-di-bidang-kemaritiman/; Antara News Agency: "Indonesia explores cooperation in shipping sector with Greece", https://en.antaranews.com/news/105127/indonesia-explores-cooperation-in-shipping-sector-with-greece.

(二)强化海上军事合作

欧盟寻求加强印太海上军事力量存在,促进海上秩序构建和"航行自由",为印太地区的和平与稳定作出贡献。印尼海军得益于独特的法律基础,除具备保卫国防和海上执法的职责外,还被赋予开展外交活动和促进印尼外交政策实施的特殊使命(2004年印尼国民军第34号法令第9条)[①],这同加强印太海军外交的欧盟不谋而合。实际上,2006年欧盟就派出亚齐和平国际监督团同印尼军方及地方武装展开安全合作,并最终促成印尼政府同"自由亚齐运动"组织达成和解。当前,双方主要通过联合军事演习和安全对话等展开密切合作。

1. 开展联合军事演习

(1)"阿塔兰特"军事行动

2008年起,欧盟为预防和制止索马里沿岸海盗和武装抢劫及强化战略自主发起"阿塔兰特"军事行动。2016年11月,欧盟理事会认为应增强"在必要时间、必要地点、尽可能与合作伙伴共同行动的自主能力"[②],2019年出台的《欧盟2019—2024年战略议程》再次明确"采取战略行动,增强自主行动能力"[③]。在此背景下,欧盟多次决议延长"阿塔兰特"行动时间,目前将至少持续到2024年12月31日,使得该行动成为迄今延续时间最久

---

① Wenas Inkiriwang F., "Multilateral naval exercise komodo: enhancing Indonesia's multilateral defence diplomacy?", *Journal of Current Southeast Asian Affairs*, Vol. 40, Issue 3, 2021, pp. 418-435.

② European Council, "Council conclusions on implementing the EU global strategy in the area of security and defence", https://www.consilium.europa.eu/media/22459/eugs-conclusions-st14149en16.pdf.

③ European Council, "A New Strategic Agenda 2019-2024", https://www.consilium.europa.eu/media/39914/a-new-strategic-agenda-2019-2024.pdf.

的欧盟海外军事行动。①

《欧盟印太合作战略》出台以来,"阿塔兰特"的行动范围从最初的印度洋拓展到印度洋—太平洋全域,并在行动框架下同多个域内国家开展联合军事演习、信息协调和海军外交活动。②实际上,印尼已于2014年派出高级军官代表团访问欧盟海军作战总部暨"阿塔兰特"行动指挥中心,就反海盗等合作展开讨论。③2022年8月,欧盟同印尼在阿拉伯海举行首次联合海军演习,欧盟海军"阿塔兰特"行动护卫舰与印尼海军护卫舰共同参与,双方还在演习结束后的联合声明中表示计划强化联合海军演习、港口停泊补给与海上反恐护航等合作,促进信息和经验交流,提升海域态势感知能力。④

(2)"科莫多"联合海上军事演习

2014年3月,印尼首次发起"科莫多"联合海上军事演习,旨在促进印尼同印太域内外各伙伴海上安全合作,推动印太海陆空灾害应对标准制定,首次演习共有18个国家的武装力量参演,欧盟、荷兰派观察员出

① European Council, "Operation ATALANTA, EUTM Somalia and EUCAP Somalia: mandates extended for two years", https://www.consilium.europa.eu/en/press/press-releases/2022/12/12/operation-atalanta-eutm-somalia-and-eucap-somalia-mandates-extended-for-two-years/.

② European External Action Service, "Operation ATALANTA conducts maritime cooperation exercises in Indo-Pacific", https://www.eeas.europa.eu/eeas/operation-atalanta-conducts-maritime-cooperation-exercises-indo-pacific_en.

③ Naval Today, "Indonesia, EU NAVFOR Discuss Counter-Piracy Cooperation", https://www.navaltoday.com/2014/10/15/indonesia-eu-navfor-discuss-counter-piracy-cooperation/.

④ European External Action Service, "EU-Indonesia - Joint press release on First Joint Naval Exercise", https://www.eeas.europa.eu/eeas/eu-indonesia-joint-press-release-first-joint-naval-exercise_en.

席。①佐科上台后,该演习被确定为每两年固定举行一次。2016年4月,佐科更是亲自宣布开启其任内的首次"科莫多"演习,表示愿同印太伙伴一道,加强海上安全和人道主义援助合作。②在随后几届"科莫多"演习中,各参与国及其参演舰船数量不断增加,演习人员规模不断扩大,欧盟及其成员国也从最初的观察员身份转变为直接参与方(见表3-3)。原定的2020年"科莫多"联合军演因疫情延期至2023年6月在印尼南苏拉威西省望加锡海域举行,包括欧盟成员国在内的36个国家受邀参加。③

表3-3 欧盟及其成员国参与"科莫多"联合海上演习概况

时间	演习地点	欧盟相关参与方	总参与国
2014年3月	印尼巴淡岛	欧盟、荷兰(观察员)	18个
2016年4月	印尼巴东港	法国、英国	35个
2018年5月	印尼龙目岛	法国、英国、西班牙、荷兰、比利时、瑞典、波兰	36个
2023年6月	印尼望加锡	法国、意大利、西班牙、荷兰(主宾国)	36个

资料来源:笔者综合印尼安塔拉通讯社、印尼国防部和印尼国民军总司令部官网资料自制。

2. 深化安全合作互信

(1)"加强亚洲安全合作"计划

2018年5月,欧盟理事会强调应深化同亚洲伙伴的安全接触,认为此举对欧洲利益和建立更加和平稳定的世界秩序至关重要,符合欧盟全球

---

① Antara News Agency, "Chief security minister to open Komodo Multilateral Naval Exercise 2014", https://en.antaranews.com/news/93423/chief-security-minister-to-open-komodo-multilateral-naval-exercise-2014.

② Antara News Agency, "President Jokowi opens multilateral naval exercise", https://en.antaranews.com/news/104118/president-jokowi-opens-multilateral-naval-exercise.

③ Antara News Agency, "TNI AL gelar latihan bersama dengan 47 negara di Makassar", https://www.antaranews.com/berita/3316438/tni-al-gelar-latihan-bersama-dengan-47-negara-di-makassar.

战略、欧盟共同安全和防务政策的相关要求。①2020年,欧盟、法国与德国共同出资1500万欧元启动了"加强亚洲安全合作"计划,欧盟与印尼、日本、新加坡、韩国、印度和越南6个亚洲合作伙伴就海上安全、网络安全、反恐和打击极端主义等开展合作,实施周期为2020年至2024年。②印尼军方积极同欧盟在"加强亚洲安全合作"计划框架内开展防务安全、海上安全、反恐等领域的合作对话。2022年4月,印尼国防大学举办了以"欧盟—印尼:海洋安全战略"为主题的"加强亚洲安全合作"计划联合国际海洋安全研讨会,印尼国防大学副校长、欧盟代表团军事顾问出席,多国驻印尼代表、印尼国防部及海军官员等就海洋安全战略、海事机构信息协调等传统安全议题展开讨论。③

(2)印太"海上关键航线"项目

2015年欧盟启动"海上关键航线"项目,旨在支持印度洋国家提高海域态势感知能力,同时通过组织能力建设培训和演习,促进构建跨地区信息共享交换平台。④随着第一阶段项目的顺利开展,欧盟于2020年4月启动预算高达750万欧元的"海上关键航线"第二阶段,将该项目范围扩大到印太全域并设立东南亚和南亚国家专门子项目,致力于促进海上军事、执法等安全机构合作,发挥欧盟全球"海上安全提供者"作用,构建印太互

---

① European Council, "Enhanced EU Security Cooperation in and with Asia: Council conclusions", https://www.consilium.europa.eu/media/35456/st09265-re01-en18.pdf.

② Expertise France, "ESIWA – Enhancing the European Union's Security Cooperation In and With Asia", https://www.expertisefrance.fr/en/fiche-projet?id=861449.

③ Universitas Pertahanan RI, "Unhan RI Melaksanakan Joint International Maritime Security Seminar bersama ESIWA", https://www.idu.ac.id/berita/unhan-ri-melaksanakan-joint-international-maritime-security-seminar-bersama-esiwa.html.

④ Critical Maritime Routes Programme, "CRIMARIO", https://criticalmaritimeroutes.eu/projects/crimario/#structures.

联互通的海上架构。①

　　印尼作为"海上关键航线"第二阶段重点合作伙伴,同欧盟在该项目主要组成部分的印太区域信息共享平台方面紧密合作,并于2021年初正式加入印太区域信息共享平台,还多次组织海军、海警、海关等海洋安全部门及海洋和投资统筹部、海事和渔业部等涉海部门人员参加欧盟组织的相关培训。②2022年3月,印尼参加印度洋海军协会首次海上军事演习"IMEX-22",演习由多方参与并以印太区域信息共享平台作为指挥信息共享协调平台,提高了包括欧盟、印尼等在内的海域信息共享协调能力。③2022年8月,印尼国民军司令安迪卡会见欧盟军事顾问卢维,表示印尼愿通过"海上关键航线"项目及其印太区域信息共享平台加强同欧盟的海上军事合作,特别是在海事信息交换及人员交流等方面。④

　　(三)发展非传统海洋合作

　　欧盟与印尼都面临着多重非传统海洋安全威胁,欧盟于2022年6月发布新版国际海洋治理议程,提议广泛开展海事国际合作。⑤印尼也通过一系列法律文件确定了"全球海洋支点"构想和本国的海洋政策,以促进

---

① The European project EU CRIMARIO, "CRIMARIO, Critical Maritime Routes Indo-Pacific", https://www.crimario.eu/wp-content/uploads/2021/09/210920-Crimario-factsheet-EN-final.pdf.

② Critical Maritime Routes Programme, "CMR Newsletter #5 January-April 2021: CRIMARIO", https://criticalmaritimeroutes.eu/2021/05/03/cmr-newsletter-5-january-march-2021-crimario/.

③ Indian Navy, "IONS Maritime Exercise 2022 (IMEX 22)", https://www.indiannavy.nic.in/content/ions-maritime-exercise-2022-imex-22.

④ Antara News Agency, "TNI seeks to strengthen maritime information exchange with EU", https://en.antaranews.com/news/245193/tni-seeks-to-strengthen-maritime-information-exchange-with-eu.

⑤ European Commission, "Setting the course for a sustainable blue planet - Joint Communication on the EU's International Ocean Governance agenda", https://oceans-and-fisheries.ec.europa.eu/publications/setting-course-sustainable-blue-planet-joint-communication-eus-international-ocean-governance-agenda_en.

岛屿间互联互通为重点,强调发展可持续海洋经济等目标。在政策理念契合的基础上,双方通过开展海洋科研项目、加强多边协作等方式密切开展非传统海洋安全合作。

1. 开展海洋科研合作

(1)"地平线欧洲"计划

"地平线欧洲"计划是总预算为955亿欧元的欧盟研究与创新资助计划,旨在应对气候变化、实现联合国可持续发展目标、提升欧盟竞争力和推动经济增长。[①]为促进各项研究开展,欧盟及其成员国愿同利益攸关者建立广泛合作,为此专门设立5亿欧元基金以支持恢复海洋环境的专项任务。作为欧盟教育、青年和体育培训支持计划成员国,印尼已有至少10所高校和科研机构直接参与"地平线欧洲"计划的相关科研资助项目,如2022年3月欧盟二氧化碳陆基缓解技术项目组同印尼巴厘岛农业技术研究所进行了沿海土壤及沙滩采样工作,开展脱碳对土壤及农林业影响的分析研究。[②]资助人员深造访学也是该计划的重要组成部分,2004年至今印尼已有2300余名教师及学生获得项目奖学金,位列全球前十名[③]。

(2)"欧洲绿色协议"

"欧洲绿色协议"是欧盟委员会通过的一系列政策(包括气候、能源、运输和税收等)的总称,计划在2030年将欧盟温室气体净排放量较1990

① EUR-Lex, "Regulation (EU) 2021/695 of the European Parliament and of the Council of 28 April, 2021 establishing Horizon Europe", https://eur-lex.europa.eu/legal-content/EN/TXT/PDF/?uri=CELEX:32021R0695&from=EN.

② Landmarc, "Soil Sampling in Indonesia: A Road Trip Across Bali", https://www.landmarc2020.eu/indonesia-compost-technologies/soil-sampling-in-indonesia-a-road-trip-across-bali.

③ Delegation of the European Union to Indonesia and Brunei Darussalam, "EU awards Erasmus + Scholarships to 210 Indonesian students and lecturers", https://www.eeas.europa.eu/delegations/indonesia/eu-awards-erasmus-scholarships-210-indonesian-students-and-lecturers_en?s=168.

年减少55%以上,到2050年全面实现欧盟碳中和。①印尼作为世界最大群岛国家,拥有广阔的雨林、红树林和泥炭地生态系统,是该协议重要的国际合作伙伴,②双方已开展森林碳伙伴关系基金、降低森林砍伐和退化基金与哥白尼遥感土地检测等项目开展合作。2021年10月,欧盟委员会执行副主席蒂默曼斯同印尼经济统筹部部长艾尔朗加会谈,讨论了双方在该协议下的气候变化、海洋环境保护和绿色经济等合作事项。③

2. 加强多边互助协作

(1)"珊瑚三角区倡议"

"珊瑚三角区倡议"最初由印尼、马来西亚、菲律宾等6个"珊瑚三角区"国家领导人于2009年发起,旨在共同应对解决域内粮食安全、气候变化和海洋生物多样性锐减等关键问题。④欧盟及其成员国同印尼海事和渔业部、"珊瑚三角区倡议"区域秘书处等机构在该倡议下广泛开展非传统海洋安全合作,如在印尼北马鲁古省和北苏拉威西省推进渔业资源管理、海洋保护区和长期融资机制的建立等措施,促进海洋生物多样性。⑤2020年2月,欧盟驻印尼大使文森特·皮克特访问"珊瑚三角区倡议"区域

① European Commission, "Delivering the European Green Deal", https://ec.europa. eu/info/strategy/priorities-2019-2024/european-green-deal/delivering-european-green-deal_en.

② Delegation of the European Union to Indonesia and Brunei Darussalam, "Republic of Indonesia Multi-annual Indicative Programme 2021-2027", https://international-partnerships.ec.europa.eu/system/files/2022-01/mip-2021-c2021-9082-indonesia-annex_en. pdf.

③ Asia Today.id, "Indonesia dan Uni Eropa Bahas Peluang Kolaborasi Melalui Green Deal", https://asiatoday. id / read / indonesia-dan-uni-eropa-bahas-peluang-kolaborasi-melalui-green-deal.

④ CTI-CFF, "CTI-CFF Leader's Declaration", https://coraltriangleinitiative.org/sites/default/files/resources/Leader%20Declaration%20coral%20triangle%20initiative_0.pdf.

⑤ European Union External Action, "Marine Biodiversity and Support of Coastal Fisheries in the Coral Triangle", https://www.eeas. europa. eu/delegations/indonesia/marine-biodiversity-and-support-coastal-fisheries-coral-triangle_en?s=168.

秘书处,就德国复兴信贷银行向"珊瑚三角区倡议"信托基金、"珊瑚三角区倡议"海洋保护区建设和区域行动计划运转提供长期投资等事项达成一致。①据统计,欧盟—印尼"珊瑚三角区"项目已辐射印尼北马鲁古省和北苏拉威西省1.2万余名渔民和8.2万余名沿岸居民,有效保护了域内海洋生物多样性,并为沿岸民众生计提供支持。②

(2)"我们的海洋"会议

"我们的海洋"会议是欧盟同印尼开展海洋环境保护、气候变化、可持续海洋渔业等非传统海洋安全合作的多边舞台之一。2017年10月,欧盟主办的第四届"我们的海洋"会议在马耳他召开,重点关注海洋气候变化、海洋污染、可持续渔业和可持续蓝色增长等相关议题,③2018年10月,第五届"我们的海洋"会议在印尼巴厘岛召开,欧盟宣布3亿欧元资助计划并做出23项新承诺,印尼承诺资助8000万美元以更好地治理和改善海洋状况。④

概言之,欧盟为印尼非传统海洋安全治理提供多元可适配资金和项目,印尼则在各双多边场合上给予欧盟外交支持,因此发展非传统海洋安全合作已成为欧盟—印尼海洋安全合作的重要内容。

---

① CTI-CFF, "CTI Trust Fund seen as one sustainable financing for CTI's marine biodiversity conservation efforts", https://www.coraltriangleinitiative.org/news/cti-trust-fund-seen-one-sustainable-financing-cti%E2%80%99s-marine-biodiversity-conservation-efforts.

② European Union External Action, "Marine Biodiversity and Support of Coastal Fisheries in the Coral Triangle", https://www.eeas.europa.eu/delegations/indonesia/marine-biodiversity-and-support-coastal-fisheries-coral-triangle_en?s=168.

③ International Institute for Sustainable Development, "Fourth Our Ocean Conference Generates Over €7 Billion in Pledges", http://sdg.iisd.org/news/fourth-our-ocean-conference-generates-over-e7-billion-in-pledges/.

④ Ministry of Marine Affairs and Fisheries RI, "Our Ocean Commitments", https://ourocean2018.org/?l=our-ocean-commitments.

三、欧盟与印尼海洋安全合作的挑战

佐科政府上台以来,欧盟与印尼关系不断发展,双边海洋安全合作在构建互信机制、加强传统与非传统安全合作方面取得明显进展,但仍面临不容忽视的挑战。

(一)欧盟与印尼的海洋安全思维差异

自15世纪新航路开辟后,欧洲进入海洋战略思维的大发展与大繁荣时代,并在随后的两次工业革命中得到进一步强化。得益于阿尔弗雷德·马汉、尼古拉斯·斯皮克曼等地缘政治学家的推动,海洋权力对于欧美国家的战略意义愈发重要。因此,欧洲各国逐渐形成以海制陆、海陆冲突、海洋权力空间属性等海权概念,产生"海权论""边缘地带"等理论思维,海洋被视作是国家扩张的重要"生存空间"①。相较于欧洲,印尼的海洋安全思维则形成较晚。1957年印尼发表的《朱安达宣言》奠定了其以"威胁观"为主导的群岛海洋安全思维,苏哈托时期提出印尼"群岛愿景"继续沿袭《朱安达宣言》的基本理念。虽然近年来以"秩序观"为主的海洋思维逐步获得了印尼政府的重视,但"重陆轻海""搭便车"等理念依然有着很深烙印,②在以爪哇农耕文化为主体的印尼主流文化中,海洋文化长期处于劣势地位且根基不牢。

在欧盟与印尼海洋安全思维存在差异的背景下,双方对海洋安全合作各领域重视程度不同。欧盟在开展相关合作时,仍以传统海洋安全合作为核心,重视海洋"硬权力"等地缘政治影响力,试图通过在印太地区强化海上军事部署,广泛介入地区海洋事务,维护自身安全。2019年9月,

---

① 彭飞等:《中西方海洋地缘政治思想演化解构——基于人海关系分析框架》,《地理研究》2021年第2期。

② 薛松:《印度尼西亚海洋安全思维与合作逻辑》,《国际安全研究》2021年第3期。

欧盟委员会主席乌尔苏拉·冯德莱恩明确要建立"地缘政治委员会",更加自信地活跃于国际舞台。[①]欧盟外交与安全政策高级代表约瑟夫·博雷利指出,欧盟必须"学会使用权力的语言"[②]。当前欧盟外交政策更加侧重于对军事安全等"硬权力"的关注,同长期以来强调"软实力"和多边秩序的"规范行为体"形象背道而驰。[③]2023年1月10日,欧盟发布的第三份《欧盟—北约合作联合宣言》,渲染所谓"中国强硬态度和政策挑战",强调加强海上军事合作以应对多重混合威胁。[④]这既体现了欧盟地缘政治的新动向,也呼应《欧洲安全战略》《欧盟综合海洋政策蓝皮书》《欧盟综和海洋政策实施指南》等早期政策文件。

印尼在进行海洋安全合作时则侧重于非传统安全领域,佐科提出的"全球海洋支点"构想聚焦海洋投资与开发保护等方面,通过两个阶段行动计划得以细化实施。《印尼海洋政策行动计划2016—2019》作为第一阶段计划以基础设施投资建设为主,包含大量海上公路、港口、机场、铁路等建设项目,以促进印尼各区域间的互联互通;第二阶段的《印尼海洋政策行动计划2021—2025》,则重点聚焦海洋生态系统与海洋产业发展,并致

---

① EU Reporter, "President-elect von der Leyen unveils her 'geopolitical Commission'", https://www.eureporter.co/frontpage/2019/09/10/vdlcommission-president-elect-von-der-leyen-unveils-her-line-up/.

② European Parliament, "Hearing with High Representative/Vice President-designate Josep Borrell", https://www.europarl.europa.eu/news/en/press-room/20190926IPR62260/hearing-with-high-representative-vice-president-designate-josep-borrell.

③ S. Lehne, "How the EU Can Survive in a Geopolitical Age", *Carnegie Europe*, https://carnegieendowment.org/files/2-24_Lehne-EU_Geopolitics.pdf.

④ European Council, "Joint Declaration on EU-NATO Cooperation", https://www.consilium.europa.eu/en/press/press-releases/2023/01/10/eu-nato-joint-declaration-10-january-2023/pdf.

力于海事人力资源的开发。①

此外,印尼持续关注核潜艇建造等海上核扩散问题,致力于维护东南亚无核化。自美英澳宣布建立"三边安全伙伴关系"并助力澳大利亚建造核潜艇以来,印尼和马来西亚等东盟国家在多个场合对此表达关切,认为此举违反了《不扩散核武器条约》,可能导致军备竞赛,威胁地区和平稳定,②并在联合国提交工作文件,将"核海军扩充"问题纳入讨论范围。③印尼因此对澳大利亚的信任度大幅下滑。据澳大利亚罗伊研究所的最新民调显示,印尼民众对澳大利亚的信任度在十年内(2011—2021年)下降了20%,并有超过三成的民众认为澳大利亚对印尼的安全构成威胁。④欧盟则不断强化印太海军部署,并同美英澳等国在北约框架内加强合作,澳大利亚作为北约"全球伙伴"多次同欧盟一道参与北约海上安全行动。面对欧盟与北约、澳大利亚日益紧密的海上军事合作,印尼对此存在疑虑。

概言之,欧盟强调以"硬实力"为主的传统安全并兼顾非传统安全,在印太地缘政治竞争激烈的背景下,愈发偏向传统安全思维。印尼则长期受"重陆轻海"观念影响,虽近来开始重视海洋安全秩序,但出于维护"东盟中心地位"和防止"选边站"的考量,仍较多关注非传统领域。因此,双方在海洋安全思维上的差异制约着双边海洋安全合作的深化。

---

① Kemenko Kemaritiman dan Investasi RI, "Kemenko Marves Konsisten Wujudkan Poros Maritim Dunia dengan Mengawal Pelaksanaan Perpres No. 34 Tahun 2022 tentang Renaksi Kebijakan Kelautan Indonesia Tahun 2021-2025", https://maritim.go.id/kemen-ko-marves-konsisten-wujudkan-poros-maritim-dunia-mengawal/.

② The Associated Press, "Indonesia and Malaysia express concern over Australia's nuclear submarine plan", https://apnews.com/article/business-asia-australia-indonesia-global-trade-fbbf5b52e6822d01cdc11c8a5870ebb4.

③ Antara News Agency, "Indonesia mainstreams issue of nuclear naval propulsion at UN", https://en.antaranews.com/news/246825/indonesia-mainstreams-issue-of-nuclear-naval-propulsion-at-un.

④ B. Bland, E. Laksmana and N. Kassam, *Lowy Institute Indonesia Poll 2021*, Lowy Institute, 2021, pp. 45-46.

(二)欧盟与印尼的内部因素限制

欧盟与印尼各自的内部因素也是限制双方海洋安全合作发展的重要挑战之一。首先,印尼反殖民侵略、维护海洋主权、追求经济独立等民族主义意识增加了双边海洋安全合作的不确定性。东南亚有着被欧洲殖民的共同经历,使得其在对待同欧盟的海洋安全合作时存在"主权敏感性",正如马来西亚海军中将阿里所说:"我们曾四次沦为殖民地,其中三次都是欧洲人以打击海盗为由,所以对此十分敏感。"①佐科执政后提出"国家回归"理念,所倡导的"全球海洋支点"带有一定民族主义色彩。为应对外国船只的非法捕捞活动,印尼政府甚至采取极端"沉船"政策,炸沉被扣押的外国捕捞船只。2014年10月至2019年1月印尼炸沉了至少488艘外国"非法捕捞船只",②其中包括多次专项行动,如2015年5月的民族觉醒日炸沉41艘"非法船只";③2016年8月计划炸沉71艘"非法船只"以庆祝印尼独立71周年(实际炸沉60余艘);④2022年9月,印尼海事和渔业部还专门设立指挥中心以打击非法捕捞。⑤此外,印尼同欧盟在棕榈油、镍原矿石出口方面的分歧凸显了经济民族主义色彩,可能外溢至海洋合作领

---

① John F. B Radford, "Japanese Anti-Piracy Initiatives in Southeast Asia:Policy Formulation and the Coastal State Responses", *Contemporary Southeast Asia*, Vol. 126, No. 13, December 2004, p. 501.

② Mongabay News, "'Everything's moving':Indonesia seeks global pushback on illegal fishing", https://news.mongabay.com/2019/01/everythings-moving-indonesia-seeks-global-pushback-on-illegal-fishing/.

③ Antara News Agency, "41 kapal ditenggelamkan pada hari kebangkitan nasional", https://jambi. antaranews. com/berita/306930/41-kapal-ditenggelamkan-pada-hari-kebangkitan-nasional.

④ TEMPO. CO, "TNI Navy to Blow-up 70 Foreign Ships on Independence Day", https://en.tempo.co/read/news/2015/08/07/056689970/TNI-Navy-to-Blow-up-70-Foreign-Ships-on-Independence-Day.

⑤ Antara News Agency, "Luhut Pandjaitan inaugurates command center to prevent illegal fishing", https://en. antaranews. com/news/252165/luhut-pandjaitan-inaugurates-command-center-to-prevent-illegal-fishing.

域。马来西亚种植业和商品部部长甚至将欧盟对印尼、马来西亚等国的棕榈油出口限制称为"作物种族隔离"政策,①佐科还指示政府积极应对欧盟在世界贸易组织发起的原矿出口申诉,并在2022年12月的欧盟—东盟45周年峰会上呼吁建立更平等的伙伴而非"胁迫"关系,强调"不应固执认为自己的标准比别人更好"②。经济、宗教、海洋等被印尼视为具有高度敏感性的重要国家利益,而许多欧洲国家对东南亚包括印尼有着殖民侵略历史,使得印尼在对待同欧盟的海洋安全合作时,极易产生民族主义情绪,限制双方合作的深度开展,甚至存在倒退的风险。

其次,印尼国内的政治及经济局势面临政策连贯性不足、党派权力斗争等问题。现任总统佐科分别于2014年与2019年两次赢得大选,在2019年的大选中,佐科及其竞选搭档以55.5%的得票率击败普拉博沃及其搭档。③普拉博沃尽管最终接受败选结果并出任佐科内阁国防部部长,但在结果公布前后他曾多次表示选举存在"大规模舞弊",其支持者甚至威胁将组织大规模示威活动,试图通过"民众的力量"对抗选举结果。④印尼新一届总统大选将于2024年进行,但前期竞选造势早已展开并一度引发骚乱,佐科为此专门下令要求各内阁部长停止有关大选的讨论并专心自身工作。以擅长塑造身份政治著称的雅加达省前省长阿尼斯·巴斯威

---

① D. Hutt, "What are the EU's options in palm oil standoff?", Deutsche Welle, https://www.dw.com/en/what-are-eus-options-in-palm-oil-row-with-malaysia-and-in-donesia/a-62564129.

② Sekretariat Kabinet RI, "President Jokowi Calls for EU-ASEAN Equality Partnership", https://web.archive.org/web/20221219085248/https://setkab.go.id/en/president-jokowi-calls-for-eu-asean-equality-partnership/.

③ The Jakarta Post, "KPU names Jokowi winner of election", https://www.thejakartapost.com/news/2019/05/21/kpu-names-jokowi-winner-of-election.html.

④ The Jakarta Globe, "Amien Rais Threatens 'People Power' at Slightest Hint of Voter Fraud", https://jakartaglobe.id/context/amien-rais-threatens-people-power-at-slightest-hint-of-voter-fraud.

丹被现任政府执政联盟之一的民族民主党正式提名参选——此举被批评者认为是同佐科公开唱反调。①现任国防部部长普拉博沃已决定开启第三次总统竞选,其在后半段任期内对佐科既定政策的执行力度可能会打折扣。此外,佐科同民主斗争党总主席梅加瓦蒂·苏加诺之间有关提名中爪哇省省长甘贾尔·普拉诺沃还是众议院议长、梅加瓦蒂女儿布安·马哈拉妮竞选的分歧早已公开。②因此随着选举进程深入,民粹主义、宗教狂热等因素可能形成"滚雪球效应",愈发影响印尼民意和内政外交,新一届政府能否继续执行"全球海上支点"等海洋政策充满不确定性。

最后,作为统一整体的欧盟,其内部行动一致性面临较大压力。欧委会主席冯德莱恩上任以来关注地缘政治议题,推动欧洲理事会、欧盟委员会及对外行动署等机构在外交事务中的一致协作,努力发出"统一的声音"。但在海洋安全合作方面,随着海洋大国英国的正式脱欧,各欧盟成员国在同印尼开展相关合作方面步调和意愿不一致,部分成员国出于非濒海或避免卷入印太复杂地缘政治博弈等因素考量在海洋安全合作方面意愿较弱,这将限制欧盟同印尼相关合作的深化。

第一,对比欧盟成员国已发布的印太战略文件不难看出,在印太区域范围表述上存在一定差异。法国作为英国脱欧后唯一在印太拥有海外领土的欧盟国家,将印太界定为从非洲东海岸延伸到美洲西海岸的广阔区域,并专门指出其军事存在是"从吉布提延伸到法属波利尼西亚的安全统

---

① Tenggara Strategics, "NasDem's election gambit with Anies nomination", https://tenggara.id/backgrounder-tjp/tenggara-backgrounder-november-25-2022/nasdems-election-gambit-with-anies-nomination.

② The Jakarta Post, "Analysis: Megawati torn between Sukarno clan, party and national interests", https://www.thejakartapost.com/opinion/2022/10/31/analysis-megawati-torn-between-sukarno-clan-party-and-national-interests.html.

一体"①。德国虽然在战略文本中对印太界定较为模糊,但从其印太战略可视化任务地图中的标注不难看出,德国的印太范围主要包括非洲东海岸、印度洋北部至亚太的较小区域。②荷兰界定的印太范围相对较小,主要包括从巴基斯坦延伸到太平洋岛屿的周边国家及南海、东海等连接欧洲至亚洲、大洋洲的重要航线。③

第二,法德荷等国的印太战略侧重点存在较大差异。法国自视为"全方位印太国家",长期致力于维持其独特大国地位,将安全与防务视为其印太战略第一支柱,积极增强在域内的海上军事存在;而德国与荷兰则更加聚焦经济、气候变化等问题,刻意淡化了有关印太军事部署的讨论。

第三,除法德荷等国外,其他欧盟成员国对印太战略的态度不尽相同,甚至漠不关心。据欧洲外交关系委员会面向欧盟27个成员国的有关印太战略的民调显示,多达12个成员国民众对是否采取统一的欧盟印太战略的态度模棱两可,还有匈牙利等5个成员国认为没有必要采取统一行动。此外,对印太战略应聚焦经济还是军事领域也存在一定分歧,只有少数成员国(德国、西班牙、比利时、荷兰)愿为派遣军舰与增加军事存在

① French Ministry for Europe and Foreign Affairs , "French Strategy in the Indo-Pacific 2022" , https://www. diplomatie. gouv. fr / IMG / pdf / en_dcp_a4_indopacifique_022022_v1-4_web_cle878143.pdf; Frederic Grare , "France, the Other Indo-Pacific Power", Carnegie Endowment for International Peace , https://carnegieendowment.org/2020/10/21/france-other-indo-pacific-power-pub-83000.

② German Federal Foreign Office , "German Government policy guidelines on the Indo-Pacific region", https://www.auswaertiges-amt.de/blob/2380514/f9784f7e3b3fa1bd7c5446d274a4169e/200901-indo-pazifik-leitlinien--1--data.pdf.

③ Government of the Netherlands , "Indo-Pacific: Guidelines for strengthening Dutch and EU cooperation with partners in Asia", https://www.government.nl/documents/publications/2020/11/13/indo-pacific-guidelines.

等海上安全行动做出贡献。①

反过来,欧盟内部的不一致影响了印尼对其能力的认可和信任,据新加坡尤索夫伊萨东南亚研究院民调显示,印尼民众对欧盟"维护基于规则的国际秩序和国际法"的信任度从2020年的47.3%跌至2023年的16.5%,而对欧盟"促进全球安全稳定与繁荣"治理能力的不信任度,由2021年的24%骤增到2023年的47.9%,其信任下降的主要原因就包括欧盟因内部事务分心无法专注全球问题。②

（三）印太权力结构与大变局时代制约

印太业已成为世界主要大国博弈与竞争的焦点,作为国际重要力量的欧盟与东南亚第一大国印尼开展海洋安全合作,势必对地区权力结构造成冲击,同样地,双方海洋安全合作亦会受到地区权力结构的制约。首先,欧盟更加积极地参与印太事务对地区权力结构产生多重影响。欧盟深化同印尼海洋安全合作一方面是对美国及其盟友相关战略行动的策应与支持,另一方面也是对自身利益和战略自主的维护,两方面虽没有根本性冲突,但存在深层次矛盾,即可能挑战美国努力维护的"单极"印太权力结构。法国在其印太战略中明确指出要"维护基于多边主义和国际法的国际秩序",认为两极分化是造成地区局势紧张和失衡的原因,③而澳大利亚单方面撕毁法澳协议转同美英组建"三边安全伙伴关系"所造成的外交冲击,影响了法国同美国及其印太盟友间的关系。德国更是将"非单极或

---

① Frédéric Grare and Manisha Reuter, "Moving closer: European views of the Indo-Pacific", European Council on Foreign Relations, https://ecfr.eu/wp-content/uploads/Moving-closer-European-views-of-the-Indo-Pacific.pdf.

② Seah, S. et al., *The State of Southeast Asia: 2023*, Singapore: ISEAS-Yusof Ishak Institute, 2023.

③ French Ministry for Europe and Foreign Affairs: "French Strategy in the Indo-Pacific 2022", pp. 7-10, https://www.diplomatie.gouv.fr/IMG/pdf/en_dcp_a4_indopacifique_022022_v1-4_web_cle878143.pdf.

两极"视为其印太战略主要利益,认为单极或两极将威胁地区伙伴关系,造成被迫选边站和单边依赖的发生。①印尼在开展印太合作时秉持"平衡外交"原则,致力于防止东南亚出现任何单一霸权以威胁"东盟中心地位",这使得美国、欧盟及其成员国、印尼都对可能发生的地区权力结构改变存在顾虑,进而制约了相关合作的深化。其次,中国同东盟及印尼合作不断深化,先后宣布建立中国—东盟全面战略伙伴关系,携手打造中印尼命运共同体,但欧盟委员会和部分欧盟成员国仍刻意渲染"中国威胁",对中国正当核心利益指手画脚。特别是近期美国及其盟友围绕台海问题兴风作浪,欧盟紧随其后配合干预中国台湾事务,使得东南亚国家对欧盟能否真正发挥第三方作用表示怀疑,造成印尼在同欧盟深化海洋安全合作时面临多重挑战。

此外,经济稳定是双方开展一切合作的基础和"压舱石",欧盟经济受多重因素影响,已出现低增长与高通胀状况,据欧盟2022年11月发布的秋季经济预测报告,与年初的春季预测数据相比2022年欧盟通胀率由6.8%上升至9.3%,对2023年的经济增长预测则从2.3%下调至仅为0.3%,②同时欧元面临贬值下行压力,兑美元汇率多次下跌。印尼经济面临着能源、粮食价格上涨等因素影响,截至2022年12月印尼全年通胀率已达到5.5%,③远超佐科所制定的通胀率维持在4%以下的目标,也超过印尼财政部此前

---

① German Federal Foreign Office, "German Government policy guidelines on the Indo-Pacific region", pp. 9–10, https://www.auswaertiges-amt.de/blob/2380514/f9784f7e3b3fa1bd7c5446d274a4169e/200901-indo-pazifik-leitlinien--1--data.pdf.

② European Commission, "Autumn 2022 Economic Forecast: The EU economy at a turning point", https://ec.europa.eu/commission/presscorner/detail/en/ip_22_6782.

③ Medcom.id, "State Budget Works to Stabilize Prices, Control Inflation in Indonesia: Minister", https://www. medcom. id / english / business / GNGmZ3Qk-state-budget-works-to-stabilize-prices-control-inflation-in-indonesia-minister.

所预计3.5%~4.5%的全年通胀率。[①]在此背景下,欧盟—印尼海洋安全合作充满不确定性。

四、结语

近年来,欧盟同印尼双边关系不断提升,在维护海上贸易安全的利益需求及应对非传统海洋威胁等现实需求推动下,双方海洋安全合作稳步前进。特别是在佐科执政后,双方在构建涉海合作机制、强化海上军事防务与发展非传统海洋安全合作方面取得明显进展。然而由于面临海洋安全思维差异、印尼民族主义意识浓厚与欧盟内部一致性不足、印太权力结构与大变局时代制约等因素挑战,未来双边海洋安全合作还存在诸多变数。

欧盟—印尼间海洋安全合作是基于双边关系深化和追求各自海洋利益的战略选择,但可能加剧印太海洋安全局势的复杂程度。特别是在世界百年未有之大变局时代背景下,欧盟同印尼在印太域内有目的地开展海洋安全合作虽不直接针对中国,却可能增加中国周边安全的不确定性。因此,中国需要动态感知欧盟与印尼海洋安全合作动向,全面评估其潜在威胁,同时大力发展同印尼的海洋安全合作,寻求在全球和地区事务上同欧盟的合作,避免欧盟全面倒向美国,使其重回真正的"第三方立场",缓解美国印太战略对中国周边安全造成的地缘政治压力。

---

① Antara News Agency, "Kemenkeu perkirakan inflasi capai 4,5 persen di 2022", https://www.antaranews.com/berita/3022417/kemenkeu-perkirakan-inflasi-capai-45-persen-di-2022.

中国—东盟数字卫生合作：
内涵、挑战与进一步推进的路径[*]

李云龙

　　作为数字技术与公共卫生的一项融合，数字卫生顺应了人类第四次技术革命的到来，为全球公共卫生治理带来了一次重大的技术变革。数字卫生有利于各国在全球和地区层面建立更为紧密的疾病监测网络，促进信息共享、医药科研合作与医疗资源整合，在很大程度上降低了防控、诊断和医治过程中的人际接触传染风险，为各国应对公共卫生威胁带来数字赋能。在全球重大传染病频发的时代背景下，中国与东盟构建卫生健康共同体的必要性和紧迫性凸显，而数字技术的兴起为双方公共卫生合作提供了新内容、新方向和新平台。中国与东盟的数字卫生合作拥有高度的可行性，一是东盟巨大的数字卫生应用前景提供了合作契机，二是中国数字卫生的蓬勃发展贡献了技术动力，三是中国与东盟的高层推动

　　* 本文获第一届"东南亚国别政治与区域治理研究"博士生学术论坛三等奖。本研究受到2021年国家社科基金一般项目"人类命运共同体视角下全球突发公共卫生事件国际合作模式研究"（项目批准号：21BGJ002）、华中师范大学中央高校基本科研业务费项目"习近平外交思想的生成逻辑研究"（项目批准号：CCNU22SX002）的资助。李云龙，江汉大学马克思主义学院讲师，华中师范大学中印尼人文交流研究中心助理研究员。

奠定了政治基础。不容小觑的是,中国和东盟的数字卫生合作仍然面临区域"数字鸿沟"制约、公共卫生治理失衡、数字卫生合作机制协调不足。为了更好地推进中国与东盟数字卫生合作,双方应在数字卫生基础设施建设、医药研发与公共卫生服务数字化、数字化公共卫生人才培养以及数字卫生合作机制协调等方面加大合作力度,以推进构建中国—东盟卫生健康共同体。

一、引言

历史上的三次技术革命推动了世界经济、政治和文化的变迁,是人类文明进步的重要助推剂,也在很大程度上塑造了全球公共卫生的内涵。当前,人类社会正在经历以第五代移动通信技术、互联网、物联网、人工智能、大数据和云计算等数字技术为代表的第四次技术革命浪潮,新技术的出现进一步推动了全球化的进程,改变了人们生产生活的方式。[①] 第四次技术革命的风口之下,全球公共卫生治理迎来新一轮的网络化、数字化、智能化的技术革新。与前三次技术革命追求自然科学知识和物质性的技术革新不同,第四次技术革命着眼于探索数字技术、万物互联和虚拟空间,这赋予了公共卫生治理新的内涵。[②] 数字技术在诊断、监测和公共卫生服务方面作出了重要贡献,"医机协同"在大数据、人工智能、云计算和物联网等数字技术的加持下,已经实现了传统医疗行业的模式转变,为全球公共卫生体系带来了巨大能量。[③]

作为数字技术与公共卫生相结合的产物,数字卫生(Digital Health)

---

① 郑华、聂正楠:《科技革命与国际秩序变迁的逻辑探析》,《国际观察》2021年第5期。

② 刘友古:《数字时代的本质与未来》,《中国社会科学报》2017年5月2日。

③ Bakul Jayant Parekh, "Technology Revolution in Healthcare", *Indian Journal of Practical Pediatrics*, Vol. 23, No. 4, p. 327.

成为21世纪全球公共卫生转型的一项重要技术路径。2018年5月,第71
届世界卫生大会通过一项决议,提倡开发数字技术和提供数字服务以促
进世界人民公平、平等地获得健康的权利。① 2019年4月,世界卫生组织
发布了《2020—2024年数字卫生全球战略(草案)》,倡导各国通过移动电
话、平板电脑和计算机等数字终端设备和数字技术促进各国公民获得健
康服务,以实现"运用数字技术确保人人享有健康"的目标。②世界卫生组
织将数字卫生定义为"采用数字技术改善卫生状况的一切知识和实践",
从而为数字卫生界定了更为广阔的应用空间,数字卫生有望成为公共
卫生领域的信息、教育、通信、健康监测、诊断和数据处理的一次技术革
命。③在早期预防阶段,世界各国可以利用数字技术建立更为紧密的疾
病全球监测网络,尽早地发现并报告感染病例,共享各国的病毒和疫情
数据,有助于各国落实世界卫生组织有关传染病防控的各项应对措
施。④在中期应对阶段,数字技术有助于各国公共卫生机构对于患者(或
密接者)的筛查、追踪、诊断和远程治疗,在很大程度上缓解了由于疫情
恶化而普遍陷入匮乏的公共卫生资源。此外,人工智能、大数据、第五代
移动通信技术等数字技术大大缩短了药物、疫苗的研发周期,降低研发
成本和风险的同时研发成功概率也大大提升,数字技术加速了关键公共
卫生产品的问世。在后期常态化防控阶段,数字技术可以有效保障各国
民众常态化防控与复工复产的需求,通过建立个人和社区健康档案,实现

---

① "Use of Appropriate Digital Technologies for Public Health: Report by The Direc-
tor-General", https://apps.who.int/iris/bitstream/handle/10665/274134/B142_20-en.pdf?
sequence=1&isAllowed=y.

② "Global Strategy on Digital Health 2020-2024", https://extranet.who.int/dataform/
upload/surveys/183439/files/Draft%20Global%20Strategy%20on%20Digital%20Health.
pdf.

③ Dhulika Dhingra, Aashima Dabas, "Global Strategy on Digital Health," *Indian Pe-
diatrics*, Vol. 57, April 15, 2020, pp. 356-367.

④ 庞涵:《全球数字卫生的兴趣与发展》,硕士学位论文,外交学院,2021年。

政府、社区和公众联防联控与全行业的共同参与。①数字技术在公共卫生治理的巨大潜能引起了广泛关注，世界各国，尤其是欧美发达国家纷纷将数字技术融入本国的公共卫生体系，全球数字卫生治理发展迈入了快车道。

东盟地区是中国构建卫生健康共同体的重点地区之一，数字技术在双方的公共卫生合作中的重要性愈加凸显。数字技术是中国与东盟开展公共卫生合作的重要载体和创新手段，也是双方构建卫生健康共同体和"数字丝绸之路"的重要组成部分。相比于2003年的中国—东盟"非典"治理合作，二十多年来中国和东盟的数字技术取得了长足的进步，数字技术手段在应对全球重大传染病方面发挥了越来越重要的作用。因此，中国和东盟的数字卫生合作是一项新兴且具有研究价值的议题。

二、中国与东盟数字卫生合作的内涵

近年来，数字技术在公共卫生治理中的巨大技术赋能作用引起了各国的关注，越来越多的国家将数字技术融入本国的公共卫生体系，全球数字卫生治理发展迈入了快车道。在此背景下，中国与东盟数字卫生合作的必要性凸显，双方的合作也存在高度可行性。

（一）中国与东盟数字卫生合作的必要性

第一，数字技术为中国与东盟公共卫生合作搭建新的桥梁，确保在公共卫生事件如全球重大传染病肆虐时中国与东盟保持高效、即时、畅通的通信，为双方开展数字医疗与卫生科研合作提供了新的平台。全球重大传染病的不可预测性、高传播性和高变异性给中国和东盟国家带来了前所未有的公共卫生安全威胁，以人工为主的传统防治合作方式遭遇较大

---

① 邓悦、倪星：《国外数字健康的内涵、应用与发展趋势》，《国外社会科学》2021年第1期。

挑战,利用数字化和智能化的新技术成为迫切的现实要求。一方面,针对全球重大传染病的防控措施使得中国与东盟国家的公共卫生专家难以维系传统的线下交流与合作关系,中国—东盟卫生部长会议、中国—东盟卫生发展高官会、中日韩—东盟卫生发展高官会、中国—东盟卫生合作论坛、中国—东盟食品安全与营养健康合作论坛等一系列的公共卫生合作机制采用线上+线下相结合、视频连线互动的举办形式,实现了中国与东盟的公共卫生专家"云端"相聚,既满足了中国与东盟国家疫情防控的需要,又维持了双方公共卫生合作的正常开展。另一方面,通过加速医药和疫苗等卫生产品的研发进度,云计算、大数据、人工智能技术等数字技术对中国与东盟的卫生科研合作添砖加瓦,很大程度上加速了双方卫生科研成果的产生。

第二,数字卫生能够有效弥补中国和东盟国家的公共卫生资源不足的状况,促进公共卫生资源的有效配置,助力中国—东盟卫生健康共同体的构建。综观历次全球重大突发公共卫生事件不难看出,"世界上不存在绝对安全的孤岛,普遍安全才是真正的安全"[1]。公共卫生安全已不仅是一国境内的安全,而且具有全球性,是一个全球性的安全议题。[2]作为地理的近邻和经贸的亲密伙伴,中国与东盟的公共卫生体系都存在不同程度的脆弱性。例如,疫情造成中国和几乎所有东盟国家的公共卫生资源一度陷入紧张,各主要城市医院人满为患,口罩、防护服、呼吸机等医疗物资短缺,床位和医护人员不足的状况时有发生。公共卫生资源匮乏的原因之一是各国的公共卫生治理承载能力有限,疫情的传染性、致病性已经远超各国的公共卫生治理能力,传统的公共卫生措施和医疗手段难以满

---

[1]《习近平出席并主持中国—东盟建立对话关系30周年纪念峰会正式宣布建立中国东盟全面战略伙伴关系》,https://www.mfa.gov.cn/web/ziliao_674904/zyjh_674906/202111/t20211122_10451326.shtml。

[2] 张清敏:《新冠肺炎疫情与全球卫生外交》,《当代世界》2020年第4期。

足呈爆发性增长的感染患者群体。[①]因此，数字卫生成为弥补中国和东盟国家公共卫生资源不足的必要手段。数字卫生能够确保公众通过移动通信、大数据等技术手段与公共卫生权威部门保持沟通，政府也可以借助数字技术分析与预测疫情动态，同时民众可以通过数字设备远程获取医疗资源，以最大化地促进公共卫生资源的有效配置。[②]

第三，数字卫生不仅聚焦公共卫生事件的应对，也事关中国和东盟民众生产生活秩序和经济的复苏。作为构建"健康丝绸之路"和"数字丝绸之路"的交汇处与契合点，数字卫生成为推动中国与东盟疫情防控与经济复苏的强大动力。尽管公共卫生威胁对中国和东盟的传统实体经济造成严重打击，但它也为数字经济的发展带来了机遇。数字经济是一种能够使货物和服务借助互联网，以电子商务的形式进行交易的经济活动。[③]东盟是数字经济发展最为迅速的地区之一，其数字经济整体规模已达千亿美元，并有望于2025年增长至2180亿美元。[④]东盟各国也纷纷制定了数字经济的发展规划，预计东盟数字经济规模占国内生产总值的比重将从2015年的1.5%提升至2025年的8.5%。[⑤]数字经济也是中国与东盟经贸合作的新蓝海，双方在电子商务、数字金融及数字基础设施建设方面有着广阔的合作空间。[⑥]公共卫生安全是个人、社会和国家健康安全的基本前提，是实现国家经济复苏和持续稳定发展的根本保证。数字化的公共

---

① 赵可金：《疫情冲击下的全球治理困境及其根源》，《东北亚论坛》2020年第4期。

② 王谦：《数字治理：信息社会的国家治理新模式》，《国家治理》2020年第4期。

③ "The Digital Economy", http://www.oecd.org/daf/competition/The-Digital-Economy-2012.pdf.

④ "Report "e-Conomy SEA 2023 Report"", https://services.google.com/fh/files/misc/e_conomy_sea_2023_report.pdf.

⑤ "ASEAN Economic Integration Brief", https://asean.org/wp-content/uploads/2021/11/AEIB_No.10_Nov2021.pdf.

⑥《数字经济：中国—东盟经贸合作的新蓝海》，https://thinktank.phbs.pku.edu.cn/2022/zhuantibaogao_0415/69.html。

卫生技术手段极大改善了公共卫生体系对传染病的防控能力,不但能够助力中国和东盟的疫情防控,而且可以为双方的经济复苏和经济合作起到显著的推动作用。①

(二)中国与东盟数字卫生合作的可行性

第一,东盟巨大的数字卫生应用前景提供了合作契机。一方面,东盟区域公共卫生治理的脆弱性亟需公共卫生的数字化技术变革。东盟是亚洲乃至全球人口密度最高的区域之一,东盟政治、经济和文化一体化为各国政治建设、经贸往来和文化交流带来便利条件的同时,也为东盟的公共卫生安全埋下了隐患。密集的人口跨境流动、潮湿高温的气候特征、气候变化的影响及频发的自然灾害等因素都使东盟面临传染病大规模传播的挑战。②东盟成员国中既有新加坡、文莱、马来西亚公共卫生体系较为发达、国内医疗体系健全的国家,也有缅甸、老挝和柬埔寨等公共卫生资源匮乏、公共卫生能力相对脆弱的国家。大多数东盟国家的人均医生数和病床数都低于全球平均水平,印尼、柬埔寨、菲律宾、缅甸等国的人均公共卫生资源甚至还不及全球平均水平的一半。③数字技术有助于补齐东盟成员国之间参差不齐的公共卫生治理水平差距,尤其是有助于增进印尼、菲律宾等群岛国家的公共卫生体系的改善及东盟国家中医疗设施和服务较薄弱的农村地区的公共卫生体系的建设。④另一方面,加强数字卫生是《东盟数字总体规划2025》中的公共服务优先事项之一,印尼、马来

---

① 张洁:《中国与东南亚的公共卫生治理合作——以新冠疫情治理为例》,《东南亚研究》2020年第5期。

② Marie Lamy, Kai Hong Phua, "Southeast Asian Cooperation in Health: A Comparative Perspective on Regional Health Governance in ASEAN and the EU", *Asia Eur J*, Vol. 10, 2012, p. 238.

③ World Bank Data.

④ David Sit, "The ASEAN Digital Health Landscape: An Overview", https://research.hktdc.com/en/article/ODU1NDkyNDU0.

西亚和菲律宾等国家的政府倡导民众在疫情期间使用远程医疗获得会诊和药物,这使得东盟远程医疗平台的活跃用户增长了4倍,2021年上半年东盟的数字卫生产值就超过2020年全年产值,达到11亿美元。[①]相比疫情暴发之前,东盟新增6000万互联网用户,逾3.5亿东盟互联网用户形成了庞大的数字卫生需求群体。66%的东盟民众乐于使用远程医疗,东盟快速发展的数字卫生事业为中国和东盟的数字卫生合作创造了机遇。[②]

　　第二,中国数字卫生的蓬勃发展贡献了技术动力。作为全球第二大数字经济体,2021年中国的数字经济规模已达45.5万亿元,占国内生产总值比重近40%。[③]中国在数字基础设施建设、大数据、区块链、移动支付、人工智能等数字技术领域居于世界领先地位。[④]医疗卫生是中国数字经济发展的主要领域之一,巨大的数字经济发展成就使中国的公共卫生事业迎来了数字化转型的发展黄金期。国家卫生健康委副主任于学军表示,中国目前已经有1600多家互联网医院,二级以上医院普遍开展在线业务,2020年全国互联网诊疗4891万人次。"互联网+医疗"已经成为中国医疗卫生体系的重要组成部分,在应对疫情中起到了"第二战场"的作用。[⑤]从流行病学研究、诊断和治疗,到综合疫情防控系统与常态化防控管理,中央和地方政府在应对疫情中广泛使用数字技术来增强疾控措施的能力,满足患者、医生和公众的需求。人工智能、第五代移动通信技术

---

① "e-Conomy SEA 2021", https://www.bain.com/insights/e-conomy-sea-2021/.

② "ASEAN Patients Prefer a Digital Healthcare Experience", https://techwireasia.com/2021/09/asean-patients-prefer-a-digital-healthcare-experience/.

③《中国数字经济发展报告(2022年)》, http://www.caict.ac.cn/kxyj/qwfb/bps/202207/P020220729609949023295.pdf.

④ 李强、戴佩:《数字"一带一路"视域下中国与东盟公共卫生安全合作研究》,《一带一路报道(中英文)》2021年第6期。

⑤《数字化变革推动构建人类卫生健康共同体》, http://world.people.com.cn/n1/2021/0822/c1002-32202698.html.

和互联网平台在中国的公共卫生体系中得到广泛应用,不仅可以帮助医务人员对患者或疑似患者进行远程会诊,还能够支持居家患者及慢性病等其他疾病的患者远程获取医疗服务。①在数字技术的加持下,科技企业纷纷布局健康医疗产业,中国数字健康产业出现了微医、阿里健康、京东健康、春雨医生、好大夫在线、平安医保科技、易联众、东软、迪安等一系列的数字健康企业,中国的数字卫生技术逐渐成熟、数字卫生产业日益壮大。②数字技术还助力中国的人群追踪、筛查和大数据分析、医疗人员能力建设和医疗资源调动及社区常态化疫情防控体系。③中国的数字卫生技术在应对疫情中得到了一次全方位的应用与实践,中国的数字卫生技术日趋成熟,为中国与东盟开展数字卫生合作提供了技术动力。

第三,中国与东盟的高层推动奠定了政治基础。中国—东盟卫生部长会议和中国—东盟卫生合作论坛都致力于在传染病和非传染病防控、传统医学、医疗服务、慢性病防控等领域加强合作,远程医疗、信息化防治传染病等数字化公共卫生都是近年来双方公共卫生合作的重要领域。④在2017年9月11日召开的第6届中国—东盟卫生部长会议上,中国代表团团长、时任国家卫生和计划生育委员会副主任王贺胜向东盟卫生部部长表示,中国医疗卫生的科技创新为改善中国人民的健康做出了贡献,他向东盟各卫生部部长分享了中国公共卫生在科技创新方面的经验和规划。与会各方一致认为,科技创新在公共卫生和公民医疗保健中有着重

---

① 史爱武:《疫情防控推动我国公共卫生领域加快数字化转型》,《中华读书报》2022年1月12日。

②《国家互联网信息办公室发布〈数字中国发展报告(2020年)〉》,http://www.gov.cn/xinwen/2021-07/03/content_5622668.htm。

③《数字卫生》,https://healthfutures.org.cn/wp-content/uploads/2021/01/cn-final-tackling-covid-19-pandemic-through-integrating.pdf。

④《第三届中国—东盟卫生合作论坛开幕 倡议加强国际合作共同应对新冠肺炎》,https://gx.chinadaily.com.cn/a/202011/24/WS5fbd0240a3101e7ce97317bd.html。

要的价值和影响,互联网医疗融合了医疗技术、数字媒体和移动设备,确保患者和医护人员可以轻松地获取医疗信息和资源。[①]王贺胜主任还在同月举行的第7届中日韩—东盟卫生部长会议上表示,中国将远程医疗作为11个重点领域之一与东盟、日本和韩国积极开展公共卫生合作。[②]习近平在2020年11月召开的第17届中国—东盟博览会和中国—东盟商务与投资峰会开幕式上的致辞中指出,"中方愿同东盟各国携手合作,抓住新一轮科技革命和产业变革机遇,发挥互补优势,聚焦合作共赢,在智慧城市、第五代移动通信技术、人工智能、电子商务、大数据、区块链、远程医疗等领域打造更多新的合作亮点"[③]。《落实中国—东盟面向和平与繁荣的战略伙伴关系联合宣言的行动计划(2021—2025)》明确提出"在利用信息通信技术促进公共卫生持续发展方面开展合作,提高健康城市和可持续卫生管理水平"[④]。数字卫生合作受到了中国与东盟的重视,在双方高层的推动下,双方围绕数字技术、传染病防治和公共卫生治理的一系列研讨会、论坛等交流活动及数字卫生各项实质性合作得以顺利开展。

三、中国与东盟数字卫生合作面临的挑战

东盟应对公共卫生事件的脆弱性、中国蓬勃发展的数字卫生技术和双方高层的政治努力都使得中国和东盟在数字卫生合作问题上相向而行,中国与东盟也在公共卫生数字基础设施建设、医药研发和公共卫生服

---

① "The 6th ASEAN-China Health Ministers Meeting", https://asean.org/asean-china-to-improve-health-in-the-region-through-technology/.

②《中国将加强与东盟卫生务实合作》,http://m.xinhuanet.com/2017-09/07/c_1121626021.htm。

③《习近平在第十七届中国—东盟博览会和中国—东盟商务与投资峰会开幕式上的致辞(全文)》,http://www.xinhuanet.com/politics/leaders/2020-11/27/c_1126792459.htm。

④《落实中国—东盟面向和平与繁荣的战略伙伴关系联合宣言的行动计划(2021-2025)》,https://www.mfa.gov.cn/web/zyxw/202011/t20201112_348692.shtml。

务及数字化公共卫生人才培养等方面取得了合作进展。然而中国与东盟的数字卫生合作仍受制于东盟"数字鸿沟"、公共卫生治理失衡、东盟数字卫生合作机制协调性不足等问题的干扰。

(一)东盟的"数字鸿沟"制约

由于经济、科技水平存在差距,东盟各成员国面临巨大的"数字鸿沟",这对中国与东盟的数字卫生合作造成严重制约。一是东盟各国间的数字基础设施状况仍存在差距,造成东盟人口的数字卫生服务的可及性严重不平衡。东盟约55%的人口仍未接入互联网,东盟国家中新加坡、泰国的移动互联网和固定宽带互联网速率超出越南、老挝、菲律宾等国的数倍到数十倍(见图4-1)。[1]一些东盟国家的偏远地区和农村地区的通信网络基础设施远远落后于大城市或人口密集地区,导致这些地区的网络状况难以支持数字卫生的开展。[2]东盟国家的第五代移动通信技术发展普遍滞后,仅有新加坡、泰国和菲律宾建设了商用的第五代移动通信技术基站,其他国家第五代移动通信技术的引进仍处于规划或试验阶段。[3]

---

[1] "Policy Brief:The Impact of COVID-19 on South East Asia",https://unsdg.un.org/sites/default/files/2020-07/SG-Policy-brief-COVID-on-South-East-Asia.pdf.

[2] "21st Century Health Care Challenges:A Connected Health Approach",https://www2.deloitte.com/content/dam/Deloitte/id/Documents/public-sector/id-gps-ehealth-publication-Indonesia.pdf.

[3] Stefan Dercon Toby Philips, "The Digital Roadmap:How Developing Countries Can Get Ahead",https://etradeforall.org/news/the-digital-roadmap-how-developing-countries-can-get-ahead/.

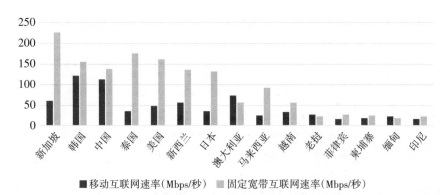

■ 移动互联网速率(Mbps/秒) ■ 固定宽带互联网速率(Mbps/秒)

图4-1 亚太主要国家互联网速率对比(2020年9月数值)

资料来源:Speedtest Global Index。

  二是东盟各国的数字卫生软件研发能力参差不齐。数字卫生软件是东盟面向区域内民众获取数字卫生资源的重要平台,是东盟实施远程医疗、公共卫生机构数字化和疫情防控智能化的核心框架。但由于东盟区域内数字化人才的普遍不足、医疗和卫生企业数字化应用程度及创新能力较弱,东盟国家数字化开发技术和环境的欠缺导致东盟各国的公共卫生数字化软件研发能力存在差异。[①] 东盟的数字卫生应用平台主要集中在新加坡、印度尼西亚、马来西亚、菲律宾、泰国和越南等部分经济水平、科技实力和公共卫生体系相对较强的国家,而其他相对实力较弱的国家的数字卫生平台的研发相对滞后。根据阿里研究院和毕马威的数据,尽管中国是全球排名第二的数字技术研发国,但仍与排名第一的美国存在较大差距,且东盟国家除新加坡、马来西亚和泰国位列全球前50位,大多数东盟国家在全球排名较为落后。[②] 东盟国家的数字研发和创新能力相

---

  ① 牛东芳、沈昭利、黄梅波:《东南亚数字经济发展:评估与展望》,《东南亚研究》2022年第2期。

  ②《迎接全球数字经济新浪潮——2018全球数字经济发展指数》,阿里研究院、KPMG,2018年9月18日。

对不足为中国与东盟的数字卫生软件研发合作造成一定的阻碍。

表4-1　东盟国家主要数字卫生应用平台

国家	主要数字卫生应用平台
新加坡	MyDoc，DoctorAnywhere，Speedoc，WhiteCoat
印度尼西亚	Aldokter，Halodoc
马来西亚	DoctorOnCall，Speedoc，DoctorAnywhere
菲律宾	Medgate Philippines，Healthnow，SeeYouDoc
泰国	DoctorRaksa，DoctorAnywhere
越南	Viettel，DoctorAnywhere，VieVie Healthcare

资料来源：David Sit，"The ASEAN Digital Health Landscape：An Overview"，HKTDC，https://research.hktdc.com/en/article/ODU1NDkyNDU0。

（二）东盟的公共卫生治理失衡

尽管东盟在公共卫生建设和全民医疗方面取得了长足的进步，但东盟国家之间存在公共卫生治理的失衡。一是东盟各国公共卫生投入不平衡。作为东盟内部唯一的发达国家，新加坡拥有世界一流的公共卫生体系及高素质的医护人员和科研人员，这使其能够较为出色地应对疫情的冲击。[1]泰国、马来西亚已实现全民医保全覆盖，90%以上的新加坡民众享有政府实施的强制性医疗保险计划，印度尼西亚有50%的民众享有医疗保险，而柬埔寨和老挝的医疗保险覆盖率则分别只有24%和15%。[2]二是东盟的公共卫生治理主体参与程度不平衡。东盟的公共卫生治理多为政府主导，非政府组织、私营部门和公民团体等非政府行为体参与公共卫生治理的程度较低，这使东盟无法有效应对日趋复杂的区域公共卫生

---

[1] 于文轩：《新加坡医疗分诊制度：精准抗疫的底气》，https://www.thepaper.cn/newsDetail_forward_9167881。

[2] Zheng-Zheng Li，Guangzhe Liu，Ran Tao and Oana Ramona Lobont，"Do Health Expenditures Converge Among ASEAN Countries？"，*Frontiers in Public Health*，Vol. 9，September 2021.

事件。三是东盟的公共卫生治理资源不平衡。公共卫生治理资源不足是东盟公共卫生的一个短板,由于东盟大部分国家经济发展水平相对落后,东盟的公共卫生治理资源整体上较对话合作伙伴存在较大差距。公共卫生治理资源在东盟内部也分布不均,新加坡、马来西亚、越南和泰国等经济发展水平较高的东盟国家拥有较多的公共卫生资源(见图4-2)。东盟公共卫生治理失衡将降低公共卫生应急体系发挥的效用,受限的参与主体将难以调动多元化参与的积极性,而分布不均的公共卫生治理资源将影响公共卫生合作的资源分配,进而一定程度对中国与东盟的数字卫生合作造成障碍。

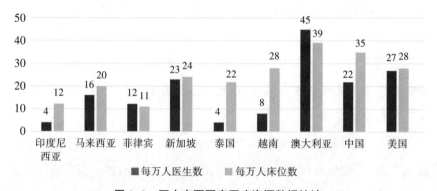

图4-2　亚太主要国家医疗资源数据统计

资料来源:世界卫生组织(WHO)网站。

(三)东盟数字卫生合作机制协调不足

数字卫生政策对中国和东盟的数字卫生发展极为关键,是双方数字卫生迈向机制化合作的重要基础,在协调双方合作资源、对接双方合作需求及搭建双方合作机制方面发挥着指引性作用。合作机制是中国与东盟开展数字卫生合作的重要支撑,决定着双方数字卫生合作的前进方向与合作成效。在"数字丝绸之路"和"健康丝绸之路"合作倡议的引领下,中国与东盟在数字经济和公共卫生两大合作领域形成了多层次、多领域、跨部门的机制化合作。但就数字卫生这一具体的合作领域来说,中国与东盟的合作机制还存在协调不足的问题,双方的合作机制化步伐未能跟上数字卫生治理需求的急剧变化。

第一,东盟成员国之间的数字卫生政策缺乏协调性,不利于中国与东盟的数字卫生政策互通。数字卫生是一项融合公共卫生和数字技术两大领域的议题,新加坡、印度尼西亚和泰国等一些东盟国家专门成立了公共卫生和数字治理的融合性机构,以统筹数字卫生国内发展和国际合作。如印度尼西亚卫生部于2021年3月成立数字化转型办公室,通过制定数字卫生政策、开发数字卫生产品、推进医疗企业数字化转型来促进印尼的数字卫生的发展,并明确出台了《印尼数字卫生转型战略蓝图2024》。①尽管数字卫生得到了越来越多东盟国家的重视,越来越多的东盟国家成立负责数字卫生事务的专门机构并出台本国的数字卫生发展规划,但各国的数字卫生政策缺乏协调性,这在一定程度上不利于中国与东盟的数字卫生政策的互通。

第二,东盟未出台明晰的数字卫生政策,中国与东盟的数字卫生合作较为分散,未形成专门的机制化合作模式。尽管中国和一些东盟国家已明确出台涉及数字卫生的发展规划,但东盟目前未出台明确的数字卫生政策,中国和东盟的数字卫生合作议题往往被内嵌在中国—东盟卫生部长会议、中国—东盟卫生发展高官会、中国—东盟卫生合作论坛、中日韩—东盟卫生发展高官会等涉及公共卫生事务的东盟"10+1""10+3"合作机制中。中国与东盟的数字卫生合作以项目为导向,双方未在数字卫生领域形成专门的机制化合作模式。正如《东盟数字总体规划2025》指出的那样,"缺乏统一的数字规划是阻碍东盟事务数字化发展的主要障碍之一",这种分散化的合作模式导致中国和东盟在数字卫生的技术创新、

---

① "Digital Transformation Office", https://dto.kemkes.go.id/.

数据共享、隐私保护等诸多方面缺少统一的标准和规范，导致双方的数字卫生合作整体协调能力不足。

第三，"东盟中心"的合作原则一定程度上导致数字卫生的区域"制度拥挤"和"制度竞争"及一些东盟国家的合作犹豫，进而影响中国和东盟数字卫生合作效率。数字技术本质是信息的数据化，公共卫生领域的任何数字技术都离不开大量的数据的采集与处理。数据具有天然的敏感性和安全性，是一国公民、企业、政府乃至国家实力比拼的重要要素。[①]数字卫生也成为美、日、韩等其他东盟合作伙伴的优先合作议题，其他域内外国家也积极与东盟开展数字卫生合作并建立了一系列的沟通与合作机制。东盟通过主动寻求与各大国建立合作关系维持其在区域治理和区域合作中的中心地位，导致东盟的区域数字卫生合作机制庞杂，出现了各种功能雷同甚至重复的合作机制。这种现象为中国与东盟的数字卫生合作增添了障碍。

四、进一步推进中国与东盟数字卫生合作的路径

《东盟数字总体规划2025》提出，东盟的数字发展愿景是至2025年"将东盟打造成为一个全球领先的数字社区和数字经济体，拥有安全和变革性的数字服务、数字技术和数字生态"。为实现这一愿景，东盟提出要在高质量的数字基础设施建设、经济和社会发展的相关数字服务及支撑东盟数字事业发展所需的劳动力等方面加大推进力度。针对中国与东盟数字卫生合作中存在的挑战，同时结合东盟数字发展2025年愿景，建议中国与东盟应在数字卫生基础设施建设、医药研发与数字化公共卫生服务、数字化公共卫生人才培养及数字卫生合作机制建设等方面加强合作，以进一步推动双方的数字卫生合作取得积极成效。

---

① 林伟：《人工智能数据安全风险及应对》，《情报杂志》2022年第9期。

(一)加快数字卫生基础设施建设合作

唐·泰普斯科特强调,"如同高速公路和电网等基础设施,信息网络是新型经济的高速公路。没有先进的电子设备和系统的基础设施,任何国家都无法成功发展数字经济"[1]。不同于工业经济时代的铁路、公路、机场等基础设施,数字经济时代的基础设施以光缆、移动通信等数字基础设施为代表。《东盟数字总体规划2025》提出,"通信基础设施是任何领域数字化转型的核心,东盟需要提高固定和移动通信基础设施的质量并将其服务范围扩展到农村地区"。自"数字丝绸之路"倡议提出以来,中国抓住以数字技术为代表的第四次技术革命的历史机遇,大力发展"新基建",为促进共建"一带一路"国家的数字卫生合作搭建广阔的舞台。人工智能、工业互联网、物联网、第五代移动通信网络、数据中心等信息化领域和公共卫生领域将作为"十四五"时期推动新型基础设施建设的核心领域。[2] 数字基础设施是中国与东盟公共卫生机构数字赋能的关键,主要由数字硬件基础设施和软件基础设施组成,两者相辅相成、缺一不可。

数字硬件基础设施指公共卫生机构实现数字化服务的硬件设施,包括通信设施、数字化医疗设备等,东盟认为数字基础设施投资不足是东盟数字化转型面临的一大挑战,改善东盟的数字基础设施可以为东盟提供更加便捷、高效和安全的数字服务,因此东盟将国外投资视为其数字事业发展的重要合作议题。在东盟的积极倡导下,中国政府和卫生部门携手华为、中兴、中国电信、阿里巴巴等通信技术企业和互联网科技企业,积极参与东盟在"一带一路"合作框架下加强数字硬件基础设施建设。[3]2020

① Don Tapscott, *The Digital Economy: Promise and Peril in the Age of Networked Intelligence*, McGraw Hill, 1994, p. 75.

②《国家卫生健康委关于印发"十四五"卫生健康标准化工作规划的通知》,http://www.gov.cn/zhengce/zhengceku/2022-01/27/content_5670684.htm。

③ "Indonesia: Vocational Education Strengthening Project", https://www.adb.org/documents/indonesia-vocational-education-strengthening-project-0.

年9月,亚洲基础设施投资银行批准了1.5亿美元贷款,用于帮助印度尼西亚扩大对数字基础设施建设的投资,将互联网覆盖印度尼西亚近15万个未接入互联网的公共服务点,包括学校、医院和地方政府。[①]2020年12月,华为泰国公司与玛希隆大学下属医院签署了第五代通信技术智能医院支持云和人工智能的谅解备忘录,以帮助该医院建设成为拥有第五代通信技术基础设施、人工智能、大数据以及云计算等数字技术的"智慧医院",从而为病患提供更好的远程医疗服务。[②]华为还参与建设长达1300公里的连接马来西亚—柬埔寨—泰国海底光缆系统,并运用了先进的100G以太技术,达到30Tbps的宽带容量。[③]中国电信、中国联通等中国的通信企业加入亚太直达海底光缆系统建设,极大增进了东盟国家间及中国和东盟的连通性。2015年启动的中国—东盟信息港将数字基础设施建设作为中国与东盟互联互通关键工程,截至2020年底,信息港已建成3条国际海缆、12条国际陆地光缆、13个国际通信节点、1个国家域名CN顶级节点,建成运营了中国移动(广西)数据中心、中国电信(广西)东盟数据中心、中国—东盟信息港老挝云计算中心等云计算中心。[④]中国和东盟在这些领域取得的丰硕合作成果有效改善了东盟国家数字基础不足的局面,为双方的数字卫生合作提供了必要的硬件技术支持。

---

① "AIIB Approves USD150-M Loan to Improve Digital Connectivity in Indonesia", https://www.aiib.org/en/news-events/news/2020/AIIB-Approves-USD150-M-Loan-to-Improve-Digital-Connectivity-in-Indonesia.html.

② Dean Koh, "Huawei & Siriraj Hospital Sign MoU to Establish 5G Powered Smart Platform for Medical Services", https://www.healthcareitnews.com/news/asia/huawei-siri-raj-hospital-sign-mou-establish-5g-powered-smart-platform-medical-services.

③ Eileen Yu, "Huawei to Build Subsea Cables Connecting Malaysia, Cambodia, Thailand", https://www.zdnet.com/home-and-office/networking/huawei-to-build-subsea-ca-bles-connecting-malaysia-cambodia-thailand/.

④《中国—东盟信息港:"数字丝路"通东盟》, http://dmxxg.gxzf.gov.cn/sytt/t9606696.shtml.

数字软件基础设施是调用数字硬件基础设施和公共卫生资源向用户提供医疗服务的终端平台。2021年10月,中国—东盟跨境远程医疗服务平台正式面向东盟推出跨境医疗合作平台,为东盟国家民众提供线上医疗服务。该平台由广西医科大学第一附属医院、微软、迈瑞生物医疗电子有限公司和中国银联共同开发。东盟国家的患者可以通过手机应用程序访问该平台,远程挂号并咨询广西医院的专家,如有需要,东盟国家的患者还可以申请跨境入院,前往中国接受进一步治疗。通过信息通信技术、人工智能等数字技术,该平台能够将"一站式"医疗健康管理服务贯穿至入院的前、中、后的每一个环节。与中国银联的合作能够确保东盟国家的患者使用本国货币支付医疗费用,避免了患者兑换货币的不便。① 另外,中国向越南、老挝、柬埔寨、缅甸提供国际智慧医疗服务,支持有条件的国内医疗机构开展"5G+远程医疗"服务,支持医疗机构建设跨境医疗服务等平台,积极推动中医民族医药医疗服务向东盟延伸,并积极推动与东盟的数字赋能跨境医疗服务合作便利化,加快中国—东盟跨境智慧医疗合作生态圈建设。②

(二)聚焦医药研发与数字化公共卫生服务合作

医药产品的数字化研发和公共卫生服务的数字化合作是中国与东盟加强数字卫生合作的重要应用领域。一方面,数字技术在医药和疫苗产品的研发中发挥着重要的作用,机器学习、人工智能、大数据、神经网络等数字技术能够大大加快药物和疫苗的研发进度,提升研发的成功率。③ 中国与东盟国家进行疫苗研发合作时,运用数字技术加快基因测序和蛋白

① Liu Xuan and Zhang Li, "Digital Economy Cooperation Opens New Doors", http://en.people.cn/n3/2021/0714/c90000-9871464.html。

②《深化中国—东盟远程医疗领域合作》,http://dmxxg.gxzf.gov.cn/jczt/szsczlgh/zyrw/ysmxdmdszfwdbhzw/t10929479.shtml。

③ Mariagrazia Pizza, Simone Pecetta, Rino Rappuoli, "Vaccines 2020: The Era of the Digital Vaccine is Here", *Science Translational Medicine*, Vol. 13, 2021.

质结构的研究,大大提升了中国和东盟对病毒的认识,增强医疗系统的诊疗能力,并协助中国科兴、国药和印尼 Bio Farma、马来西亚发马公司等相关的医药和疫苗研发企业加快药物和疫苗的研发进程。

另一方面,利用数字技术(尤其是第五代移动通信技术)搭建传染病监测网络,能够帮助中国和东盟实时通报、分享数据,极大地促进了区域传染病应对能力和公共卫生服务水平。在早期预防公共卫生事件阶段,中国和东盟可以通过数字技术建立更为紧密的疾病全球监测网络,能够尽早地发现并报告新发传染病病例,共享和更新各国的病毒和疫情数据,有助于各方落实世界卫生组织有关传染病防控的各项应对措施;在中期应对公共卫生事件阶段,数字技术有助于中国和东盟国家公共卫生机构对于患者(或密接者)的筛查、追踪、诊断和远程治疗,在很大程度上缓解了由于疫情恶化而普遍陷入匮乏的公共卫生资源;在后期常态化防控阶段,数字技术可以有效保障各国民众常态化防控与复工复产的需求,通过建立个人和社区健康档案,实现政府、社区和公众联防联控与全行业的共同参与。为此,中国与东盟建立了数字卫生公共服务合作机制并举办多场相关交流活动。例如,2021年6月18日,中国—东盟公共卫生暨远程医疗合作专题论坛在华中科技大学同济医院召开,本次论坛旨在加强互联网、云计算、大数据、人工智能等数字技术在远程诊疗、辅助诊断、公共卫生体系建设等领域的沟通合作,利用数字化手段提升重大公共卫生事件应对能力和医疗救治水平。[1]中国—东盟公共卫生(医疗)(武汉)平台于同年7月建立,为每年策划举办一到两场中国—东盟公共卫生暨远程医疗合作交流活动提供了重要平台。此外,该平台还将承担中国与东盟各国公共卫生、数字医疗、疫情防控、突发公共卫生事件应急处置等领域

---

[1]《中国—东盟公共卫生暨远程医疗合作专题论坛在汉召开》,https://www.cnr.cn/hubei/jcgd/20210618/t20210618_525515999.shtml。

交流合作研讨活动和公共卫生(医疗)专项培训交流活动,有助于深化与东盟各国医疗卫生领域的常态化合作。①

(三)加强数字化公共卫生人才培养合作

数字卫生离不开数字化的公共卫生人才的智力支持,公共卫生领域的相关专家、医生、疾控人员和科研人员都需要具备信息通信、大数据等方面的数字技能。②数字化公共卫生人才培养成为中国与东盟数字卫生合作的一个重要内容,为双方的数字卫生合作提供了人力资源保障。从东盟方面来看,数字化人才短缺是东盟各国面临的普遍问题。据世界银行的报告显示,印度尼西亚面临严重的数字人才短缺,到2030年需要增加900万数字信息通信领域的专业人才才能维持其快速发展的数字业务。③尽管泰国的数字技术和公共卫生在东盟中处于较高水平,但泰国在数字科技领域仍有近12万的人才缺口,公共卫生领域的人才缺口超1万。④数字人才培养是东盟数字一体化发展的重要因素,东盟的数字技术发展规划中将数字人才培养置于关键的位置。《东盟数字一体化框架》和《〈东盟数字一体化框架〉行动计划2019—2025》等东盟数字合作指导性文件都将培养数字人才作为东盟数字一体化的优先合作领域。东盟还专门制定《东盟信息和通信技术(ICT)总体规划2020》《东盟中小微企业技术培训蓝图2025》等,旨在支持中小微企业采用新技术,提高从业人员

---

①《中国—东盟数字经济发展合作论坛落户武汉》,https://www.wuhan.gov.cn/sy/whyw/202107/t20210715_1739114.shtml。

②詹启敏:后疫情时代公共卫生人才培养的若干思考》,《中国青年报》2020年4月27日。

③ World Bank, "Preparing ICT Skills for Digital Economy: Indonesia Within the ASEAN Context", https://blogs.worldbank.org/sites/default/files/preparing_ict_skills_for_digital_economy-revised_7mar2018.pdf.

④《泰国未来5年专业对口人才缺口近50万》,https://thaizhonghua.com/2020/03/12/82685.html。

技能。①

从中国方面来看，近年来中国致力于与共建"一带一路"国家加强卫生领域专业人才培养合作，帮助沿线国家提高公共卫生管理和疾病防控能力"，传染病防治和人才培养是中国与东盟公共卫生合作的中期目标之一，是中国构建以周边国家和重点国家为基础、面向沿线国家的卫生合作网络的关键。②数字卫生人才培养合作迎合了中国面向东盟的"健康丝绸之路"建设的实际需求，为双方构建卫生健康共同体提供了强大的生命力。中国的华为、中兴、阿里巴巴等通信技术和互联网企业成为培养东盟数字化人才的主力军。2019年9月华为设立"东盟学院"，包括印度尼西亚、马来西亚、泰国和柬埔寨4个东盟国家，为当地培训了超过13万人次的数字人才。2021年11月，华为启动"东盟未来种子"项目，计划在未来5年内为东盟培养50万数字人才。③面对东盟庞大的数字卫生人才需求，中国和东盟可在资源共享体系、学科融合培养以及培养平台创新等方面加强合作，为双方的数字卫生合作提供源源不断的人才和智力支持。④

（四）增强数字卫生合作机制的协调性

数字卫生有利于中国和东盟在区域层面建立更为紧密的疾病监测网络，促进信息共享、医药科研合作与医疗资源整合，在很大程度上降低了防控、诊断和医治过程中的人际接触传染风险，为中国和东盟应对公共卫生威胁带来数字赋能。作为全面战略合作伙伴，中国与东盟在数字卫生

---

① 《聚焦东盟数字经济发展（二）：〈东盟数字一体化框架〉及其行动计划》，https://www.ccpit.org/indonesia/a/20220125/20220125bfw8.html。

② 《国家卫计委发布"一带一路"卫生交流合作方案》，http://gd.xinhuanet.com/2015-11/05/c_1117053923.htm。

③ 《东盟基金会与华为合作 缩减亚太数字人才差距》，http://asean.mofcom.gov.cn/article/jmxw/202111/20211103215593.shtml。

④ 中国—东盟中心：《中国—东盟数字人才培养交流合作前景看好》，《中国报道》2022年第4期。

领域开展了富有成效的合作,但双方的数字卫生合作机制协调性不足的问题有待解决。为发挥数字技术在构建中国—东盟卫生健康共同体中的效用,中国与东盟应进一步深化和完善双方的数字卫生合作机制。第一,中国与东盟应积极搭建数字卫生合作专门机制,成立由双方官方牵头的数字卫生专门合作机构或合作委员会,有效对接双方的公共卫生和数字技术相关部门、企业和科研机构,制定明确、具体的数字卫生合作规划和愿景,为双方的合作描绘切实可行的路线图。第二,中国与东盟应加强数字卫生互联互通建设,从资金、人员和技术等层面持续加大对于东盟数字技术发展的支持力度,加快东盟国家的公共卫生机构的数字化建设进程,提升中国与东盟、东盟国家之间的公共卫生机构的数字化连通性,确保更多的东盟民众能够利用数字技术获取及时、有效的医疗和卫生服务。第三,中国应进一步支持和提升东盟的数字经济发展水平。数字经济是数字卫生的基础,数字卫生是数字经济发展到一定阶段的产物,中国与东盟的数字卫生合作取得成效离不开东盟的数字经济发展水平的持续提升,中国应进一步加大对东盟的数字经济发展支持力度,吸引更多的通信企业、互联网公司和生物制造企业等多方主体的积极参与,为东盟的数字卫生发展创造更具潜力的市场环境和应用前景。

"权力转移理论"视角下大国战略竞争研究——以东南亚为例*

夏　昂

21世纪以来，东南亚在全球地缘政治中的重要性不断上升，中美相继提出了关于东南亚的战略或倡议。无论是美国的"亚太再平衡战略""印太战略"，还是"一带一路"倡议，东南亚都是重点区域，因此出现了中美东南亚战略交错和对冲的态势。从权力转移理论视角来看，中国崛起的事实导致中美在东南亚出现了权力转移的现象，改变了东南亚权力格局。综合来看，21世纪以来，东南亚格局经历了从美国主导到"中升美降"、从中国崛起到中美"二元格局"初步形成，以及中美战略博弈加剧这三个阶段。中美的东南亚政策构想在性质、实施方式、战略效果方面存在明显差异，中国没有和美国在东南亚争夺霸权的意图，但中国崛起带来的权力增长客观上加重了美国的战略焦虑。

2013年，中国国家主席习近平在访问印度尼西亚时提出共同建设"21世纪海上丝绸之路"倡议，携手共建更为紧密的中国—东盟命运共同体，这一倡议标志着中国的东南亚战略布局趋于完善，中国与东南亚国家

＊夏昂，集美大学马克思主义学院讲师。

关系将会更加密切。美国奥巴马政府早在2009年就提出了"重返亚洲",后修正为"亚太再平衡战略",特朗普政府又提出了"印太战略",在这些战略中东南亚都是重点区域。因此,中美对东南亚的政策构想出现了战略重叠,对东南亚的权力格局将会带来影响。

一、权力转移理论与东南亚格局变迁

权力转移理论(Power Transition Theory)是美国学者奥根斯基(A. F. K. Organski)于1958年在其所著的《世界政治》(*World Politics*)一书中首先提出的理论,他后来又于1980年在与其学生亚切克·库格勒(Jacek Kugler)合著的《战争细账》(*The War Ledger*)一书中完善了其理论观点。权力转移理论是研究当今国际关系的主流理论之一。

(一)权力转移理论的主要观点

第一,权力的持平可以导致战争。这是权力转移理论最核心的观点,权力转移理论认为国际关系史就是一部世界权力转移的历史,伴随着大国的兴衰更替,主导国和崛起国的争霸战争不断上演。奥根斯基认为,当崛起国的实力达到主导国80%的时候,就进入了一个"实力持平"的阶段,当崛起国的实力超过主导国20%时,持平阶段才结束。在实力持平或超越阶段,最有可能发生战争,带来权力转移。[①]

第二,国际体系是类似于金字塔的等级结构。最顶端是霸权国,实力超群,越往下国家实力越弱,数量也越多,最底端是广大实力较弱的中小国家。顶端的霸权国主导建立了符合其利益的国际规则体系,广大中小国家在霸权国建立的体系内生存和发展。霸权国是国际体系的最大受益者,广大中小国家在霸权国建立的体系下也可以"搭便车"获益。霸权国

---

① Ronald L. Tammen, Jacek Kugler and Douglas Lemke, *Power Transitions: Strategies for the 21st Century*, Seven Bridges Press, 2000.

负有维护国际秩序的责任,确保国际规则体系正常运行。权力转移理论认为,霸权国的位置会随着权力转移不断变化,没有永远的霸权国。当体系内的霸权国实力衰弱时,后发的崛起国就可能通过各种方式取代原来霸权国的地位,从而实现权力转移。

第三,权力转移的原因是国家内部的"工业化"。权力转移理论认为,权力增加的动力主要源于国家内部的"工业化",工业化使得各国经济增长的速度不同,从而导致国家的权力发生变化。奥根斯基认为,权力的国内生产方式已经成为国际体系中权力分配的重要组成部分。以工业化为代表的现代化,体现着国家内部的社会变革能力、政府管理能力和调配资源能力,这些对国家权力的增加有重要影响。[1]而通过建立军事同盟这样传统的"外在方式"增加权力已经不再重要,国家内部的经济增长才是国家实力增强的重要来源。

第四,只有"不满意"的崛起国才可能发动战争。权力转移理论虽然认为权力持平可以导致战争,但是并不意味着权力持平一定会带来战争。因为国际体系存在着"满意"和"不满意"两种类型的国家,只有那些实力强大且对现有的国际规则制度不满意的国家才可能成为挑战国。如果崛起国对霸权国主导的国际制度体系满意,是霸权体系的受益者,那么没有必要通过发动战争获得霸权。发动战争的成本高昂,且存在风险,理性的崛起国都不会轻易发动战争。

总的来说,在无政府的国际体系里,国家间实力差距越大,就越趋于稳定;只有实力强大且对现有国际体系不满意的崛起国才可能成为霸权国的挑战者。从权力转移理论视角分析21世纪中美东南亚权力转移的过程和缘由,有着重要的现实意义。

---

① 朱锋:《"权力转移"理论:霸权性现实主义?》,《国际政治研究》2006年第3期。

(二)21世纪中美东南亚格局变迁

东南亚位于亚洲东南部,包括中南半岛和马来群岛两大部分。东南亚地区共有11个国家:缅甸、泰国、柬埔寨、老挝、越南、菲律宾、马来西亚、新加坡、文莱、印度尼西亚、东帝汶。东盟是东南亚最重要的政治、经济、安全一体化合作组织。美国虽然在地理上是东南亚的域外国家,但由于其是超级大国,利益遍布全球,在研究任何区域问题时都离不开美国,冷战后美国政府也一直将美国定位为"亚洲国家",①所以在研究东南亚问题时可以将美国视为"东南亚国家"。21世纪以来,中国崛起使得亚洲的地缘政治发生重大变化,也对东南亚带来巨大影响。综观21世纪以来东南亚的权力格局演变大致经历三个阶段:

1.从美国主导到"中升美降"(2000—2008年)

二战结束后,美国开始主导东南亚格局,冷战期间东南亚成为美苏争霸的前沿阵地,美国通过一系列双边军事安全条约牢牢控制着东南亚国家,全面介入了东南亚政治、经济、安全等领域,竭力排斥其他大国进入东南亚。但随着冷战结束,没有了美苏争霸的压力,东南亚在美国战略中的地位出现下降。当时美国政府认为:"东南亚相较于其他地区更加和平,因此美国在东南亚驻军问题上缺乏紧迫性。"②21世纪初美国国家安全战略转向"反恐",美国对东南亚的关注度进一步减弱,客观上在东南亚地区出现"战略收缩"。由于美国深陷反恐战争的泥潭,再加上2008年世界金融危机的冲击,使得美国更加无暇顾及东南亚。在奥巴马上任之前,美国官方已经有十年没有发布过亚太战略报告,③由此可见东南亚在21世纪

---

① 杨悦:《大国竞争与特朗普政府对东南亚政策》,《美国研究》2020年第6期。

② Joseph Chinyong Liow, *Ambivalent Engagement*, Brookings Institution Press, 2017, p. xii.

③ Ralph A. Cossa, "The United States and the Asia-Pacific Region: Security Strategy for the Obama Administration", Center for a New American Security, February 2009, p. 3.

前十年的美国战略中的边缘地位。美国战略界普遍认为,21世纪的前十年是美国对东南亚的战略停滞期。[①]

进入21世纪,中国经济快速发展,2001年加入世界贸易组织为中国经济腾飞增加了新的引擎,21世纪前十年中国经济年均增长率接近10%,对外贸易规模屡创历史新高。东南亚作为中国周边地区与中国的经贸联系不断加强。从2009年开始中国就成为东盟第一大贸易伙伴,2020年东盟也成为中国第一大贸易伙伴,中国同东盟首次互为第一大贸易伙伴。[②]经济联系的加强带来了政治关系的发展,中国在东南亚地缘政治中的影响力不断扩大。相对来说,中美在东南亚的权力格局呈现"中升美降"的态势。2019年,新加坡尤索夫伊萨东南亚研究所发布《东南亚现状:2019年调查报告》显示,超过七成的受访者认为中国在东南亚的经济影响力最大,认为中国的综合影响力将会超过美国;近半数受访者认为中国"一带一路"建设将使东南亚国家"更靠近中国的轨道";六成的受访者认为,美国的全球影响力从2018年就开始衰减;三分之一的受访者表示,不太接受美国作为东南亚安全提供者的角色。2020年6月,美国战略与国际问题研究中心调查显示,过去十年间,中国在东南亚的政治影响力明显上升,已经超过美国,未来十年这一趋势或将持续;中国在东南亚的经济影响力已经超过美国,未来十年,中美在东南亚的经济影响力差距将继续拉大。[③]

---

① Marvin C. Ott, "The Geopolitical Transformation of Southeast Asia", E-Notes of Foreign Policy Research Institute, February 2013, p. 1.

②《中国东盟首次互为第一大贸易伙伴》,东莞市人民政府网站,http://www.dg. gov.cn/dgsmch/gkmlpt/content/3/3450/mmpost_3450363.html#1540。

③ Michael Green, Amy Searight, "Powers, Norms, and Institutions: The Future of the Indo-Pacific from a Southeast Asia Perspective", https://csis-website-prod.s3.amazonaws. com / s3fs-public / publication / 20624_Green_PowersNormsandInstitutions_WEB% 20FI-NAL%20UPDATED.pdf.

2.从中国崛起到中美"二元格局"初步形成(2009—2016年)

2008年由美国次贷危机导致的资本主义世界经济危机席卷全球,在这次危机中,西方发达资本主义国家受到的冲击最大,包括美国在内的绝大多数经济体出现萎缩。中国由于实行了积极的货币政策和稳健的财政政策受到的冲击相对较少,中国经济延续了自21世纪初以来的良好发展势头,依然保持了较高的经济增速。2009年中国超过德国成为世界最大出口国;2010年中国国内生产总值超过日本,成为世界第二,仅次于美国;2010年中国—东盟自由贸易区建成;2013年中国成为世界最大贸易国。中国成为拉动世界经济增长的重要引擎,更是成为周边国家经济发展的"助推器",包括东南亚国家在内的周边国家都希望能搭上中国经济快速发展的"顺风车"。据统计,中国在奥巴马任期内的国内生产总值年均增长率达到8.2%,而同期美国经济的年均增长率只有1.52%,2016年中国国内生产总值达到美国的60%左右,构成了权力转移的门槛。①

中国经济实力的增强和美国军事实力的稳固,使得中美在全球层面正发生着比较平稳的权力转移过程。随着中国与东南亚国家经济联系的加深,中国在地区经济格局中逐渐从边缘走到中心位置,这也推动着东南亚经济安全"二元格局"的形成,出现了经济和安全相互分离的状况,即很多东南亚国家产生了"经济上靠中国,安全上靠美国"的共识。②维持东南亚"二元格局"的最重要条件是中美在东南亚的实力对比和内部结构,即中美在东南亚经济、安全领域的力量分布。这一时期,在经济领域,中国

---

① 根据世界银行的统计,中国在奥巴马任期内历年的国内生产总值增长率分别为:9.4%、10.636%、9.536%、7.85%、7.758%、7.298%、6.9%、6.7%。同时,2016年中国国内生产总值总额(现价美元)为11.191万亿美元,而同年美国国内生产总值总额(现价美元)为18.624万亿美元。因此,这段时期中美国内生产总值总额的比值为60%左右。相关资料请参见:世界银行数据库,https://data.worldbank.org.cn/?locations=CN-US。

② Greg Torode, "Region Looks to China for Profit, U.S. for Security", *South China Morning Post*, November 15, 2010.

仍然保持了较高的经济增长率,在世界经济中的比重不断上升,中国在经济领域的地位一直在巩固。虽然美国在"亚太再平衡战略"下加强了与东南亚国家的经济联系,但美国的政策措施大多属于策略性的,很难达到战略效果,难以影响中国在经济领域逐渐主导的态势。在安全领域,虽然这一时期中国军事现代化能力不断加强,但仍然无法撼动美国的优势地位。综合来看,"二元格局"的初步形成是中美在东南亚比较优势的体现,中国在经济领域具备优势,美国则在安全领域具备优势。

总的来说,这段时期的东南亚格局最明显的变化就是由美国全面主导的东南亚经济安全格局逐渐向中美经济安全"二元格局"演变,即美国继续在东南亚安全格局中保持主导地位,而中国逐渐在东南亚经济格局中取得主导地位,中美"二元格局"初步形成。

3. 中美战略博弈加剧(2017年至今)

2017年12月18日,美国在首份《国家安全战略报告》中称中国是"修正主义大国","积极同美国及其盟友和伙伴竞争","寻求在印太地区取代美国,重塑对其有利的地区秩序"。[①]特朗普政府将中国视为美国国家安全的首要挑战,标志着美国对华战略从过去合作为主、竞争为辅转变为全面竞争和遏制,中美战略博弈加剧。美国对华政策调整的主要原因是中国崛起,中美实力差距缩小,美国担心中国会挑战美国的霸权地位,从现实主义角度出发而率先进行的一种自我调整。权力转移理论认为当崛起国的实力达到主导国80%的时候,就进入了一个"实力持平"的阶段,这一阶段最有可能发生权力转移。2018年中国国内生产总值为13.608万亿美元,美国国内生产总值为20.544万亿美元,中国约占美国的66%,[②]正在向80%的指标接近。

---

① "National Security Strategy of the United States of America", https://www.white-hous-e.gov/wp-content/uploads/2017/12/NSS-Final-12-18-2017-0905-2.pdf.

② 世界银行官网:https://data.worldbank.org.cn/country/united-states?view=chart.

在这种背景下,为了遏制中国的崛起,在南海问题、台湾问题、香港问题上不断给中国制造麻烦,提出了明显针对中国的"印太战略"。2018年6月,时任美国国防部部长马蒂斯在"香格里拉对话会议"上阐述了"印太战略"的原则和手段。2019年6月1日,美国国防部发布了《印太战略报告》,①这标志"印太战略"正式出台。东南亚位于印太的中心位置,扼守马六甲海峡等国际贸易的"生命线",区域内还存在着南海争端等复杂的地缘政治问题,因此成为美国"印太战略"的关键试验场。②2018年,时任美国国务卿蓬佩奥表示东盟是印太的中心,东盟在美国"印太战略"中扮演中心的角色。③美国的《亚洲再保证倡议法》提出要在东南亚建立新的反恐伙伴关系计划,加强在南海的联合军演及东南亚国家的海事意识,大力提升与东南亚国家的经济伙伴关系。美国的《国防授权法》也强调要将东南亚作为援助的重点地区,强化美国在东南亚的军事存在。④2020年中国国内生产总值首次突破100万亿元,⑤首次达到美国的70%,中美实力差距进一步缩小,这让美国更加焦虑,加紧实施对中国的遏制战略。所以当前及今后相当长一段时期内,东南亚格局的主要特点就是在中国崛起的背景下,在东南亚进行激烈的战略博弈。

---

① "indo-pacific strategy report", https://media.defense.gov/2019/Jul/01/20021523 11/-1/-1/1/DEPARTMENT-OF-DEFENSE-INDO-PACIFIC-STRATEGY-REPORT-2019.PDF.

② Prashanth Parameswaran, "ASEAN's Role in a U.S. Indo-Pacific Strategy", https:www.wilsoncenter.org/publication/aseans-role-us-indo-pacific-strategy.

③ Secretary of State Michael R.Pompeo, "Remarks on 'America's Indo-Pacific Economic Vision'", https://ph.usembassy.gov/remarks-on-americas-indo-pacific-economic-vision/.

④ 刘卿:《美国东南亚政策转向及前景》,《国际问题研究》2020年第5期。

⑤《我国经济总量首次突破100万亿元 发展跃上新台阶》,http://www.gov.cn/xin-wen/2021-02/28/content_5589251.htm.

（三）权力转移理论与东南亚的权力转移

在权力转移理论中,权力是最重要的因素,美国作为当今世界唯一的霸权国,其实力远超其他国家,虽然美国不属于传统意义上的东南亚国家,但美国仍然是东南亚格局的主导者,也是权力体系的最大受益者,是体系内"强大且满意"的国家,因此美国需要维持这一地区权力体系不变。中国是正在崛起的大国,实力正在快速增长,中国与世界的联系正日益密切,随着"一带一路"建设的推进,中国的国家利益正在快速向周边扩展,而东南亚地区作为"一带一路"的优先方向,客观来说,为了保护中国同东盟双方的利益,要求中国必须在东南亚展现较强的战略意愿。实力和意愿的双重增加必然导致中国在东南亚权力地位的提升。

权力转移理论认为国际体系是等级结构,但同时又认为国际体系的等级结构不是一成不变的,会随着权力转移而发生变化。东南亚权力格局过去长期是稳定的金字塔形格局,美国位于顶端,是绝对的主导国,而该地区的其他国家实力远不及美国,无法挑战美国的主导地位。进入21世纪,中国崛起逐渐成为事实,随着中国与东南亚联系的加强,中国在东南亚的利益迅速增加,因此中国必须维护不断扩展的国家利益,所以崛起的中国在客观上扮演了体系内"强大而不满意"的国家角色,在美国看来,这构成了对东南亚原有权力结构的挑战,从而容易引发东南亚权力转移现象的出现。可以预见,在中美进入战略博弈加剧阶段后,中美在东南亚的博弈将会成为地区权力格局常态,中美在东南亚经济和安全领域的"二元格局"还将会继续加强,这增加了博弈的复杂性。

权力转移理论虽然受到学界质疑,有不完善的地方,但是作为一种特殊的理论视角用来分析21世纪东南亚权力转移的过程仍然具有重要意义。21世纪以来,东南亚权力格局经历了从美国主导到"中升美降",从中国崛起到中美"二元格局"初步形成,以及当下正在进行的中美战略博弈加剧这几个阶段。随着中国崛起,东南亚的权力架构正在从集中向分散演变,未来还将会继续整合。中美在东南亚的博弈始终在进行,地区形势也会一直处于一种动态的发展进程当中,权力转移或者部分权力转移的可能性一直存在。

二、两国东南亚战略及影响

东南亚位于亚欧大陆的南部边缘,是陆地和海洋的交汇点,也是陆权和海权的结合地带。"边缘地带论"的代表人物斯皮克曼认为:"谁控制了边缘地带,谁就控制了亚欧大陆。"①海权论的代表人物美国人马汉也指出:"获得海权或控制海上要冲的国家,就掌握了历史的主动权。"②东南亚的马六甲海峡就属于世界重要的海上战略要冲,战略地位极其重要。因此,无论从陆权还是海权角度看,东南亚都是国际地缘政治中极具战略价值的地区,历来是各大国角逐的必争之地。③

(一)中美东南亚战略

21世纪以来,由中国崛起导致的中美东南亚权力格局变化大致经历了从美国主导到"中升美降",从中国崛起到中美"二元格局"初步形成,以及中美战略博弈加剧这三个阶段。综观21世纪以来中美各自提出的东南亚政策构想,可以发现存在着明显的战略对冲状况,值得探讨。

1.美国的东南亚战略

作为当今国际体系里最强大的霸权国,美国总是在寻找可能出现的、有能力挑战其霸权地位的崛起国,然后进行遏制,这是美国作为全球霸权国的基本国策。在20世纪,美国对德国、日本、苏联都进行了有效的遏

---

① N. J. Spykman, *The Geography of the Peace*, Harcourt Brace Co., 1944, p. 43.

② [美]艾·塞·马汉:《海军战略》,蔡鸿幹、田常吉译,商务印书馆,1994年,第vii页。

③ Denys Lombard, "Another 'Mediterranean' in Southeast Asia", *The Asia-Pacific Journal*, Vol. 5, No. 3, March 2007, pp. 1–5.

制,延缓甚至中断了这些国家的崛起进程,可以说美国遏制崛起国的战略非常成功。进入21世纪,中国崛起成为事实,这让美国倍感焦虑。"进攻性现实主义"的代表人物约翰·米尔斯海默认为,中国的崛起会让美国在21世纪面临最危险的局面,崛起的中国会成为国际体系里"强大而不满意"的国家,会跟美国争夺霸权。[①]因此,遏制中国崛起就成为美国21世纪最重要的战略目标之一,而位于中国周边的东南亚则成为遏制中国崛起的关键地区。

布什政府时期美国的国家安全战略是"反恐",外交重点是配合伊拉克和阿富汗两场"反恐"战争,这消耗了美国的大部分精力,客观上使得美国在东南亚的影响力不断下降。2009年,奥巴马政府高调宣布"重返"东南亚,随后美国高官开始频繁访问东南亚。同年,时任美国国务卿希拉里代表美国政府正式加入《东南亚友好合作条约》,显示了美国对东南亚的重视。奥巴马还出席了首届美国—东盟峰会,并决定将这一峰会年度机制化。2012年,时任美国国防部部长帕内塔在"香格里拉对话会议"上明确提出"亚太再平衡战略",并表示到2020年美国60%的海军要部署到亚太地区。[②]2013年,时任美国国防部部长哈格尔又表示要将美国60%的海外空军部署到亚太地区。[③]东南亚是美国"亚太再平衡战略"的重点地区,美国此举明显是为了"平衡"中国在东南亚不断上升的影响力,维护美国在东南亚的传统主导地位。奥巴马时期美国不断热炒南海问题,试图激化中国与相关国家的矛盾,还在南海大搞所谓的"航行自由"。2015年,美国与东盟建立了战略伙伴关系,奥巴马还史无前例地邀请了所有东盟

---

① John Mearsheimer, *The Tragedy of Great Power Politics*, Northon, 2001, p. 29.

② "Leon Panetta: US to deploy 60% of navy fleet to Pacific", https://www.bbc.com/news/world-us-canada-18305750.

③ Chuck Hagel, "Speech At The Shangri-La Dialogue", https://china.usc.edu/chuck-hagel-%E2%80%9Cspeech-shangri-la-dialogue%E2%80%9D-june-1-2013.

国家领导人赴美参会。奥巴马第二任期推出"跨太平洋伙伴关系协定",试图在经济上加强与东南亚国家的联系。美国通过"湄公河下游倡议""东南亚海洋执法倡议""跨太平洋伙伴关系协定"谈判、东盟地区论坛、"香格里拉对话会议"等加强与东南亚国家的多边合作。

特朗普上台后提出"印太战略",被外界普遍视为是遏制中国的战略。美国学者沈大伟(David Shambaugh)表示:"特朗普政府提出的自由与开放的'印太战略'进一步表明,其认为东南亚具有战略重要性。"①在"印太战略"的背景下,特朗普从三方面加强与东南亚国家的关系。

首先,在安全领域,重点加强与其盟友和战略伙伴的合作。2018年,时任美国国防部部长马蒂斯表示,不仅要让美国与菲律宾和泰国的盟友关系及同新加坡的合作伙伴关系重新焕发生机,还要寻求和越南、印度尼西亚、马来西亚建立新的伙伴关系。②美国向印度尼西亚出售了F-16战机、"阿帕奇"武装直升机等先进军事装备,还提升了美国和印尼联合军演的强度和频率。2018年美国海军"卡尔·文森"号航母访问越南,这是越战后美国航母首次停靠越南。越南还被美国邀请参加了2018年度"环太平洋"军演。2020年美国海军"西奥多·罗斯福"号航母再次访问越南。为了鼓动越南在南海问题上跟中国对抗,美国向越南提供了数千万美元的资金,以及巡逻舰、雷达等装备,帮助越南加强海上能力建设。

其次,在经济领域,联合其盟友加强对东南亚基础设施建设的投资能力,制衡"一带一路"倡议。2018年10月,特朗普签署了《更好利用投资引导发展法案》,授权成立美国发展金融公司,加强美国在基础设施建设方

---

① [美]沈大伟:《2018年美国与东南亚的关系:延续多于改变》,《南洋问题研究》2018年第3期。

② "Remarks by Secretary Mattis at Plenary Session of the 2018 Shangri-La Dialogue Singapore",https://dod.defense.gov/News/Transcripts/Transcript-View/Article/1538599/remarks-by-secretary-mat-tis-at-plenary-session-of-the-2018-shangri-la-dialogue/.

面的融资能力。2018年11月12日,美国、日本和澳大利亚的金融部门达成合作协议,旨在"促进印太地区的投资项目,生产优质基础设施,加强互联互通,促进经济可持续增长"①。东南亚被视为美国在印太投资的重点区域,美国这些举动明显是针对中国在东南亚的基础设施建设,试图对冲"一带一路"倡议的影响。

最后,在数字治理领域,美国加大理念渗透,试图降低中国数字治理理念对东南亚的影响。面对中国和东南亚国家的"数字丝绸之路"建设,美国担心中国的数字治理理念被东南亚国家接受,甚至会被中国赢得"意识形态之争"。因此,美国联合日本、印度、澳大利亚等印太伙伴强化对东南亚国家数字治理领域的渗透,试图帮他们建立符合美国价值要求的网络政策、法律,以抵御"来自中国的恶意攻击"。2019年10月,美国与东盟举办了网络政策对话会,加强美国和东盟在网络领域的合作,讨论了"美国—东盟智慧城市伙伴关系""美国—东盟网络安全技术援助计划""美国—东盟创新圈活动",以及"美国—东盟互联数字经济系列活动"。②

拜登政府继承了特朗普对华强硬的政策路线,没有放松对中国的遏制。拜登政府的印太事务协调员坎贝尔明确表示,今后中美关系的主导模式是竞争。为了遏制中国,拜登政府高官如副国务卿舍曼、国防部部长奥斯汀、副总统哈里斯等相继访问东南亚。2021年8月,美国国务卿布林肯在以视频方式出席美国—东盟外长会议时将美国与东盟的关系定位为印太地区的战略伙伴,以推进印太地区的共同繁荣、安全和价值观,并且

① White House, "U.S.-Japan Joint Statement on Advancing a Free and Open Indo-Pacific Through Energy, Infrastructure and Digital Connectivity Cooperation", https://www.whitehouse.gov/briefings-statements/u-s-japan-joint-statement-advancing-free-openindo-pacific-energy-infrastructure-digital-connectivity-cooperation/.

② The U.S. Department of State, "A Free and Open Indo-Pacific: Advancing a Shared Vision", pp. 22–23.

表示美国不接受中国在南海问题上的合理主张。① 在疫情背景下，美国还通过加大对东南亚国家的疫苗捐赠试图与中国争夺在东南亚的影响力。2021年10月拜登在华盛顿举办了美国—东盟峰会，这是继2016年之后，美国再次举办美国—东盟峰会。拜登称，峰会标志着美国和东盟关系进入一个"新时期"。美国副总统哈里斯表示，美国世世代代都将参与东南亚事务。美国在峰会上宣布：美国和东盟将致力于升级双边关系，年底建立全面战略伙伴关系；美国将向东盟提供价值1.5亿美元的援助；美国将任命新任驻东盟大使。② 综上分析，美国这一系列举动可视为美国在东南亚试图阻止或延缓"权力转移"过程的努力。

拜登深知特朗普政府的印太战略中的经济部分存在不足，因此进一步提出了"印太经济框架计划"试图加以完善。虽然目前具体内容还没有明确，但围绕贸易便利化、数字经济与技术标准、供应链韧性、去碳化与清洁能源、基础设施、劳工标准将会是主要方面。2022年1月开始，中国加入的《区域全面经济伙伴关系》将开始运行，同时中国还申请加入《全面与进步跨太平洋伙伴关系协定》，而美国由于自身原因没有加入这两个亚太地区最大的贸易协定，因此为了平衡中国在经济方面的影响力，美国迫切需要推出一个其主导的排除中国的经济计划，所以"印太经济框架计划"应运而生。可以将拜登政府的"印太经济框架计划"看成特朗普政府"印太战略"之经济战略部分，这是一个封闭性、对抗性、排他性的计划，为了制衡中国的"一带一路"倡议，服务于美国对中国进行竞争和遏制的大战略。拜登政府的"印太经济框架计划"试图以双边"一国一策"的方式来改善美国在多边经济合作中的被动局面，重构美国在新经济领域供应链顶

---

① 《布林肯：美国是东盟战略伙伴 支持〈东盟印太展望〉，"https://www.rfi.fr/cn/专栏检索/印太纵览/20210821-布林肯-美国是东盟战略伙伴-支持-东盟印太展望。

② 《美国举办与东盟峰会：预期很高，成果有限》，https://news.gmw.cn/2022−05/16/content_35736052.htm。

端的领先地位。在"印太经济框架计划"的主导下,整个亚太地区的经济都将在美国的经济辐射之下,成为美国主导的供应链结构的附庸,帮助确保美国经济主宰世界,为美国企业创造商机,为美国提供更多的就业岗位,优先实现美国的经济利益。[①]

2.中国的东南亚战略

东南亚是中国周边外交的重点区域,中国发展需要和平的周边环境,因此中国的东南亚战略主要目标就是要促进东南亚地区和平稳定,并发展与东南亚国家的睦邻友好合作关系。中国在东南亚战略格局中的地位特殊,中国与东南亚国家有着悠久的历史、民族、文化、社会、经济联系,中国与东南亚国家都建立了战略合作伙伴关系。为此,中国的东南亚战略主要聚焦于三个方面:在政治领域建立互信、在经济领域实现互利合作、在安全领域促进共同安全。

在政治领域,中国始终坚持在和平共处五项原则的基础上与东南亚国家交往,尊重各国主权、不干涉内政、坚持以和平方式解决国际争端,为此在南海问题上,中国倡议有关各方签署了《南海各方行为宣言》,共同维护南海地区的和平稳定。中国坚持实行"与邻为善、以邻为伴"和"睦邻、安邻、富邻"方针,践行"亲、诚、惠、容"的周边外交理念。支持东盟在"10+1""10+3",以及东盟地区论坛等区域合作机制中发挥主导作用。中国是第一个加入《东南亚友好合作条约》的区域外大国,对此新加坡《联合早报》评论称,中国的举动"既是一个象征性的积极姿态,更是一个具有实质意义的政治承诺,不仅标志着中国和东盟之间的关系已进入一个更高层次,而且还将为中国和东盟在安全及经济领域的进一步合作铺平道路"[②]。

---

① 万喆:《新瓶装旧酒:美国'经济新框架'背后的旧思维》,《光明日报》2021年12月19日。

②《社论:亚细安和中国关系新发展》,《联合早报》2003年10月2日。

在经济领域,中国一直致力于实现区域经济一体化。2001年,中国提出与东盟建立自由贸易区的倡议,对此东盟积极回应。2002年,中国和东盟签署了《中国与东盟全面经济合作框架协议》。2010年,中国—东盟自由贸易区建成。得益于中国—东盟自贸区的建立,十年来,中国与东盟国家的贸易额快速增长,投资不断扩大。2020年,尽管受到疫情的不利影响,中国与东盟贸易额仍达到创纪录的6846亿美元,比2010年增长了133.8%,实现双方互为第一大贸易伙伴的历史性突破。[①]2013年,中国提出"一带一路"倡议,它以共商共建共享为原则,为中国与东盟的经贸合作带来新的模式。东盟2012年发起的《区域全面经济伙伴关系协定》受到中国的大力支持,经历了8年谈判,终于在2020年11月签署。《区域全面经济伙伴关系协定》将进一步推动区域经济一体化发展,促进贸易和投资自由化和便利化,为区域经济复苏提供动力。

在安全领域,2002年7月,中国代表团在东盟地区论坛外长会议上提交了《中国关于新安全观的立场文件》,全面阐述了以"互信、互利、平等、协作"为核心的新安全观,得到东盟国家的普遍认同。在新安全观的指导下,中国主张要促进共同安全,维护地区和平,携手共建更为紧密的中国—东盟命运共同体。中国和东盟还发表了《关于非传统安全领域合作联合宣言》,不断深化在反恐、海上安全、救灾、网络安全等非传统安全领域的务实合作,形成了高层有共识、基层有行动的工作局面。面对部分东南亚国家对中国崛起的担忧,中国反复承诺将坚守和平发展的路线不动摇。

(二)中美东南亚战略的差异

首先,两者性质不同。经过之前的分析可以发现美国的东南亚战略带有明显的冷战印记和强权政治的特征,主要聚焦于安全领域。冷战期

---

① 《中国—东盟经贸合作2020年成绩单来了》,http://www.cafta.org.cn/show.php?contentid=92004。

间,美国的东南亚政策的主要目标就是通过与东南亚国家的一系列双边军事条约构建反苏、反共的前沿阵地,对苏联进行遏制。冷战结束后,随着中国崛起,美国转而对中国进行遏制。"亚太再平衡战略""印太战略"明显针对中国,美国希望将东南亚打造成遏制中国崛起的前沿基地,所以不断加强在东南亚的军事存在,巩固其主导的东南亚安全体系和秩序,将东南亚当成其势力范围,试图"平衡"中国在该地区不断上升的影响力,甚至希望将中国排除在地区事务之外。由此可见,美国的东南亚战略是美国在全球维护霸权战略的一部分,带有很强的强权政治色彩。相比之下,中国的东南亚战略是促进中国与东南亚国家的睦邻友好,互利合作,维护东南亚地区的和平稳定。中国的战略具有互利性、非军事性、非排他性。中国东盟战略伙伴关系是平等互利的关系,不损害第三方的利益。中国提出的"一带一路"倡议以共商共建共享为原则,致力于推动中国与东南亚的互联互通,聚焦于发展。中国与东南亚国家的经济合作能实现优势互补,互利共赢。因此,东南亚一度流行"中国机会论"①。

其次,两种路径实施方式不同。美国重双边轻多边,中国则比较均衡。中国一直倡导构建人类命运共同体,其核心是建设一个持久和平、普遍安全、共同繁荣、开放包容、清洁美丽的世界。因此中国在和东南亚国家交往中,坚持以《联合国宪章》为宗旨,以共商共建共享为原则,坚持真正的多边主义。中国在发展与东南亚国家双边关系的同时,充分尊重东盟的中心地位,支持东盟在地区事务中发挥更大的主导性。2000年以来,中国积极参与东盟推动的多边组织建设。中国是首个加入《东南亚友好合作条约》的域外大国,又与南海各方签署了《南海各方行为宣言》,支持东盟主导的《区域全面经济伙伴关系协定》谈判。美国东南亚战略重视

---

① 《韩媒:中美竞争格局东南亚向中国靠近一步》,环球网,https://oversea.huanqiu.com/article/9CaKrnJCMIl。

双边合作,轻视多边合作,这一直是美国东南亚政策的传统,美国认为东南亚国家之间关系复杂,实力相对弱小,历史遗留问题较多且政治制度和价值观差异巨大,集体决策缺乏约束力和效率,因此对东盟的中心地位一直持比较消极的态度。在东南亚,菲律宾、泰国是美国传统盟友,有双边军事条约协定。新加坡可以视为美国的"准盟友",双方虽然没有签订军事条约,但美国在新加坡设有东南亚唯一的军事基地。

长久以来,在安全领域,新加坡一直是美国最"铁杆"的支持者。美国与印度尼西亚、马来西亚的关系也比较密切。近些年,为了遏制中国,美国持续加强和越南的关系,在2013年和越南建立全面伙伴关系,更在2016年宣布全面解除对越南武器禁运。2010年之后,美国与缅甸的关系也一度改善。值得一提的是,拜登上台后更加看重盟友和伙伴的作用,美国外交开始重回多边主义的理念,拜登表示:"美国坚定支持东盟对印太和基于规则的地区秩序的展望。"显示出美国展现出尊重东盟中心地位的倾向,体现出美国对东盟的重视。[①]当然,美国在口头上和行动上是否会保持一致,还有待观察。

最后,两者战略成效不同。面对中美在东南亚的博弈,东南亚国家往往采取在中美之间"两面下注"的政策,既不得罪中国,也不得罪美国,以"对冲"的战略兼顾与中国和美国的关系。但是在2017年以后,大多数东南亚国家明显表现出向中国积极靠拢的趋势。[②]东南亚国家对美国战略反应冷淡的原因主要有三个方面:第一,无论是"亚太再平衡战略"还是"印太战略"都带有强烈的大国权力竞争色彩,是一个大国对另一个大国

---

① 《美国总统时隔4年出席东盟峰会,东南亚国家战略地位提升了?》http://news.cyol.com/gb/articles/2021-10/29/content_d8qYJt0Jd.html。

② Shambaugh David, "U.S.- China Rivalry in Southeast Asia: Power Shift or Competitive Coexistence?", *International Security*, Volume 42, Number 4, Spring 2018, pp. 85-127.

的围堵和遏制,在这一过程中东南亚国家担心沦为中美大国博弈的牺牲品。第二,美国更重视与东南亚国家的双边合作,尤其是与其盟友和战略伙伴的合作,这样不利于东盟的中心地位以及东盟内部的团结。第三,美国的"印太战略"主体是美日印澳"四方安全机制",而东盟国家一直主张在地区事务中坚持东盟的中心地位,要扮演大国之间的战略中间人角色。因此,"东盟中心地位"与"四方机制"存在矛盾,东盟不愿成为美国遏制中国的帮手,因此对美国来说东盟的战略作用有限。

此外,东南亚国家更加看重与中国的经贸合作,而不是选择与中国对抗,美国利用南海问题激化中国与东南亚国家矛盾的企图很难奏效,这从菲律宾的表态中就可以看出。2020年2月,菲律宾军方根据总统杜特尔特的命令终止了与美国之间的《访问部队协议》,[①]同时决定不再参加其他国家在南海组织的军事演习。菲律宾坚持以和平和法治的方式解决南海争端,并期待跟中国保持友好关系。[②]这说明美国冷战期间在东南亚压倒性的地缘政治优势已经消失,美国再想靠拉拢几个东南亚盟友围堵和遏制中国的企图不会再得逞了。

(三)中美新战略带来东南亚权力格局新变化

21世纪以来,中美各自提出了关于东南亚的合作建设或新战略,这对东南亚的格局产生重要影响,随着中美战略博弈加剧,东南亚的权力格局正在发生新的变化。

东南亚的权力格局将在中美大国博弈和东盟的"大国平衡"的复杂关系中演变。东南亚的主体是东盟,而东盟又被看成一个松散的多边组织,各国根据自己的利益与中美互动,形成了复杂的双边和多边关系。虽

---

① 《菲律宾决定终止与美国的〈访问部队协议〉》,http://paper.people.com.cn/rmrb/html/2020-02/12/ nw.D110000renmrb_20200212_6-16.htm。

② 《菲国防部长涉华表态反映地区国家求和平、促发展的共同心声》,http://www.xinhuanet.com/world/2020-08/05/c_1126330040.htm。

然东盟总体上一直奉行"大国平衡战略",但各国由于受到历史、社会、经济、文化、安全等因素的影响,对中国和美国的态度有很大不同。在中美战略博弈加剧的背景下,客观上正强化东南亚中美"二元格局"的形成,即出现以中美分别主导的经济格局和安全格局,这两者之间呈现出相互制衡的倾向。①中国快速发展,中国和美国之间的实力逐渐接近,虽然在全球层面,中国离美国还有很大差距,但在地区层面,中国的影响力日益增强。正如有学者说:"需要注意的是在考察地区体系的实力分布时,我们并不能简单地依据全球层次的实力分布来得出结论,这是因为,美国是一个全球性大国,其在东亚地区的力量投入受其全球介入程度和力量投射能力的影响。"②

对于东南亚的中美"二元格局",学者们有不同的看法。持悲观看法的学者如米尔斯海默认为,中国崛起导致地区权力格局变化将会使中美在东亚地区围绕霸权的争夺走向对抗。③通舍认为,大国战略博弈对于地区安全秩序和中美关系的影响就是,中美逐渐从以前的战略对冲转向了彼此进行对抗和不断加强的相互制衡。④持乐观看法的学者如罗伯特·罗斯认为,权力转移虽然会导致中美战略竞争加剧,然而并不一定意味着战

---

① 周方银:《中国崛起、东亚格局变迁与东亚秩序的发展方向》,《当代亚太》2012年;周方银:《东亚二元格局与地区秩序的未来》,《国际经济评论》2013年第6期;蔡鹏鸿:《亚太两强竞争性合作格局趋势与中国外交》,《国际观察》2013年第1期;John Ikenberry , "Between the Eagle and the Dragon: American, China, and Middle State Strategies in East Asia", *Political Science Quarterly*, Vol. 20, No. 20, 2015, pp. 1-35.

② 刘丰:"东亚地区秩序转型:安全与经济关联的视角",《世界经济与政治》2016年第5期。

③ John J. Mearsheimer, "The Gathering Storm: China's Challenge to US Power in Asia", *Chinese Journal of International Politics*, Vol. 3, No. 4, 2010, pp. 381-396.

④ Øystein Tunsjø, "U.S.-China Relations From Unipolar Hedging toward Bipolar Balancing", in Robert S. Ross & Øystein Tunsjø eds., *Strategic Adjustment and the Rise of China:Power and Politics in East Asia*, pp. 41-68.

争,或对外交和经济合作的排斥。①中国学者刘丰认为,即使形成中国和美国在经济和安全两个领域里的均势状态,中美之间的关系也可能和欧洲经典多极均势体系或美苏两极均势体系下直接的对抗互动模式有显著区别。②

三、东南亚权力转移的特殊性

进入 21 世纪后,国际局势发生深刻变化,传统的权力转移理论如何适应新的地缘政治变化是学者们需要关注的重点课题,如何增加权力转移理论对当下国际关系问题的解释力是学者们需要努力的方向。东南亚是中国最重要的周边区域之一,南海和马六甲海峡事关中国对外贸易安全,是中国核心利益所在,东南亚一直是中国周边外交的重点。此外,东南亚还是"海上丝绸之路"经过的主要区域,中国与沿线国家经贸基础好,发展前景广阔,中国与东南亚国家的合作对于"一带一路"倡议的推进具有示范效应。因此,东南亚权力转移的特殊性需要引起重视。

(一)权力转移理论的嬗变

冷战结束后,两极格局瓦解,虽然传统大国间的战争冲突风险降低,但世界区域性事件频发,带来了一些新的问题。国际关系学者们开始思考是否可以将传统的"权力转移理论"用于解释不断出现的区域性问题,分析区域权力体系演变。有学者观察到区域层面的权力转移现象,并提出了"多样性等级模式"理论(Multiple Hierarchy Model),美国学者道格拉斯·兰姆克认为,权力转移现象不只出现在国际体系层面,也会出现在地

---

① [美]罗伯特·罗斯:《中国崛起、地区权力转移与东亚安全:从 1949 年到 21 世纪》,《世界经济与政治》2009 年第 11 期。

② 刘丰:《东亚地区秩序转型:安全与经济关联的视角》,《世界经济与政治》2016 年第 5 期。

区层面。①比如一些国家在权力增加之后,不会在国际层面挑战全球主导地位国家,但有可能在地区层面挑战地区主导地位国家。在东南亚、中东等地区,越南、伊朗、伊拉克就利用冷战后出现的区域性权力真空争夺地区主导权,引发区域性战争,带来地区性动荡,在这一过程中往往伴随着区域性权力转移。

旅美韩国学者金宇祥(Woosang Kim)质疑了权力转移理论关于国家"内部因素"导致权力转移的观点,他认为权力转移主要是"外部因素"造成的。例如,大国同盟的建立、瓦解、重构,在特定的时间内能导致大国间实力对比变化。而军事联盟带来的权力增加甚至超过国家内部的"工业化",军事联盟导致的"权力持平"使得权力转移的可能性增加。②

(二)东南亚权力转移的特殊性

首先,同盟框架下的权力转移。权力转移理论否定均势和同盟的作用,但是东南亚权力转移是在同盟关系框架下进行的。美菲同盟、美泰同盟的存在是研究中美东南亚权力转移无法忽视的因素。同盟体现了权力政治的大国对抗思维,中美之间的权力转移使得美国更加重视"同盟"的作用。近些年,美国利用南海问题大力渲染"中国威胁论",鼓动菲律宾等国对抗中国。"印太战略"继承了冷战时期的大西洋联盟以及冷战后美国在亚太建立的双边联盟的对抗思维,明确把中国视为"战略竞争对手",使得地区安全性质和结构处于对立之中。这种对立对抗思维和同盟路径容易导致中美之间出现"新冷战",甚至会重演二战后美苏之间长达近半个世纪的对抗。③

---

① D.Lemke and S.Werner, "Power Parity, Commitment to Change, and War", *International Studies Quarterly*, Vol. 40, No. 2, 1996, pp. 235-260.

② 朱锋:《"权力转移"理论:霸权性现实主义?》,《国际政治研究》2006年第3期。

③ 张贵洪:《"一带一路"倡议与印太战略构想的比较分析》,《现代国际关系》2019年第2期。

其次,中美战略竞争与相互依赖并存。有学者指出虽然权力转移理论认为"工业化"是权力转移的动力,但忽视了经济全球化下国家之间的相互依赖。[①]无论是中国还是美国都需要东南亚保持和平、稳定、繁荣,马六甲海峡是全球重要的航道,东南亚局势影响着区域内国家的贸易安全、能源安全,对世界经济和贸易发展至关重要。此外,在东南亚地区,中美在打击国际恐怖主义、打击跨国犯罪、传染病防治、应对气候变化等非传统安全领域有着众多的共同利益,这在一定程度上能促使中美在东南亚地区的合作,增进相互依赖。总之,虽然中国跟美国在东南亚存在竞争,但两国之间的合作可以成为权力转移过程中的"润滑剂",在一定程度上缓解矛盾。

最后,崛起国或挑战国的特殊性。权力转移理论武断地认为"强大而不满意"的崛起国一定会挑战主导国,导致发生争霸战争,但事实并不是这样,权力转移理论忽视了主观意图这一关键因素。经过之前的分析可知,虽然崛起的中国在客观上扮演了体系内"强大而不满意"的国家角色,但中国没有争霸的意图,中国要努力成为国际规则体系的建设者而不是挑战者。中国在东南亚一直致力于开展经贸合作,促进中国与东南亚国家的政策沟通、设施联通、贸易畅通、资金融通、民心相通五通建设。相反,美国却一直试图加强在东南亚的军事存在,显然更具威胁性。正如米尔斯海默所说,即使是最强大的国家也可能是现状的破坏者。[②]

四、结语

权力转移理论揭示了世界权力格局变化的规律,而区域权力转移理论的修正则从微观层面揭示了一个地区权力格局重塑的过程。21世纪

[①] 朱锋:《"权力转移理论"评述》,《欧洲》1998年第1期。
[②] [美]约翰·米尔斯海默:《大国政治的悲剧》,王义桅、唐小松译,上海世纪出版集团,2014年,第43页。

以来,中美东南亚战略格局的演变过程,一方面证明了权力转移理论的客观性,另一方面也深化了其理论内涵。权力格局是一个动态的概念,伴随体系内主要国家之间权力分布的变化而变化。当前在中美战略博弈加剧的背景下,东南亚的中美"二元格局"似乎正在强化,随着中美之间实力的接近,"二元格局"可能会向两极格局演变,这对东南亚国家来说增加了其政策选择的复杂性,也会加剧中美博弈的复杂性。对中国来说,首先,要正确认识当前的东南亚格局及其演变的历史趋势,保持战略定力和战略自信,做好自身的发展以应对美国的战略调整。其次,要正确认识中美之间的实力差距,努力发展,缩小与美国的实力差距。再次,要大力推进"一带一路"倡议,扩大与东南亚国家的互利共赢合作,强化中国在东南亚的经济优势地位。最后,积极发展与美国的关系,努力扩大双方的共同利益,促进中美关系的良性互动。总之,面对21世纪以来东南亚格局的演变,中国要努力利用各种积极因素,化解消极因素,为中国的和平发展创造良好的外部环境。

政党制度化与政治民主化：
东南亚四国的比较研究*

郭志奔

后发国家的政治发展经验表明，政党是建构民族国家、进行民主改革和推进国家治理的关键力量，因而一个国家的政党制度化水平对其政治民主化进程具有重要意义。政党制度化程度可以从政党的自主性、组织性和适应性三个方面进行测量，泰国、菲律宾、新加坡和印度尼西亚在民主转型绩效方面出现的差异，可以归结于四个国家主导性政党的制度化水平作用的结果。制度化水平高的政党，能积累和内化民主规则和程序，充分发挥其利益表达、社会动员和组建政府等功能，为维系民主体制的有效运转提供了必要条件。

* 本文获第一届"东南亚国别政治与区域治理研究"博士生学术论坛二等奖，修改稿载于《东南亚纵横》2022年第4期。郭志奔，武汉科技大学马克思主义学院讲师，华中师范大学政治学博士。感谢复旦大学贺东航教授与上海交通大学杜力博士对本文提供的指导意见。

一、引言

在第三波民主化浪潮的影响下,东南亚国家普遍开启了由威权主义政体向现代民主政体转型的进程。①但从政治发展的现实状况来看,多数转型的东南亚国家遭受了民主化困境,在民主巩固和民主质量等方面呈现出显著差异,部分东南亚国家甚至经历了民主衰退或民主崩溃,在威权统治与民主治理之间反复。在东南亚地区,既有被誉为"亚洲民主典范"的新加坡,也有最早进行民主转型现今却政治动荡不断的泰国,还有曾号称"东方民主橱窗"的菲律宾。比较政治学对上述现象的观照,引出了一个重要命题:何种因素是左右东南亚国家民主转型进程的关键变量?缘何在同一地区且均受第三波民主化浪潮影响的国家会出现较大的民主质量差异?

根据学者们对民主转型学和民主巩固学的相关论述,民主的核心程序是由人民通过政党竞争性选举来选拔领袖,其主要表现为一个国家的主要政治力量在政治竞争中从未企图以退出多党竞争性民主和诉求武装暴力的方式实现其政治目标时,社会舆论会普遍认为,民主即使不是最好的治理方式,也是当前最不坏的治理方式,是公共生活中必要的制度规制。②由此可知,民主可以理解为达成政治决定而作出的一系列制度安排,当一个国家的主要政治力量遵循民主的程序和规则组建政府、制定政策时,便形成了稳固的民主政体。相较于西方国家有着较为成熟的公民社会,政党是东南亚等后发国家最重要的政治力量,在政治民主化过程中往往承担着"发动机"和"调节器"的角色。与此同时,政党制度是一个国

---

① 现代民主体制发端于西方政治文明,其基本特征是多党竞争、选举政治和议会民主,因政治制度差异,本文对民主化的讨论不涉及东南亚的社会主义国家。

② [美]胡安·林茨、阿尔弗莱德·斯泰潘:《民主转型与巩固的问题:南欧、南美和后共产主义欧洲》,孙龙等译,浙江人民出版社,2008年,第71~90页。

家民主制度的集中体现,改革政党制度也是东南亚国家推进民主转型的一项重要工作。

事实上,东南亚国家在从威权向民主转型的过程中,就根据实际国情确立了不同的政党制度,以实现有效的国家建设和社会动员。如泰国、菲律宾、印尼等国家进入民主转型时期后,其政党体制就逐步由一党独大向多党竞争转变。进而可以得出一个初步结论:政党在东南亚国家民主转型进程中发挥着不可或缺的主体性作用,政党制度化水平是影响东南亚国家民主巩固和民主质量的重要因素。鉴于此,本文将以政党制度化与政治民主化的关系为主线,在对部分东南亚国家政党政治状况和民主转型过程进行比较研究的基础上,力求证明政党在后发国家政治民主化进程中的重要意义,进一步尝试归纳政党制度变迁作用于政治民主化的机理与方式。

二、文献回顾与测评指标

民主化问题是比较政治学者长期关注的重要领域,对于东南亚国家民主转型这一议题,学界已经积累了相当丰富的研究成果,主要从社会结构、政体类型、政治精英、国际因素等方面阐释了东南亚国家的民主化改革经验。

社会结构论重点关注促发东南亚国家民主转型的社会条件。阿伦·利普哈特就指出:"社会同质性与政治共识,始终被视为稳定的民主政体先决条件,或是最有利于民主政体的因素。与此相对,多元社会深刻的社会分歧与政治歧异,则是导致民主政体不稳定甚至瓦解的主要原因。"[1]因此,当异质性群体无法实现利益整合时,社会便陷入群体冲突之中,从而

---

① Arend Lijphart, *Democracy in Plural Societies: A Comparative Exploration*, Yale University Press, 1977. p. 1.

不利于民主转型的稳固。李文按照社会认同层次的不同,将社会分裂划分为家族分裂、种族宗教分裂、地域分裂和阶级分裂等多种类型,并指出菲律宾、泰国、印尼等国的社会分裂明显具有多种类型交织的复合特征,从而导致了不同政治势力之间冲突加剧,造成民主政体的动荡。①

制度类型说主要探讨民主转型进程中的政治制度选择和设计问题,主张民主政体的制度差异对民主巩固有着直接影响。胡安·林兹就认为,与总统制相比,议会制更有利于民主政体的稳固。②卢春龙和张华在对37个发展中民主转型国家进行定量分析的基础上指出,制度的选择对于民主转型和巩固,以及民主国家的治理绩效非常重要。③

精英选择论强调政治人物的行动选择与策略互动直接影响着民主政治的走向。吉列尔莫·奥唐奈和菲利普·施密特通过考察民主化过程中威权政体领导人和民主反对派之间的互动、协定和交易后指出,"成功的转型取决于政治精英之间的协议",而"高超的领导力"是成功民主转型的关键。④傅军和张振洋认为,军队在印尼和菲律宾两国的民主转型中起到了决定性作用,巩固两国的民主转型成果需要一个"国家利益型"的民选强人政府来推动国家建设。⑤

外部诱导说主要聚焦对东南亚国家民主转型产生重大直接影响的国际因素。塞缪尔·亨廷顿指出:"国际环境与外国行动者在第三波民主国

---

① 李文:《民主选举与社会分裂——东亚民主转型国家与地区的政治与政局》,《当代亚太》2012年第2期。

② J. J. Linz, "Presidential or Parliamentary Democracy: Does It Make A Difference?" in J. J. Linz and A. Valenzuela, eds, *The Failure of Presidential Democracy: Comparative Perspectives*, Johns Hopkins University Press, 1994, p. 9.

③ 卢春龙、张华:《制度选择对民主转型结果的影响》,《政治学研究》2017年第1期。

④ [美]吉列尔莫·奥唐奈、[意]菲利普·施密特:《威权统治的转型:关于不确定民主的试探性结论》,景威、柴绍锦译,新星出版社,2012年,第68~101页。

⑤ 傅军、张振洋:《印尼与菲律宾民主转型原因之比较研究》,《国际论坛》2013年第5期。

家民主制度的创立过程中发挥了重要作用。一个支持民主的外部环境按道理也应该有利于民主的巩固。"①邱昌情认为，外部力量（包括殖民历史）的冲击引起东南亚国家思想、政治、经济领域的巨大变革，最终导致宪政改革和民主转型，菲律宾、马来西亚、泰国、新加坡、印尼等东南亚国家的民主化进程均有着十分明显的国际环境影响背景。②

上述研究从结构主义、政治行动者、国际关系等视角充分揭示了东南亚国家民主转型的特殊性、持续性和复杂性，形成了对东南亚国家政治民主化道路的重要解释。但现有的学术成果多是对东南亚国家民主转型因素的静态化、同一性描述，缺乏对东南亚国家民主转型过程的动态化、差异性探讨。如前所述，民主化是一个国家政治制度被不断确立完善并被遵从的过程，无论是民主转型还是民主巩固，必然涉及政治制度的变迁。而在现代民主政治中，政党是连接国家和社会的纽带，其不仅受到国家和社会等结构性因素的制约，还能通过发挥自主性，反作用于国家建设和社会发展。综观东南亚国家的政治发展史，多数东南亚国家是先产生政党组织，后构建民主制度，其政治民主化通常以政党为中心，通过政党领导国家、整合社会的方式推动民主转型。一方面，政党由政治精英组成，代表特定社会群体的利益，东南亚国家内部各政党力量对比格局是影响该国政局走向的重要变量。另一方面，外部因素只有进入国内政治系统才能发挥作用，其往往需要借助政党的力量。与此同时，民主转型时期的政党运作会受到政治社会环境的约束，进而产生政党制度变迁。政治强人或军人政权以政党的形式融入国家机器提升其政治合法性是东南亚国家民主转型进程中的重要特征。"政党是后发国家推进现代化建设的组织载

---

① ［美］塞缪尔·亨廷顿：《第三波：20世纪后期的民主化浪潮》，欧阳景根译，中国人民大学出版社，2012年，第256页。
② 邱昌情：《东南亚宪政民主发展的路径与模式探略》，《东南亚南亚研究》2010年第2期。

体和制度性工具,其组织形态往往决定了国家现代化道路的选择。"①由此可知,作为现代政治体系核心运作机制的政党,对民主的形成和稳固具有重大影响,从政党制度变迁的视角探究民主转型的差异,是对东南亚国家民主化改革经验一项有益的理论回应。

政党是以执掌政权为主要目标,并在政治精英内部、精英与大众之间建立某种制度化联系的政治组织。②制度化是"组织和程序获取价值观和稳定性的一种进程"③,而政党制度化意指政治系统内的政党及其成员根据政党竞争的规则和程序来塑造自身预期和行为的过程。学者们通常用"强政党—弱政党"二分法定义某一政党的制度化水平。乔万尼·萨托利等人在对发达民主政体政党政治进行研究的基础上,确立了以数量、规模及权力相对分配格局为评判标准的政党类型学,④但"以政党数量为主导来划分政治体制的缺陷在于,其忽视了政党体制制度化水平及其在民主政治中的功能所带来的重大区别"⑤。对照第三波民主化浪潮所涉及的后发国家与地区,传统的政党类型学无法解释为何同样是两党制或多党制国家,有的国家比其他国家政局更稳定、民主质量更好的问题。亨廷顿从适应性、复杂性、自治性和内部协调性四个方面来衡量政党制度化水平,并指出高制度化水平的政党可以扩大政治参与,进而组建强大政府以实

---

① [美]戴维·阿普特:《现代化的政治》,陈尧译,上海人民出版社,2011年,第136页。

② 王正绪、耿曙、唐世平:《比较政治学》,复旦大学出版社,2021年,第79页。

③ [美]塞缪尔·亨廷顿:《变化社会中的政治秩序》,王冠华、刘为等译,上海人民出版社,2008年,第10页。

④ [意]乔万尼·萨托利:《政党与政党体制》,王明进译,商务印书馆,2006年,第167~168页。

⑤ Scott Mainwaring, "Rethinking party systems theory in the third wave of democratization:The importance of party system institutionalization", Working Paper, 1998, p. 6.

现政治稳定,而低水平的政党制度可能导致政治紊乱和暴力。[①]安格鲁·帕尼比昂科认为,要从"党组织之于外部环境的自主程度"和"政党内部的体系化"两个方面去测量政党的制度化水平。[②]他强调,内生性的组织结构和渗透式的发展方式是强政党的典型特征,而外生性的组织结构和扩张式的发展方式则是弱政党的表现。斯科特·梅因沃林则认为,政党体制是一系列政党以一定方式互动而形成的整体,具有规则性、稳定性与连续性的特点,并通过政党间选举竞争模式的稳定性、政党渗入社会的强度、政党与选举的合法性和政党的组织结构四个维度来衡量政党体制的制度化水平。[③]其在对第三波民主化浪潮地区和发达民主国家进行比较分析后指出,民主政体易存续于政党体制制度化水平较高的国家。

表6-1　政党制度化的测评指标

	指标	相关性
自主性	政党领袖更替周期性	正相关
	政党领袖候选人派别广泛性	正相关
	政党分裂次数	负相关
组织性	基层组织与党员数量	正相关
	工作人员录用的正规化	正相关
	下属机构运作的正规化	正相关
	政党纲领和意识形态聚合效果	正相关
适应性	选举获胜次数	正相关
	议席保存能力	正相关
	参与执政次数	正相关
	选民紧密程度	正相关
	组织"非法"政治活动	负相关

---

　①[美]塞缪尔·亨廷顿:《变化社会中的政治秩序》,王冠华、刘为等译,上海人民出版社,2008年,第10~19页。

　②[意]安格鲁·帕尼比昂科:《政党:组织与权力》,周建勇译,上海人民出版社,2013年,第61~67页。

　③ Scott Mainwaring, "Party Systems in the third wave", *Journal of Democracy*, Vol. 9, No. 3, 1998, pp. 69-71.

综合现有的关于政党制度化的研究成果,大体而言,学者们主要从政党自身建设、政党与政治参与、政党与国家治理三个方面来探究政党的制度化水平。因此,本文提出了自主性、组织性、适应性三项衡量政党制度化水平的指标。首先,一个制度化水平较高的政党,其自主性较强,党内政治竞争能依照正式的规则,且不必过度依赖特定政党领袖或政治派别开展活动。与此同时,在政党内部,不同政治派别之间、上层精英与普通党员之间,往往存在不同的利益诉求,自主性较强的政党,往往能通过有效的政治协商弥合政治分歧、增进政治共识,政党发生分裂的可能性较小。其次,组织性是对一个政党内部组织发展状况的评估。其在"量"上侧重于该政党基层组织和党员的规模大小,在"质"上则强调该政党下属机构运作和工作人员录用的专业化程度。最后,适应性重在考察一个政党在政治系统中的表现,其要求政党对政治危机和社会问题具有较强的回应能力。

"处于现代化之中的政治体系,其稳定取决于其政党的力量,而政党强大与否又要视其制度化群众支持的情况,其力量正好反映了这种支持的规模及制度化的程度。"① 后发国家的民主化改革往往是通过政党领导得以实现的,政党制度化水平对该国民主转型进程和民主巩固质量具有重要影响。据此,本文提出以下三点假设:一是党内民主状况影响着政治精英的民主意识,政党的寡头倾向越突出,民主反而更容易衰落。党内民主是政党成员学习并运用现代民主规则的试验场,一个政党如果盛行威权主义,只有少数领袖或派别掌控政党权力,其将难以担负推动国家现代化尤其是政治民主化的任务。二是组织体系严密的政党能够快速进行资源整合和社会动员,有利于后发国家的民主转型的推进和民主巩固的提升。组织结构专业化是政党适应政治现代化要求的具体表现,对于集中

① [美]塞缪尔·亨廷顿:《变化社会中的政治秩序》,王冠华、刘为等译,上海人民出版社,2008年,第341页。

政党权力、提高行动效率具有重要意义。通过设置专门的机构和选用专业的人员,有助于增强政党的政治行动力、资源控制力和社会动员力,从而实现稳定持久的国家治理。三是作为一种主要政治力量参与权力斗争,政党的适应性强弱直接影响到其在国家民主转型和民主巩固进程中的作用。多党竞争是现代民主体制的主要特征,政党需要根据政治系统变化及时进行调整,增强自身政治合法性并稳固政治地位。连续(长期)执政且与选民联系密切的政党,更容易掌握国家机器并及时回应选民的利益诉求,防止出现民主崩溃或民主倒退。

三、案例介绍:东南亚四国的政党制度变迁

对后发国家而言,国家建设大体经历了建构民族国家、进行民主改革和推进国家治理三个阶段。政党参与民族解放运动,获取参与国家建设的合法权益;政党在民主转型过程整合动员社会;政党通过制度建设提升国家治理能力,都是一个国家政党制度化的重要内容。本文选取的研究对象为泰国、菲律宾、新加坡和印度尼西亚。之所以选择以上四国为研究对象,是因为研究对象的代表性较强、涉及范围较广,既有差异性,也有相似性;既有中南半岛国家,也有马来群岛国家;既有民主转型较为成功的国家,也有民主转型较为曲折的国家;既有转型后变革原有政党体制的国家,也有转型后沿用既定政党体制的国家,有助于在控制变量的基础上作异同比较,更好地对本文的研究假设和因果机制进行理论检验。

(一)泰国政党制度变迁的历程

泰国历史上第一个政党——民党(People's Party)是由一批深受西方民主思想影响的知识分子和青年军官在1928年于法国组织成立的。1932年,该党通过领导军事政变的方式推翻君主专制,并宣布实行君主立宪制,开启了泰国民主化进程。但由于民党内部对国家发展道路存在严重分歧,民党随之分裂,并迅速解散。而军人干政的加剧,使得泰国并未形成稳定的政党格局,政党发展也随之转入低潮。

　　泰国政党制度的正式实施始于1946年"民主宪法"的颁发,其规定人民享有建立政党的权力,现存时间最长的民主党(Democrat Party)就是在此宪法的引领下成立的。1955年,泰国颁布第一部政党法后,国内出现了建党高潮,政党活动也开始初具规模。但由于军人政权对于政党的负面态度,泰国的政党制度发展在很长一段时间内时断时续,且许多政党处于军人集团的掌控下。1971年11月,他侬·吉滴卡宗(Thanom Kittikachorn)政府以国会混乱和政局不稳为由宣布废除政党法和取缔所有政党,招致社会的普遍不满和强烈抗议。1973年,以曼谷为中心的学生运动促成了军政府的倒台,泰国政治由此开启了从威权统治向民主治理过渡的"民主试验期",政党的活动也得以合法化。1974年10月,泰国开放党禁,此后两年时间内,全国范围内注册政党数达到57个。为避免出现党派众多,造成国会议席分散,从而影响政局稳定的局面,泰国于1981年颁布了新的政党条例,规定成立政党必须在各府拥有5000名以上党员。1988年8月,泰国民族党(Thai Nation Party)领袖差猜·春哈旺(Chatichai Choonhavan)出任自20世纪70年代中期以来,首位通过大选产生的文官总理,并组建了六党联合政府。从1992年至2001年的历次大选中,泰国的政党活动十分活跃,以民主党、泰国党(Chart Thai Party)和新希望党(New Aspiration Party)等为代表的政党先后上台执政,但每届政府均是由5个以上政党组成的执政联盟,且9年4届政府的不稳定性让公众开始质疑民主政府的有效性。

　　2001年后,泰国政党格局开始由多党并存向一党独大过渡,这主要是因为泰国于1997年进行了宪法改革,提升了政党的权威,并意在培植较大规模的全国性政党。①在2001年的大选中,成立仅两年多的泰爱泰

---

　　① 泰国1997年宪法第九十八条规定,众议院1/5的席位由政党名单配给,并且只有在全国获得超过5%选票的政党才有资格进行名单分配。这一制度设计使得政党有效打击了政客随意脱党、换党的投机行为,强化了政党忠诚。此外,在新宪法开始实行"赢者通吃"的小选区制度的背景下,地区性小党的生存空间被进一步压缩,全国性大党在选举中的优势更为明显。

党(Thai Rak Thai Party)赢得了500个众议院席位中的248个,并在随后以吞并其他政党的方式获得压倒性多数票而胜选。泰爱泰党主席他信·西那瓦(Thaksin Shinawatra)随之出任新一届政府总理,并牵头组建内阁。此后泰爱泰党的发展势头更加迅猛,在2005年大选中,该党赢得75%的众议院席位,成为泰国历史上第一个连任且拥有单独组阁权力的政党。但因泰爱泰党的"一党独大"和他信的个人独裁造成泰国社会分裂加剧,"挺他信"和"反他信"两股政治势力的斗争使得泰国政局陷入持续动荡,泰国的政党制度化进程也由此停滞。

总体而言,泰国的政党制度发展具有以下特征:第一,从1946年至今,泰国政治发展没有贯穿始终的政党制度,其实行较长时间的多党制,制度化进程时常由于军事政变而被搁置,因此未能形成稳定的政党格局。第二,泰国民主转型过程中并未妥善解决政治权威极化的问题,以国王和军队为代表的保守势力的政治影响要大于政党。军人干政和高压统治也是阻碍泰国政党及政党制度发展的重要因素。

(二)菲律宾政党制度变迁的历程

菲律宾是亚洲最早实行政党政治的国家,在殖民时期,1907年成立的国民党(Partido Nacionalista)就主张以和平的方式争取独立,并因多次在议会选举中获胜而得以独掌国家政权。自1946年独立以来,菲律宾的政党制度发展主要经历了以下三个阶段:

第一阶段,两党制时期(1946—1972年)。菲律宾宣告独立前夕,得到美国支持的曼努埃尔·罗哈斯·阿库纳(Manuel Roxas y Acuna)脱离国民党另组自由党(Partido Liberal ng Pilipinas),并在选举中成功挫败其他政党候选人而成为菲律宾共和国的第一任总统。此后至1972年,菲律宾政坛像美国一样主要由自由党和国民党所主导,两党交替上台执政,而在国会、省长和地方选举方面,也大致呈现出两党竞争的格局。但需要指出的是,两党在政治纲领和意识形态等方面并没有明显的区别。菲律宾是东南亚国家中"政党制度于意识形态最少联系的一个国家。两个主要政党：国民党和自由党，不是以尖锐的意识形态差异，而是以它们各自的领袖在特定时期的个性以及政策重点来区分"①。这也表明，得益于强大的政治影响力和相对稳固的政治地位，自由党和国民党的政治精英们缺乏推进政党制度化的意识和需要，这一时期菲律宾政党政治发展是不成熟的。

第二阶段，一党独大制时期（1972—1986年）。受国内经济状况恶化的影响，1972年9月，时任总统费迪南德·马科斯（Ferdinand Marcos）为达到长期执政，建立家族统治的目的，签署"军事戒严令"，宣布在全国实行军管，禁止政党活动，并逮捕了反对党领袖和政敌数千人。随后，为营造"民主氛围"，马科斯政权逐步解除了党禁，菲律宾国内政党活动得以恢复。而为粉饰独裁者的形象，马科斯还创建了新社会运动党（New Society Movement），但政党成员多是其个人的忠实拥护者。在1978年后举行的历次（临时）国会选举和总统选举中，马科斯领导的新社会运动党以绝对优势获胜，一党独大的局面由此完全取代过去两党实力相当、相互竞争的局面。

第三阶段，多党制时期（1986年至今）。在1986年的总统选举中，为共同抗衡执政的新社会运动党，反对党实现了最大限度的联合，并推举反马科斯的科拉松·阿基诺（Maria Corazon Sumulong Cojuanco）为候选人。在民众、天主教会及军队的支持下，反对党联盟胜选，阿基诺当选为总统，马科斯则流亡海外，菲律宾也由此开始了现代意义上的民主转型。由于阿基诺政府是以多党联合的形式上台执政的，菲律宾政党制度也开始向多党制演化，而为保障新政权的稳定，防止再次出现一党独大的局面，阿基诺也避免一边倒向某政治势力或只依靠某一政党。与此同时，由于

---

① ［美］卢西恩·派伊：《东南亚政治制度》，刘笑盈等译，广西人民出版社，1993年，第69页。

1987年宪法规定菲律宾除采取区域代表制(小选区多数代表制)外,还采取政党名单代表制(政党比例代表制)①,使得小党或弱党能参与议会政治,进一步造成了菲律宾多党林立的政治格局。多党林立特别是小党众多的政治格局,一方面是菲律宾推翻马科斯独裁统治后,反威权、分权化等社会思潮作用的结果;另一方面也是选举竞争中,政党分裂或合并时常发生的重要原因。时至今日,菲律宾有大小政党100余个,且大多数为地方性小党。②

如上所述,菲律宾是一个政党制度相对稳定的国家,但政党制度化水平并不高,特别是现行的多党制还存在许多不成熟的规则有待检验或完善。从本质上讲,菲律宾各政党之间的差异不在于意识形态之分,而是受政党领袖亲疏关系的影响。变革菲律宾政党制度的力量是基于主要政治家掌控政权的需要,因此菲律宾的政党制度带有浓厚的家族政治色彩。③

(三)新加坡政党制度变迁的历程

新加坡的政党政治格局是典型的一党独大,其特点为:在允许多个政党存在和竞争的情况下,人民行动党(People's Action Party)长期处于绝对优势地位,牢牢掌握国家政权。

新加坡政党的出现源于第二次世界大战后本国人民对英国殖民统治的挑战。马来亚民主联盟(Malayan Democratic Union)作为新加坡历史上的第一个政党,就明确提出结束殖民统治、合并新加坡与马来亚的政治主

---

① 依照菲律宾制定的"关于政党名单代表制法",众议院总议席数的20%按特定比例分配给参选获胜的"政党名单代表制"政党。选民只为政党投票,不给个人投票,得票数排名前五的政党不参加政党名单代表制,某一政党获得政党名单代表制选票至少2%,可得到一个众议院席位;如得票率超过4%,可以获得两个席位;得票率超过6%,可获得三个席位,但每个参与政党名单代表制的政党最多获得三个席位。

②《菲律宾国家概况》,https://www.fmprc.gov.cn/web/gjhdq_676201/gj_676203/yz_676205/1206_676452/1206x0_676454/。

③ 林丹阳:《菲律宾政党政治生态:家族式庇护主义对碎片化政党体系的塑造》,《当代世界与社会主义》2022年第3期。

张,但受激烈的派别斗争和狭隘的社会支持的影响,该党于1948年大选前便宣告解散。人民行动党于1954年11月21日成立后,便吸取马来亚民主联盟的教训,认为广泛的社会支持对政党的生存发展至关重要,便有意识地扩大政党的群众基础。[1]在1959年5月举行的新加坡自治邦的第一次大选中,人民行动党赢得了立法议会全部51个议席中的43席,从而以绝对优势上台执政,李光耀出任新加坡自治政府的第一任总理。这也标志着人民行动党一党独大的政党格局在新加坡初步形成。

但政党群众基础的拓展在帮助人民行动党获取更广泛社会支持的同时,也扩大了党内的分歧与冲突,加剧了政党分裂的风险。人民行动党内部激进派与温和派在经过激烈的明争暗斗后,前者于1961年7月从党内分裂出来,组成社会主义阵线(Barisan Sosialis)[2]。在经历此次分裂后,人民行动党实现了党内统一,意识形态和政策立场进一步明确。1965年新加坡从马来西亚分离出来,成为一个独立的共和国后,人民行动党便在此前倡导"秩序第一""发展第一"等原则的基础上进一步提出"生存政策",强调新加坡的社会和经济发展是压倒一切的国家目标。而社会主义阵线基于意识形态差异和斗争方式的需要于1965年底开始退出议会,并抵制1968年大选,从而使人民行动党在大选中获得全部议席,真正成为"独大党"。此后,新加坡反对党力量逐渐式微,人民行动党一党独大的地位更加稳固。

进入20世纪80年代后,新加坡经济、社会和文化状况相比60年代发

---

① 郭定平:《论新加坡政党与政治发展》,《政治学研究》1996年第1期。

② 早在人民行动党创立之初,党内就存在着泾渭分明的两派势力。一是以李光耀为领导,具有民主社会主义倾向的温和派;二是以林清祥为首,代表极端主义的激进派。两派最先合作的基础在于结束殖民统治、争取国家独立这一共同目标,而随着革命的顺利完成和国家建设的逐步开展,两派之间的分歧也愈发扩大。参见冯清莲:《新加坡人民行动党:它的历史、组织和行动》,上海人民出版社,1975年,第13页。

生了天翻地覆的变化,民主转型①的不断推进和反对党重新进入国会,迫使执政者对国家政党体制进行调整。"老一辈的国家领袖,要是继续支配政局,把反对党摒弃于国会门外,以便我们可以把全副精神放在重要的目标上面,这将不符合新加坡在80年代的利益。"②为此,人民行动党政府在1984年主动提出了在国会设非选区议席的法案,其主要目的就是要确保国会中有最低数目的反对党议员。

从新加坡政党制度变迁的轨迹可以发现,人民行动党的一党独大地位,既是自身力量不断壮大的结果,也与特殊的国情和政治体制密不可分。允许反对党存在并参与竞争,也在一定程度上增强了人民行动党政府的合法性。人民行动党长期稳固的执政地位,并未使新加坡成为专制独裁国家,而是在威权体制下开启了民主转型,并实现了有效的国家治理。这主要是因为人民行动党的意识形态相对温和,具有明显的现代化取向,其政治主张以国家利益为先,能得到多数社会成员的认同,并适时根据本国实际,调整政党体制民主运作的规则和程序,从而增强了自身执政的合法性和国家治理的有效性。③

(四)印度尼西亚政党制度变迁的历程

20世纪初,随着印尼民族解放运动的兴起,一大批政治组织相继建立。1908年印尼产生了第一个现代意义上的政治组织——至善社(Budi Utomo,

① 民主转型可以分为"体制外"和"体制内"两种类型,前者即经典意义上的以"政党轮替"为标志的民主转型,也即大多数政体的转型方式,后者则是没有发生政党轮替的民主化方式,或是在威权主义体制内开启了民主转型的过程。新加坡是"体制内"民主化的典型案例,其表现是长期实行威权统治的人民行动党在国家进入民主转型时期后仍然执政,逐步发展起了多党竞争和公平选举,并把民主治理发展到了较高的水平。参见李路曲:《"体制内"民主化范式的形成及其类型学意义》,《政治学研究》2017年第1期。

② 新加坡联合早报编:《李光耀40年政论选》,现代出版社,1994年,第191页。

③ 卢正涛:《国家建设与一党长期执政——基于新加坡政治发展的分析》,《学术界》2021年第8期。

又译良知社），随后，以印尼共产党（Communist Party of Indonesia）、印尼民族联盟（Partai Nasional Indonesia，后改名为印尼民族党）为代表的现代政党广泛出现，为促进国家独立而大力开展民族主义运动。但早期的印尼政党，多是纲领性政党，党派间意识形态差异显著，其在政治目标及社会基础方面也存在重大差异，且在殖民统治下，印尼政党活动受到很大限制，并不具备政党制度化的条件。①自1945年印尼独立以来，其政党制度发展可以分为以下四个阶段：

第一阶段，自由竞争时期（1945—1959年）。第二次世界大战后，在争取独立的过程中，印尼各阶层和各派政治力量纷纷着手恢复或建立自己的政党。1950年印尼共和国成立后开始实行议会民主政体，1955年9月的首次国会选举确立了政党体制的合法地位。代表伊斯兰右翼势力的马斯友美党（Partai Masjumi）和伊斯兰教士联合会（Nahdlatul Ulama）、代表左翼势力的印尼共产党及代表中坚力量的印尼民族党均在国会中具有较大政治影响。但开放的政党政治在给印尼人民提供更多政治参与的同时，也加剧了各政党之间的意识形态斗争和政策倾向的对立，进而导致内阁人员更替频繁，严重影响政府有效履行职能。

第二阶段，徘徊改革时期（1957—1965年）。为解决引进西方多党制所造成的混乱政局，时任总统艾哈迈德·苏加诺提出了"有领导的民主"改革方案和"埋葬政党"的口号。②由此，总统的权力得以加强，印尼政党数量不断减少，且由于政党选举竞争被取消，国会261个议席中130席由政党按一定比例分配，剩余131席则由各个专业集团遴选。苏加诺的中间路线对稳定政局起到了一定积极作用，但并未削弱印尼政坛左右两翼的

---

① ［澳］史蒂文·德拉克雷：《印度尼西亚史》，郭子林译，商务印书馆，2009年，第51~64页。

② 苏加诺"有领导的民主"方案的核心思想是在强化本人领导权威的基础上，民族主义、伊斯兰教和共产主义三大政治势力可以通过协商共掌国家政权。

势力和调节它们之间的矛盾,其所期待的各政党共享权力的局面注定无法实现。1965年"9·30事件"的发生正式宣告苏加诺"有领导的民主"对政党制度改革的失败。①

第三阶段,一党独大时期(1965—1998年)。以穆罕默德·苏哈托(Haji Mohammad Suharto)为首的军人集团在夺取政权后,印尼便进入了威权统治的"新秩序"时期。苏哈托对政党制度的态度是,坚持"协商一致"原则,不允许有西方式的反对党存在。为确保政府有强大稳定的政党支持,苏哈托一方面简化政党体制,将当时的9个政党合并为代表伊斯兰教的建设团结党和代表民族主义与基督教的印尼民主党;另一方面着手组建专业集团党,使之成为军队、官僚和其本人控制社会、掌控政权的权力基础。②在1971年至1997年的历届议会选举中,专业集团党均获得压倒性胜利。因此,在新秩序政府的统治下,政党选举竞争成为一种形式,印尼实质上实行的是一党独大的政党体制。

第四阶段,多党制恢复时期(1998年至今)。1997年亚洲金融危机爆发后,严重经济社会危机所引发的大规模群众运动最终导致苏哈托于1998年5月21日宣布下野,印尼由此进入民主转型时期,并进行了一系列政治改革,多党制度也开始重新建立。③自1998年5月解除党禁后不久,印尼便先后涌现出140多个政党。1999年举行的国会选举,共有48个政党参与角逐,其中21个政党取得了议席。由梅加瓦蒂所领导的民主

---

① 1965年6月30日,以总统警卫队长翁东(Untung Syamsuri)为首的军官,捕杀了预谋推翻苏加诺政权的6名将领,以苏哈托为首的陆军部队迅猛反击,并攫取了政权,此次军事政变被惯称为"9·30事件"。

② 张锡镇:《当代东南亚政治》,广西人民出版社,1994年,第199~200页。

③ 印尼1999年1月颁布的政党法规定:50名以上年满21岁的公民只要遵循"不接收外国资金援助、不向外国提供有损于本国利益的情报、不从事有损于印度尼西亚友好国家的行为"等原则,便可以成立政党。

斗争党①（Partai Demokrasi Indonesia Perjuangan）在此次选举中击败专业集团党,成为国会第一大党。此后,印尼于2004年开始在国会选举当年举行总统直选,地方议会和政府官员的直选也相继开放。②目前在印尼政坛上的主要政党除专业集团党、民主斗争党外,还有民主党（Partai Demokrat）、繁荣公正党（Partai Keadilan Sejahtera）和大印尼运动党（Partai Gerakan Indonesia Raya）等。不断完善的政党法律和选举制度使得印尼政党间竞争趋向规范,形成了较为稳定的温和多党制。③

印尼政党制度变迁的历程表明,长期的威权统治会严重消解政党体制的合法性,从而阻碍政党制度化进程。早先失败的民主经历让印尼政治精英们认识到,民主体制并非自由开放的政党竞争,印尼社会的宗教、族群和发展不平衡等矛盾是威胁国家政治稳定的潜在因素。现今印尼相对稳定的政局,与相对温和、包容的政党关系密不可分。

四、案例分析:东南亚四国的民主转型差异

泰国、菲律宾、新加坡、印尼四个东南亚国家在从威权统治向民主治理转型过程中,都对政党制度进行了改革,但四国在民主巩固和民主质量方面却呈现出较大差异。为进一步验证上述主要观点与研究假设,本文将以政党制度化测评指标为基础,对泰国、菲律宾、新加坡、印尼四个东南亚国家的民主转型实践进行考察,进而探究政党制度化与政治民主化之

---

① 民主斗争党于1998年10月成立,由原印尼民主党分裂出来的人士组成,系民族主义政党,印尼世俗政治力量代表。

② 印尼国会即人民代表会议,由政党代表组成,其职责为提出法令草案和制定法令。人民代表会议和以个人身份产生、每省4席组成的地方代表理事会共同组成印尼最高的权力机构人民协商会议,其主要职能是修改和表决基本宪法,并可审议国会提出的罢免总统的提案。

③ 郑一省:《后苏哈托时期印尼政党制度的变化及其影响》,《当代亚太》2006年第7期。

间的内在联系。

（一）政党自主性与民主转型绩效

政党的自主性主要体现为作为组织的政党能否独立于政党领袖和其他政治势力开展活动，具有自己的政治价值和政策立场，能够在党内创造良好的民主环境，其主要与政党领袖更替周期性、政党领袖产生广泛性、政党是否发生过分裂等因素有关。

泰国是实行多党制最早的东南亚国家，其历史上出现的政党有近百个之多，但具有持续影响力的政党数量有限。这主要是因为泰国的政党制度化进程时常受到军事政变或军人集团的影响，政党合法性问题长期没有得到根本解决，且泰国的政党多是由政治精英发起创立，政党兴衰受领袖个人的影响很大。进入20世纪90年代以后，虽然泰国的政治生态有了很大程度的改善，但政党受少数领导者操控的顽疾并没有消除，其典型代表毫无疑问就是对泰国民主转型具有关键性影响的"他信系"政党①。一方面，"他信系"政党的主要资源受领袖和特定政治家族控制，政党领袖的权威塑造高于政党的政治纲领建设，政党的意识形态被扭曲，只是政治家们攫取私利的工具。在"他信系"政党内部，领袖权威和家族政治色彩十分浓厚，曾担任泰国总理的人民力量党领袖颂猜·翁沙瓦（Somchai Wongsawat）和为泰党领袖英拉·西那瓦（Yingluck Shinawatra）均是他信家族的成员。而在他信被迫下台、流亡海外期间，依然能通过扶植代理人的方式保证其政治意志的灌输与执行。另一方面，作为寡头型的"他信系"政党内部凝聚力严重不足。以泰爱泰党为例，其内部大致存在汪南然集团、自由正义党集团、新希望党集团、曼谷民代集团、国家开发集团和汪磨

---

① "他信系"政党是指主要受他信控制且在选举中有较大影响力的政党，包括泰爱泰党、人民力量党和为泰党。

挽集团等派系。①派系林立和整合缺失使得泰爱泰党类似一个松散的政党联盟，随时面临分裂的风险。如2006年泰国军事政变②发生后，泰爱泰党丧失执政地位且被国会要求解散，便流失了大批党员，数十名议员宣布退党。由此可知，自主性较差的政党极易导致独裁，他信对政党内部民主的破坏也延伸至整个泰国民主体制。

菲律宾传统政治文化的典型特征是家族主义和恩从关系，且这种家族式庇护主义深深嵌入到民主体制之中，与选举政治、政党制度持续互动，创造了一种庇护主义政党政治生态。③菲律宾独立后，仿照美国建立起了选举民主体制，但因国情差异，菲律宾的政治选举始终围绕不同政治家族的争斗而开展。"菲律宾独立国家的特点就体现在政党中的精英家族之间持续不断的政治斗争。政府领导人通过选举而定期更换会给人一种印象，以为民主政府正在菲律宾正常运转。实际情况却是精英家族之间几乎一直在进行着政治斗争。"④民主转型以来，历届菲律宾总统，或出身豪门，或得到豪门的支持。无论是最近当选总统的费迪南德·罗慕尔德兹·马科斯（Ferdinand Romualdez Marcos）、罗德里戈·杜特尔特（Rodrigo Duterte），还是此前担任总统的格洛丽亚·马卡帕加尔·阿罗约（Gloria Macapagal Arroyo）和贝尼尼奥·阿基诺三世（Benigno S. Aquino Ⅲ），都来自菲

①　李路曲：《泰国的政党政治与泰爱泰党一党独大局面的形成》，《社会主义研究》2005年第5期。

②　2005年12月，泰国人民民主联盟组织领导的"黄衫军"高举腐败旗帜举行大规模示威集会，要求他信下台。迫于"黄衫军"街头运动的压力，他信解散下议院，并于2006年4月提前举行大选，却招致反对党强烈抗争。为稳定政局，泰国军人集团于2006年9月19日发动政变，推翻了他信政府，并成立由军警组成的"国家安全委员会"接掌国家政权，泰国民主转型由此宣告失败。

③　林丹阳：《菲律宾政党政治生态：家族式庇护主义对碎片化政党体系的塑造》，《当代世界与社会主义》2022年第3期。

④　[新西兰]尼古拉斯·塔林主编：《剑桥东南亚史》（Ⅱ），贺圣达等译，云南人民出版社，2003年，第332页。

律宾的"政治世家"。因此，受政治系统家族化、人情化的影响，菲律宾的政党主要由政治精英家族所掌控，轻视意识形态和价值理念建设，政党纲领实际上代表的仅是狭隘的政治家族利益，其自主性相对较差。而通过自上而下的庇护网络，政治精英家族取代了政党在国家建设中的角色和作用，愈演愈烈的家族政治斗争使得金钱政治、收买选票、选举暴力等现象成为常态，不仅削弱了菲律宾的民主制度，还给国家治理及政治稳定带来了严重的消极影响。

新加坡人民行动党自20世纪60年代经历分裂风波后，便迅速实现了政党整合，其通过对内加强政治建设和思想建设，对外采取积极强硬的政治表态，维持着较强的政党自主性。在对内方面，由于新加坡没有发生政党执政地位的更替和政党体制的变革，人民行动党的政治纲领并未发生大的变化。从李光耀到吴作栋再到李显龙，人民行动党历任领导人都主张突出实用主义和包容性强的政治发展观，而不是过于强调文化价值观层面的政治权威。如在政党领袖的轮换上，人民行动党坚持吸纳社会各界精英人士充实领导层，实现自我革新。早在1981年，人民行动党内部吴庆瑞、杜进才等一批开国元勋主动引退，随后李光耀也交棒吴作栋，稳步实现了新加坡权力的代际传递。在对外方面，人民行动党态度鲜明、立场坚定，始终奉行"亚洲价值观"，坚持走"亚洲式民主"道路。1991年，吴作栋以总理的名义向国会提呈《共同价值观白皮书》，并经讨论获得批准，新加坡也因此成为世界上第一个以白皮书形式提出国民共同认可的价值观的国家。人民行动党所提出的"共同价值观"为多种族和各信仰的国民确立了"新加坡人"的共同身份，并主张国家和社会协调，社会优于个人，从而起到了凝聚多元社会的目的，在应对西方和邻国民主化浪潮挑战的同时，也维持了政党的团结和稳定。对新加坡而言，因人民行动党长期执政且一党独大，"政党就是国家、国家就是政党"。而人民行动党通过用民主等现代化要素适时改革政党制度，有效防止了党内专制、极权主义等问题的产生,维持了较高的政党自主性,并以党内建设带动社会建设,强化国家对社会的引导,从而达成了高水平的社会团结和社会稳定。

印尼自民主转型恢复多党制以后,其政党在自主性方面依然存在较大缺陷,这主要是长期的威权统治使得领袖权威对政党运作产生了根深蒂固的影响,多数政党较为依赖魅力型领导,苏哈托所创建的专业集团党就是典型代表。更为重要的是,这种领袖权威已延伸至印尼的政党体制,扭曲了政党的制度化发展。其表现为印尼的高层政治人物大多彼此相互联系,政党之间的分歧实质上是领袖之间关系的反映,而非更深层次的政策立场或意识形态差异。如在印尼民主转型的早期,梅加瓦蒂便借民主党的内部斗争成立了民主斗争党,实现了政治崛起。而斗争民主党之所以能在1999年的大选中得到选民的高度认同,与梅加瓦蒂作为苏加诺女儿获得的魅力型权威传承密不可分。但领袖权威的不断巩固也阻碍了民主斗争党的自主性建设,党内民主缺失成为常态。在民主斗争党内部,梅加瓦蒂可以直接任命党的中央委员会成员,高层关键职位均被其亲信占据。在2000年民主斗争党党代会上,埃罗斯·加罗特(Eros Djarot)与迪米亚蒂·哈托诺(Dimyati Hartono)提出竞选主席职位却遭到其他党员的强烈抵制,二人随后都被排挤出党,并带领部分支持者建立起新政党。值得注意的是,以"草根"形象著称的佐科·维多多作为民主斗争党候选人赢得2014年大选,成为印尼历史上第一个非政治精英出身的总统,并于2019年成功胜选连任,这在一定程度上说明了近年来印尼政党的自主性建设有所加强。

(二)政党组织性与民主转型绩效

基层组织与党员数量、工作人员录用和下属机构运作的正规化可以反映一个政党的组织性。组织化水平越高,表明该政党获得社会支持的渠道越多,从而能更好地吸纳政治参与,维持其成员及群众对党的忠诚和拥护,形成对民主政权建设的强大组织化力量。

在泰国,政党的最高权力几乎全部掌握在以党主席为首的少数人手中,党的中央委员会完全听命于政党领袖。在党的中央委员会之下,许多政党都没有设立地方分支机构,大多数政党的总部都集中在首都曼谷地区。作为绝对的政党领袖,他信在将效率优先的企业管理经验移植到政党建设中,采取"金钱+民粹"的政商一体经营方式,经常组织群众活动,不断扩张其派系势力,泰爱泰党在最多时拥有超过1400万名党员,是当之无愧的泰国第一大党。①但"他信系"政党受领袖独裁的影响,并不注重基层组织建设,政党与群众之间的联系往往是出于竞选目的,且普通党员并没有得到重视,其内部忠诚度和社会支持度实质上严重不足。人民力量党和为泰党也是类似于泰爱泰党的"选举型政党",政党只是领袖的选举工具,在非竞选期间同社会并没有组织化的联系。因此,"他信系"政党没有通过组织建设将政治精英与人民群众联系在一起,而将民主政体片面理解为多党竞争选举则会滋生金钱政治、民粹主义等一系列问题,并不利于民主的形成和巩固。

菲律宾的法律规定政党要在全国大多数地区设立党支部,因此,菲律宾的政党一般都建立了从中央到地方较为完善的组织系统,如基督教穆斯林民主力量党(Lakas-Christian Muslim Democrats)、民主人民力量党(Partido Demokratiko Pilipino-Lakasng Bayan)、民族主义人民联盟(Nationalist People's Coalition)等都有村镇—市—省—中央的组织机构。但事实上,菲律宾政党的组织建设主要依靠其庇护网络来进行。在中央层面,菲律宾的政党通常不会设立全国性的总部,政党中央办公室与政党领袖的个人办公室共享。政党也几乎不会雇用全职工作人员,其竞选工作通常外包给专业人员负责。而在地方层面,除竞选期间,政党的地方支部通常

---

① 周方冶:《泰国政治转型中的政商关系演化:过程、条件与前景》,《东南亚研究》2012年第4期。

处于休眠状态,政党地方领导人的住所或办公室就是支部所在地。与此同时,菲律宾政党缺乏正式的制度对党员进行监督管理,多数党员的忠诚支持度与普通群众无异,甚至对于一些违反党纪党纲的党员,政党也很少作出制裁,这也导致在菲律宾举行了历次多党竞争选举中,政党精英转党或脱党风气盛行。[①]而得益于政党名单代表制要求参加的政党必须登记各部门、各行业的人选,菲律宾的政党加强了同社会的联系,改革党、国民党、自由党等都吸纳了特定阶层代表和行业组织作为自己的外围机构,在一定程度上促进了菲律宾政党体制的制度化。但参与政党名单代表制的政党绝大多数是地方性小党,且受传统政治文化的影响,对充分吸纳政治参与的作用十分有限。因此,菲律宾政党的组织性程度并不高,相较于党员忠诚和社会支持等价值性议题,其更关注的是选举竞争和家族统治等现实问题。而通过自上而下的恩庇侍从网络,菲律宾主要政党以提供物质利益交换选民投票的行为,极大削弱了民主选举制度的合法性与公正性。

新加坡人民行动党长期执政且一党独大的政治地位,使其能专心开展组织建设。在常设机构方面,人民行动党建立健全了"中央执行委员会—党支部—党员"的三级架构。中央执行委员会是党的最高决策机构,直接负责指派竞选候选人,制定方针政策及决定财务、人事雇佣、支部建立等日常事务。中央执行委员会下设总秘书处,处理经费、报告、通知等党的行政事务,并监督任免、选民、教育、信息、奖惩、政治教育、宣传出版、社会文化、马来事务九个委员会的工作。党支部是党的基层组织,其成员均由中央执委委任,支部委员会的主席由党的国会议员担任,在政府各部任职的党员担任支部顾问。人民行动党的每个支部都建有自己的内部组

---

① 林丹阳:《民主制度之"踵":家族式恩庇侍从关系与菲律宾政治》,《东南亚研究》2018年第5期。

织负责管理支部事务,也下设妇女团和青年团定期开展活动,维系政党(政府)与选民的联系。在党员管理方面,人民行动党1982年颁布的党章规定党员党籍分为普通党员和干部党员两种。干部党员有权选举和被选举进入中央执行委员会,普通党员表现好,可以经提名、考核等程序晋升为干部党员。由于考核标准严格,所以只有约1%的普通党员晋升为干部党员。①而为了及时、准确地了解民众需求,人民行动党还通过组织体系建设的方式加强同社会各方面的沟通与协调,先后在新加坡设立了民众联络所、公民咨询委员会和居民委员会三大基层组织。而为使基层组织的管理与服务更加聚焦,人民行动党还于1986年设立了三个实验性的市镇理事会,并于1989年正式向全部选区推广。完善的组织架构使得人民行动党的触角得以延伸至每个选区,强化了政党、政府与选民的联系,为贯彻政党意志、落实政府政策、实现政治稳定提供了社会支持。

印尼进入民主转型时期后,逐渐恢复实行多党制,政党活动也由此兴盛,但多数政党因组建匆忙,加之激烈的内部权力斗争,并没有建立完整有效的组织架构。且由于意识形态斗争的需要,多数的主要政党都有其稳定的票仓,组织建设受地域、族群等因素的限制,如民主斗争党倾向于从爪哇岛的世俗民族主义者中发展成员,专业集团党的支持者大部分来自外岛居民,而民族觉醒党及国家使命党则吸引了大批穆斯林的支持。②值得注意的是,随着近年来,印尼政党意识形态和政策取向日益趋同且逐渐中间化,传统支持政党的地域和族群特征已经明显减弱。在2009年的国会选举中,异军突起的民主党不仅得票率远超民主斗争党和专业集团党,赢得了爪哇岛六个省中五个省的胜利,并在外岛挑战着专业集团党的

---

① 李明:《世界各国主要政党内部运作之研究》,正中书局,1990年,第378页。

② Allen Hickenand and Erik Martinez Kuhonta, *Party System Institutionalization in Asia:Democracies, Autocracies, and the Shadows of the Past*, Cambridge University Press, 2014, pp. 246-247.

优势地位。①但印尼政党大多依赖魅力型领袖,其在强化个人权威、提升党的政治行动力的同时,也导致了党的组织建设趋向于中央集权的科层式结构。一个重要后果就是,党的中央委员会对地方分支机构的控制力很强,特别是在地方议员、地方行政首长、政党地方领导的选拔问题上,中央完全能够决定相应人事的提名、任免和晋升,自下而上的地方民意和党员意见难以对党内权力分配格局造成实质性影响。以民主斗争党为例,支持梅加瓦蒂是政党精英们加入该党的基本共识,而非对政党纲领的认同。虽然民主斗争党的分支机构遍布印尼各级行政单元,但该党的许多村级机构仅有1或2人,在非竞选期间几乎处于休眠状态,且限于资源和晋升激励不足,在政治动员方面作用微弱。②而组织机构的集权化也贴合了政党接收更多官方渠道之外的资金的需要,为政党领袖向下寻租创造了空间。

近年来,印尼多数政党主张超越固有的族群、宗教和地域限制,寻求多元化的社会支持,政党间意识形态差异趋向模糊,为缓和社会矛盾、吸纳政治参与创造了更多的政党政治途径。但印尼政党的组织建设依然具有威权化的特点,一旦政党领袖退场,党员或选民对政党的认同往往不复存在,甚至政党也可能难以存续,都使得民主的价值大打折扣。

(三)政党适应性与民主转型绩效

适应性意指政党能动地顺应政治系统的变化,使其功能持续地作用于国家政治发展的状态。一个政党要有效发挥掌控国家机器、整合动员社会的功能,就必须通过一定的规则和程序,运用国家权力解决各种社会

---

① Mietzner Marcus, *Indonesia's 2009 Elections:Populism,Dynasties and the Consolidation of the Party System*,Lowy Institute for International Policy,2009,pp. 3-6.

② Mietzner Marcus, "Ideology, Money and Dynastic Leadership: The Indonesian Democratic Party of Struggle, 1998-2012", *South East Asia Research*, Vol. 20, No. 4, 2012,pp. 522-523.

矛盾,保持政治系统的总体平衡。政党适应性的强弱取决于该政党在选举、执政等政治活动中遵循民主规则的表现。一个国家主导政党的适应性越高,则表明该政党执政的合法性和有效性越强,从而越有利于推进民主治理和维系政治稳定。

泰国自1992年被卷入第三波民主化浪潮后,政党便成为泰国民主体制运转的核心要件,多党竞争选举也成为泰国民主的基本要素。就选举表现来看,"他信系"政党是21世纪泰国最重要的政治力量,其赢得了2001年以后历次大选,而在议会政治方面,"他信系"政党始终控制着议会多数席位,甚至有过泰国政党中至今唯一一次单独组阁的经历。这主要得益于"他信系"政党在选举政治和党争民主的刺激下,施行民粹主义政策,赢得了泰国广大中下层阶级的支持。如泰爱泰党就凭借"新思维、新做法、为国民服务"的竞选口号,以及扶贫发展的民粹政策承诺,获得了占泰国70%的农民等中下阶层的支持,从而赢得了2001年大选。他信上台执政后,为兑现竞选承诺,又相继推行"100万铢乡村基金计划""30铢治百病计划""一村一产品计划"等政策。但公共政策旨在最大限度地维护和实现全体社会成员的共同利益,泰爱泰党偏袒农民等中下阶层的民粹政策,忽视了对泰国中上阶层利益诉求的有效回应,从而招致了民主党等反对派的不满,这也是导致"挺他信"的"红衫军"和"反他信"的"黄衫军"两股政治势力激烈斗争的重要原因。就执政表现而言,"他信系"政党时常出现有悖于民主体制的政治行为。

2006年1月,因"售股丑闻"引发大规模群众示威游行,他信宣布解散下议院,并决定于2006年4月提前举行大选,但由于反对派抵制,部分选区未能依法产生议员,此次选举也被宪法法院裁定无效。在人民力量党和为泰党成为执政党后,均试图推动解除宪法对他信及其盟友五年内禁止从政的判决,引发了大规模社会动乱。而在组织街头运动方面,"他信系"政党的表现也是非制度化的,数次"红衫军"就是在其直接动员下出现的,对泰国政治发展和社会稳定造成了严重破坏。"他信系"政党不断强化民粹主义的政策取向是其适应泰国民主化改革,并得以多次成为执政党的重要原因,却也是致使政府政策碎片化,加剧阶层对立,引发社会动乱的根源之一。而"他信系"政党为维系家族统治和牟取家族利益,不惜损害国家和社会利益的做法,也背离了政党整合社会各阶层利益、维系政治系统有效运转等核心价值。

菲律宾自 1986 年结束马科斯的军事独裁统治,并开始实行多党制后,政党的活动空间逐步拓展。但家族式恩庇侍从关系的存在,使得政党的利益表达、社会动员、组建政府等功能被政治家族所取代,从而导致菲律宾的多党竞争和民主选举发生了根本性的变化。在选举表现方面,由于"保护人—被保护人"之间"庇护制"或"恩从关系"的存在,菲律宾的政党多是政治家族及其联盟的选举工具,暴力、金钱、欺诈充斥着整个选举过程。在菲律宾的民主选举中,政治家是否顺利当选几乎与其政治家族的支持有着密切关系,各大政治家族为争取选民的支持,时常罔顾民主规则或程序,使用威胁、贿选、欺诈等方式,同其他政治家族开展竞争。如在2016 年的大选中,几乎所有达沃市及其周边地区的各级候选人都支持"家乡英雄"杜特尔特担任总统,甚至放弃为本党的总统候选人收买选票。而杜特尔特在当选总统卸任达沃市长后,随即推举其儿子和女儿竞选正副市长,结果两人以高票当选,延续了杜特尔特家族在当地的政治影响力。①在执政表现方面,菲律宾的政党都会将革除家族政治、惩治腐败官僚作为竞选纲领,但每位总统上台执政后都不免利用国家权力为自己的家族谋取私利。如 2010 年上台执政的总统阿基诺三世多次宣称要大力打击腐败,却依然在 2013 年的地方选举中扮演了延续政治家族存在的角

---

① Meredith L. Weiss, "Patronage Politics and Parties in the Philippines: Insights from the 2016 Elections", in Paul D. Hutchcroft, ed., *Strong Patronage, Weak Parties: The Case for Electoral System Redesign in the Philippines*, World Scientific, 2020, pp. 133-148.

色。而且由于菲律宾的政党主要是由不同的政治家族及其成员组成,政党在国会中的议员代表也是政治家族的代表,许多反对政治家族和政治王朝的议案往往难以在国会得到立法通过。[①]因此,在菲律宾的政治系统中,政党的地位和作用是微弱的,政党政治成为家族政治的附庸,一定程度上是菲律宾传统政治文化作用的结果,却也损害了政党形象,冲击了政府权威,是导致政党无法真正代表民意、与民众联系逐渐稀松,以及国家权力难以集中、政府缺乏有效权威的重要原因。

人民行动党是维系新加坡现行政治体制最关键的政治力量,其一党独大且长期执政的政治地位,使其选举和执政方面具有绝对优势。但新加坡并非一党独裁国家,而是实行多党竞争体制,因此人民行动党的适应性主要表现在处理反对党这一关键问题上。1981年反对党议员在安顺区补选中获胜,打破了人民行动党包揽国会全部议席的垄断格局。在1984年大选中,人民行动党赢得了国会79个议席中的77个,反对党获得2个议席,人民行动党的得票率也从1980年的77.6%下降至64.8%。面对反对党的进攻态势,人民行动党也意识到,新加坡社会已经发生巨大变化,反对党议员进入国会更有助于新加坡政府治理和协商民主发展。李光耀就强调:"要设立一个有替代能力的政党,不是我的工作,这是反对党的事。不过,我们可以协助反对党成形。"[②]1984年,人民行动党提出在国会中引入非选区议员制度;1988年,人民行动党政府在大选中开始推行集选区制度;从1990年起新加坡设立官委议员;1993年新加坡开始实行民选总统制并赋予总统在一些重要人事任命上的否决权;2004年人民行动党宣布新任总理将开始由国会议员选举产生而不仅是由现任领导人及

---

① Teresa S. Encarnacion Tadem and Eduardo C. Tadem, "Political Dynasties in the Philippines: Persistent Pattern, Perennial Problems", *South East Asia Research*, Vol. 24, No. 3, 2016, pp. 328-340.

② 新加坡《联合早报》编著:《李光耀40年政论选》,现代出版社,1994年,第547页。

内阁决定;2010年新加坡通过宪法修正案和国会选举修正法案,放宽了对新媒体的限制,非选区议员在国会中增至最多9名,使得选举环境更加公平和宽松。在2011年大选中,新加坡工人党夺得国会87个议席中的9个,成为最大的反对党,而人民行动党的得票率进一步下降至60.14%,为1968年执政以来的最低水平。

总体而言,20世纪80年代后,新加坡反对党的重新崛起是其政治系统变化的必然结果,选民需要通过支持反对党的方式向人民行动党政府施压,以保证人民行动党的长期执政能始终维护和实现公共利益。通过改革选举制度、完善议会民主,人民行动党将反对党的挑战限制在体制范围内,不仅增强了其吸纳社会参与的能力,也巩固了其执政合法性,体现出高水平的政党适应性。执政党主动引导国家政党体制制度化,也是新加坡实现"体制内"民主转型的成功密码。

谋求国会席位和政府职位是印尼政党的主要目标,在激烈的多党竞争环境下,没有政党能够单独占据议会的多数席位,政党结盟便成为印尼总统竞选中的常态,几个政党共同推选的候选人一旦当选,则通常会让支持他的政党领袖进入内阁担任部长。进入民主转型时期后,印尼首要的政治任务就是发展经济。阿卜杜勒拉赫曼·瓦希德(Abdurrahman Wahid)当政时期,出于应对党派斗争、扩充政治势力的需要,疏于治理国家经济。他不断改组内阁,招致了议会中大部分政党的不满,导致其执政基础遭到严重削弱。梅加瓦蒂接任总统后,吸取了瓦希德政府在组阁方面的教训,主张既兼顾各党派的利益又保证其内阁成员的专业水平和工作能力。梅加瓦蒂的"合作内阁"共有32名部长,其中只有11名是政党领袖,分别来自国会的六大政党,其余成员均属于没有政党背景的专家学者。苏西洛·班邦·尤多约诺(Susilo Bambang Yudhoyono)在继任总统后,也继续委任专业人士和经济学者担任内阁成员。而佐科执政时不仅委任其主要政治对手普拉博沃·苏比安托(Prabowo Subianto)出任国防部长,还多次根据政府效率和官员表现改组内阁。①印尼政党间关系由激烈的意识形态对立转向相对包容的政策竞争,这既贴合选民对政党认同的变化,也迎合了国家治理的实际需要。但印尼民主改革以来历次选举中都不乏违规行为,反映了印尼政党对民主规则和程序的认识与遵从依然有所欠缺。如1999年各政党的支持者在国会选举期间爆发了大规模冲突;2009年选举结束后,梅加瓦蒂及其竞选搭档就违规筹措竞选资金一事接受了质询;2019年普拉博沃的支持者因质疑选举结果,多次在雅加达进行集会示威,并引发暴力骚乱。印尼当前温和包容的政党关系有利于多方政治势力间达成妥协和共识,为政党、政府和议会间建立了稳定联系,从而实现了对国家权力的整合,提升了政府的治理绩效。但集权化和个人化的政党缺乏制度化渠道引导政治参与,在公民文化还不成熟的情况下,加剧了社会冲突和政治动荡的风险,是印尼民主发展的一大隐患。

(四)比较与讨论

就泰国、菲律宾、新加坡和印尼四国的政党制度化水平而言,新加坡和印尼显然优于菲律宾和泰国,而在对照四国的"民主指数"②并观察现实的政治发展状况后,可以发现印尼的民主质量要优于菲律宾和泰国,而新加坡的民主化程度提升最为显著,且在政府运作和政治文化方面,显然优于其他三个国家。这也初步验证的本文的核心观点和基本假设,即一个

① 蓝心辰:《佐科第二任期内阁改组特点及影响》,《东盟研究》2021年第3期。
② 民主指数由英国《经济学人》杂志社旗下的信息情报社编制。该指数通过对选举程序与多样性、公民自由、政府运作、政治参与和政治文化五方面进行打分、加权与汇总,评估了世界上167个政权的民主程度,并据此将政权分为"完全民主"(8.01至10.00分)、"部分民主"(6.01至8.00分)、"混合政权"(4.01至6.00分)和"专制政权"(4.00分或以下)四类。本文采用民主指数,主要是由于该评价体系覆盖面广、内容全面,但其本质上依然是按照西方"自由主义民主"的基本标准所设定的,带有强烈的主观情绪和意识形态偏见。参见杨光斌、释启鹏:《带有明显意识形态偏见的西方自由民主评价体系——以传播自由主义民主的几个指数为例》,《当代世界与社会主义》2017年第5期。

国家的政党制度化水平是影响其民主化进程的关键变量,民主转型和民主巩固方面的差异同政党自主性、政党组织性、政党适应性等因素紧密相关。

表6-2 案例国的民主指数

国家	年份	选举程序与多样性	政府运作	政治参与	政治文化	公民自由	总分
泰国	2021年	7.00	5.00	6.67	6.25	5.29	6.04
	2012年	7.83	6.07	5.56	6.25	7.06	6.55
菲律宾	2021年	9.17	5.00	7.78	4.38	6.76	6.62
	2012年	8.33	5.36	5.56	3.13	9.12	6.30
新加坡	2021年	4.83	8.21	4.44	7.50	6.18	6.23
	2012年	4.33	7.50	3.33	6.88	7.35	5.88
印尼	2021年	7.92	7.50	6.11	4.38	5.59	6.71
	2012年	6.92	7.50	6.11	5.63	7.65	6.76

资料来源:Economist Intelligence Unit, *Democracy Index 2021*, https://www.eiu.com/n/。

政党自主性是指政党独立于其他社会团体的程度,亨廷顿指出:"自主性涉及以社会各势力为一方和以政治组织为另一方的关系。就自主性而言,政治制度化意味着代表某些特定社会团体利益的政治组织和政治程序的发展。凡充当某一特定社会团体——家庭、宗教、阶级——的工具的政治组织便谈不上自主性和制度化。"[①]具备较强自主性的政党,应当能独立于特定政治领袖和某些社会团体开展活动,使其制度和政策尽可能保持公平正义。而弱自主性的政党,表明其已被某一政治强人或政治家族所掌控,后者必然将对政党进行个人化或集权化"规训",使得政党的行动符合私人利益。且弱自主性的政党一旦成为执政党,该政党的领袖便能以合法的方式调动国家资源为自身或其家族谋利,甚至罔顾既定的民

---

① [美]塞缪尔·亨廷顿:《变化社会中的政治秩序》,王冠华、刘为等译,上海人民出版社,2008年,第16页。

主规则或程序,采用非制度化的手段来巩固政治地位、拓展政治势力,极易导致民主体制的崩溃和威权主义的回潮。在政党自主性方面,新加坡人民行动党的党内民主状况良好,泰国和菲律宾的主导政党则均具有强烈的强人政治和家族政治色彩。政党自主性水平的高低也是导致泰国、菲律宾和新加坡在政府运作的民主化程度方面存在差异的重要原因。无论是泰国的"他信系"政党还是菲律宾的"家族式"政党一旦掌控国家权力,便会使国家自主性遭到弱政党自主性的冲击,个人或家族的政治势力得以扩张,而国家能力或政府职能相对弱小,严重影响了民主体制的有效运转。如他信在流亡海外期间依然通过扶植代理人操纵政党、控制政府、影响议会;民主转型时期菲律宾历届总统革除家族政治、打击政治王朝的政策愿景多以失败告终,且执政时饱受贪腐丑闻困扰。对照新加坡人民行动党,通过领导人更替制度化和健全吸纳社会精英的机制,维持着较高的政党自主性,有效防止其被某一利益团体所"俘获",进而依靠其长期执政且一党独大的政治地位,将政党自主性嵌入国家自主性,确保公共政策以实现社会共同利益最大化为目标,为政府职能的有序履行提供了强有力的政党支持。

判断政党组织性强弱的标准主要在于考察其党员和基层党组织数量、工作人员录用和下属机构运作的正规化程度。一个拥有庞大组织机构规模且隶属关系清晰、职责分工明确的政党,越能渗透到社会的各个方面,并以组织化的力量对社会进行有效整合。随着民主体制的确立和发展,多元的社会利益不断涌现,政治参与的需求持续上涨,处在现代化中的国家之所以发生民主转型危机或政治秩序混乱,这在一定程度上是由于在传统的组织体系被现代化力量冲击后,没有出现新的组织化力量对社会进行有效整合所致。政党组织性之所以重要,因为政党具有组织政治参与、整合动员社会的功能,强组织性的政党拥有更多的体制性渠道以有序吸纳社会成员不断上涨的政治参与需求。但值得注意的是,庞杂的组织网络对政党的管理能力也提出了更高的要求,"具有'社会集成'的政党的政治体制和具有'特定代表'的政党的政治体制相比,前者的灵活性比后者的灵活性要差"①。因此,具备强大组织性力量的政党需要更多依靠政治纲领聚合或意识形态建设,而非领袖个人权威强化来确保其成员的效忠能力。泰国、菲律宾和印尼的政党同特定的族群、宗教、地域有着深厚的联系,这也造成了政党间的关系长时间处于对立状态。

进入民主转型时期后,泰国、菲律宾和印尼均确立了多党竞争的政党体制,但在加强组织化建设,处理政党整合动员社会和多党竞争固有分裂特性之间的关系这一问题上,三个国家走上了不同道路。泰国和菲律宾的政党均呈弱组织性,难以包容多元社会利益之间的竞争关系,无法维系民主体制的有序运转。如前所述,泰国红衫军和黄衫军冲突不断的根本原因在于"他信系"政党和"反他信"政党的对立,两股政治势力都是特定阶级的代表者,难以实现对碎片化泰国社会的全面整合。菲律宾的政党格局本质上反映的是各大政治家族之间的竞争,各政党并不具备完全统一的政治纲领,也就不具备相应组织体系来有序引导社会参与。而印尼政党的组织性水平要优于泰国和菲律宾,这是由于各政党纷纷采用意识形态中间化的策略,以"代表全体人民的党"②超越阶级、族群、地域和宗教等方面的限制,增强了自身吸引选民的能力,扩大了政党的社会基础,有助于缓和社会矛盾、实现政治稳定。

---

① [美]塞缪尔·亨廷顿:《变化社会中的政治秩序》,王冠华、刘为等译,上海人民出版社,2008年,第14页。

② 当传统革命政治向现代选举政治转型后,为获取更多广泛的社会支持,政党需要表达不同选民群体的利益和诉求,这就要求政党的意识形态在政治光谱上趋于中间化,彰显包容性,进而以全民型政党的身份实现选票最大化。参见 Otto Kirchheimer,"The Transformation of the Western European Party Systems",in Joseph Lapalombara and Myron Weiner,eds.,*Political Parties and Political Development*,Princeton University Press,1969,p. 186.

　　一个国家的政治系统并非一成不变的,其与经济社会发展、政治文化变迁等因素息息相关。"城市化、工业化、世俗化、普及教育和新闻参与等,作为现代化进程的主要层面,它们的出现绝非任意而互不相关的……持传统观念的人期待自然和社会的连续性,他们不相信人有改变和控制两者的能力。相反,持现代观念的人则承认变化的可能性,并且相应变化的可取性。"①因此,对于处在现代化中的国家而言,政党适应性建设是一系列民主规则和程序被政党逐渐认可和遵从的过程。但政党在应对政治系统变化给其生存和发展带来挑战时,既可能通过制度化渠道参与政治,也可能采取非制度化手段参与政治,前者是政党适应性水平高的表现,后者则是政党适应性水平低的体现。在政党适应性方面,非正式规则在泰国的"他信系"政党和菲律宾的"家族式"政党内大行其道,在赢得选举、执掌政权等目标驱使下,这些政党时常会出现暴力、贿选、欺诈等违反民主行为。2006年他信政权被推翻后,红衫军多次走上街头并于2009—2011年连续三年进行了大规模游行示威运动,要求重组政府,毫无从政经验的英拉能成为泰国历史上首位女总理,很大程度上得益于"他信系"政党坚持施行民粹主义政策。

　　而在菲律宾,家族式的恩庇侍从关系削弱了正式制度在民主体制中的作用。如2005年,时任菲律宾总统阿罗约因曾在2004年选举期间致电选举委员会官员被某广播公司披露,就导致举国哗然、引起了反对派的强烈声讨。相对而言,新加坡和印尼主导政党的适应性水平较高,注重积累和内化政党生存和发展的现代性因素,使自身适应政治系统的变迁,并在执政时构建了具有包容性的民主治理机制。现代民主体制的培育主要体

---

　　① [美]塞缪尔·亨廷顿:《变化社会中的政治秩序》,王冠华、刘为等译,上海人民出版社,2008年,第25页。

现在允许反对党的存在与发展，①新加坡人民行动党通过一系列制度设计将反对党的挑战消解在现存体制内，既稳固了其一党独大且长期执政的地位，也有序扩大了政治参与和政府代表性。而为适应经济市场化和社会多元化的发展，人民行动党政府不断改革传统的由政府单独治理的方式，建构政府与社会之间的新型的良性互动关系，提出了政府与社会组织进行"互赖式治理"的原则。②印尼民主斗争党的佐科上台后，将经济优先确立为执政的首要目标，坚持团结议会各党派，以职业技术官僚组建内阁，在提升了政府的形象、效率的同时，稳固了印尼当前相对温和包容的政党间关系。

五、结语

民主转型与巩固并不是简单的民主体制的制定和维系，而是政治行动者对现代民主规则和程序形成路径依赖，进而使民主体制得以有效运作的结果。③泰国、菲律宾、印尼都在进入民主转型引入了现代民主体制，探索实行以多党竞争为基础的议会民主。而新加坡人民行动党主动顺应民主政治的要求，实现了"体制内"民主化。四个国家在民主治理绩效方面呈现出的差异，揭示了政党对处于现代化中的国家民主体制运作的重要意义。本文基于政党中心主义范式，即强调政党是领导国家现代化的关键行动者的研究视角出发，构建以自主性、组织性、适应性为基础的政党制度化的分析框架，试图对后发国家的政治民主化问题给予新的理论解释。

---

① 李路曲：《威权政治下的民主发育——政党转型的东南亚经验》，《文化纵横》2013年第1期。

② 李路曲：《"体制内"民主化范式的形成及其类型学意义》，《政治学研究》2017年第1期。

③ Guillermo O'Donnell, "Illusions about Consolidation", *Journal of Democracy*, Vol. 7, No. 2, 1996, pp. 34-51.

比较泰国、菲律宾、新加坡和印尼四个东南亚国家的政党制度化历程与政治民主化经验，可以发现政党制度化水平对其民主转型进程和民主巩固质量产生了直接而深远的影响。具体而言，一个制度化水平较高的政党，能保持较好的党内民主状况、构建严密的组织体系、及时适应政治生态的变化，充分发挥其利益表达、整合动员和组建政府的功能，从而推动民主体制有效运转。反之，一个制度化水平较低的政党，必然党内民主匮乏、组织形态集权、庇护主义盛行，其往往难以承担推进国家民主化改革的任务，极易引发民主崩溃或民主倒退。"现代性孕育着稳定，而现代化过程却滋生着动乱"。经济增长、文化水平提高必然带来政治参与的扩大，如果一个国家没有强大的政府对日益增长的政治参与需求加以规范，则必然会引发国内政治的动荡和衰朽，而强大政府的构建和维持依赖于强大政党的缔造和巩固。对于后发国家尤其是转型国家而言，通过政党的利益表达功能为民众的政治参与提供持久稳定的制度供给，是其走向善治的重要保障。此外，泰国、菲律宾、新加坡和印尼的民主改革经验也表明，西方式的以多党竞争为基础的议会民主并非放之四海而皆准的"民主样本"，推进政治民主化必须立足本国实际。中国共产党成功开创、推进和拓展中国式现代化的经验充分证明，政党制度只有植根本国、本民族历史文化沃土，才能最广泛代表群众利益，从而实现对社会的有效整合，为实现国家治理现代化稳固民意基础。

由于案例研究固有的特殊性，本文关于政党制度化与政治民主化的关系的探讨所得出的并非一个普遍性结论。但有一点是毋庸置疑的——在国家民主转型和巩固过程中，主导性政党通过积累和内化现代民主政治的规则与程序推进政党及政党体制制度化，对维系民主体制运转和提升民主治理绩效有重要的积极作用。而探究政党制度化在多大程度上影响政治民主化，则是笔者更为期待的工作。

迈向第四代领导团队时代：新加坡领导人继任机制的运行实践与适应性挑战*

郭剑峰　王艺桦

　　领导人的接班与继任一直是新加坡政治发展中的关键性问题。新加坡现任总理、人民行动党秘书长李显龙指出："继任决定对新加坡来说至关重要，它将确保我国领导人的延续性和稳定性，而这些都是我国制度的标志。"①2022年4月14日，李显龙发表声明称，现任财政部部长黄循财获得压倒性支持，被正式推选为人民行动党第四代领导团队（4G Team）领军人物，这意味着黄循财有望成为继李光耀、吴作栋及李显龙之后的新加坡第四任总理。目前虽尚未明确具体的"交棒时间表"，但作为准接班人的黄循财已经在6月13日升任为新加坡副总理，并于13—19日李显龙请假期间出任代总理一职。

　　从政党适应性的角度来看，新加坡人民行动党主导下的领导人继任机制是其应对内外部环境风险、维持一党长期执政地位的关键。那么，这

　　* 本文获第一届"东南亚国别政治与区域治理研究"博士生学术论坛二等奖，修改稿载于《和平与发展》2023年第4期。郭剑峰，德国图宾根大学欧洲当代台湾研究中心博士后，新加坡南洋理工大学访问学者；王艺桦，福建社会科学院现代台湾研究所助理研究员。
　　① 《黄循财正式推举为第四代团队领导》，《联合早报》2022年4月14日。

一领导人继任机制是如何形成并实际运作的，在全球治理新变局下又将面临哪些新的挑战？基于以上问题，本文以领导人继任这一微观视角，结合历史路径、制度调适与环境挑战三个维度，以理解新加坡的政治制度及其发展模式。在揭示领导人继任机制的同时，就新一代领导团队所将面临的挑战与考验作出评述。

一、领导人继任：新加坡政党适应性的学理观察

政党适应性是政党发展过程中应对不断变化发展的内外部环境挑战而形成的确保自身持续生存与发展的能力。而领导人继任问题直接关涉一国的权力转移与政治发展状况（稳定或是动荡），是影响政党适应性强弱的内适应因素。拜楠德尔和哈特认为，政治意义的领导人继任指的是"政治系统内部高级职位的变动，其中最显著和最重要的便是政府首脑和政党领袖的变动"[1]。面对不同国家和地区之间领导人继任现象的差异、特点及其成因等，多数西方学者以典型的二分法思维进行区分，即前提假定领导人继任问题在民主政体与非民主政体中的显著差异性，[2]并由此而展开论述。

就民主政体而言，学者们普遍关注的是政党内部政治精英之间的竞争与博弈，重点研究考察政党结构中的精英关系、认知、共同偏好和信息沟通等要素是如何影响领导人的选拔结果及其过程。例如，堀内等人分析了23个议会制民主制政体中政党领袖的继任与任期问题，指出对于现任领袖表现的期望是以与前一任的对比为基准的。从经验数据来看，接

① Fredrik Bynander and Paul't Hart, "When Power Changes Hands: The Political Psychology of Leadership Succession in Democracies", *Political Psychology*, Vol. 27, No. 5, 2006, pp. 707-730.

② Bassam Farah, Rida Elias, Cristine De Clercy and Glenn Rowe, "Leadership Succession in Different Types of Organizations: What Business and Political Successions May Learn From Each Other", *The Leadership Quarterly*, Vol. 31, Issue 1, 2020, pp. 1-21.

175

替长时间担任政党领袖或政府首脑的继任者往往比较"短命",因为他们很难进行效仿。①另一类比较系统的研究将目光转向了"选举人团",重点关注于领导人选拔规则的民主化过程,特别是如何下沉至基层,从而产生"参与式革命"的整体效果。其中,以马修斯有关北爱尔兰五个主要政党领导人的选举研究最具代表性。②在非民主政体的部分,有关世袭继承的研究则颇具特点。布朗利认为,作为一种保留君主制的常规手段,世袭继承也被沿用于共和式的独裁统治。在对二战后258位非君主制独裁者进行量化分析后,结果表明在缺乏政党选拔规则的情况下,执政者更加偏好将子女作为继承者,而如果当权者崛起于某一政党之内,其继任者也主要来自该组织。③在具体的案例分析方面,霍夫曼以"后卡斯特罗"时代古巴的权力交接为例,对魅力型权威与领导人更迭之间的关联认知发起了学理挑战。④

以此审视新加坡的继任机制,鉴于其政治发展的特殊性,将新加坡的领导人继任问题直接划入到民主或非民主的阵营难免陷入新一轮的二分争论。更为关键的是,这一简单的二分化本就疑点颇多。查雯和李响有关领导人更迭对外交政策影响的实证研究表明,"民主—非民主"的二分化忽略了混合政体国家的特性。在现实政治中,混合政体国家的外交政策更容易随着领导集体的更迭而出现明显的调整,相反,民主政体与威权

① Yusaku Horiuchi, Matthew Laiang and Paul't Hart, "Hard Acts to Follow: Predecessor Effects on Party Leader Survival", *Party Politics*, Vol. 31, Issue 3, 2015, pp. 357–366.

② Neil Matthews, "The Selection of Party Leaders in Northern Ireland", *Parliamentary Affairs*, Vol. 69, Issue 4, 2016, pp. 901–927.

③ Jason Brownlee, "Hereditary Succession in Modern Autocracies", *World Politics*, Vol. 59, Issue 4, 2007, pp. 595–628.

④ Bert Hoffmann, "Charismatic Authority and Leadership Change: Lessons from Cuba's Post-Fidel Succession", *International Political Science Review*, Vol. 39, No. 3, 2009, pp. 229–248.

政体国家的外交政策则表现出较强的延续性。①新加坡正是一个典型的混合政体国家，它并非位于政治光谱的两端（民主与威权），而是根据国情设计并探索出了一套适合自身实际的政治制度与发展模式。因此，对于领导人继任问题的研究也应当摒弃意识形态的偏见，从实践过程出发，提炼出一套兼具国别特色与普遍价值的解释框架。

在这一点上，中国学者已经有意识地开展了新加坡的个案分析。例如，李路曲在谈及"新加坡道路"时，提到人民行动党有计划地推进领导人"自我更新"的重要性，并详细论述了选拔领导人的标准、方式和过程等内容。②卢正涛则将延揽人才和加快执政党的更新视为是人民行动党长期执政的理由之一，并由此推动了新加坡民族国家的建构进程。③同样，于文轩和李庆珍在回答"新加坡人民行动党长期执政的奥秘"时，也把人民行动党内部制度化的社会精英招募和候选人选择的制度作为关键要素，提出"这一整套制度的确立就是为了保障党内精英的团结和领导人更替的有序进行"④。综合来看，已有研究还是存在以下两点不足：一是未形成系统性、长周期的追踪式研究，暴露出较为明显的断层现象；二是现有研究多将继任问题作为新加坡政治发展得以稳步推进的解释变量，而未对其本身的逻辑机制进行深度挖掘。基于此，本文采取追踪式研究方法，填补并呈现完整的动态时间线，直接将领导人继任问题本身作为研究对象，意在打开继任机制的"黑匣子"。首先，本文会对新加坡历代领导人的代际交接情况进行系统性的历程回顾；其次，在回溯过往的基础上重点分析

---

① 查雯、李响：《不同政治制度下的执政集团更迭与外交政策调整》，《复旦政治学评论》2018年第2期。

② 李路曲：《新加坡道路》，中国社会科学出版社，2018年，第415~429页。

③ 卢正涛：《国家建设与一党长期执政——基于新加坡政治发展的分析》，《学术界》2021年第8期。

④ 于文轩、李庆珍：《新加坡人民行动党长期执政的奥秘》，《人民论坛》2021年7月上。

新加坡领导人的继承机制的更新调适及其特征;最后,以新加坡当前面临的内外环境出发,探讨新一代黄循财团队可能面临的挑战与考验。

二、新加坡领导人继任机制的过程实践

新加坡的政治体制采取的是威斯敏斯特式议会民主制,作为国家元首的总统仅拥有象征性权力,总理则是新加坡的最高行政首长,由新加坡国会中的多数党领袖出任。自1959年取得自治地位以来,人民行动党一直在新加坡国会中保持着绝对多数的优势地位,甚至在1968—1981年间掌握了国会的所有席次。即使是在全球第三波民主化浪潮之下,新加坡也没有出现政府垮台或政党轮替等政治危机事件。从李光耀到吴作栋,再到如今的李显龙,政权和党权①的交接更迭都是在平稳有序中过渡完成,这种继任模式也成为人民行动党最为重要的制度特色与优势。

明确的整体性发展目标是新加坡继任机制生成的基础。自治伊始,李光耀就指出,新加坡最重要的课题就是发展经济与稳定政治,而这两方面,都需要人才。②对于李光耀而言,注重对于政治精英的延揽、培养和选拔是延续政党生命,推进新加坡发展的必要举措。而新加坡所面临的最实际的政治问题,就是在未来十年内如何使年轻人愿意接班。因此在20世纪60年代,第一代领导团队便开启了面向下一代政治精英的遴选行动。③在1966年巴耶利峇补选群众大会之上,李光耀提出了"干练人才推行计划",目的正是为了寻找一批有才华的潜在接班人。次年,李光耀进而提出"自我延续"的概念,重申了领导人和接班人的问题。70年代中期

———————————

① 根据新加坡的宪政惯例,执政党的行政委员会秘书长一职由新加坡总理自动兼任。

② 刘宏:《李光耀的人才理念与新加坡的发展战略》,参见刘宏:《跨界治理的逻辑与亚洲实践》,中国社会科学出版社,2020年,第87页。

③ 吕元礼:《新加坡为什么能》,江西人民出版社,2007年,第87页。

后,李光耀、杜进才、吴庆瑞等老一辈领导集体越来越深刻地认识到党和政府的内部机制调整,以及培养新一代领袖的重要性。一是他们考虑到培养和选拔新一代领导人需要一个过程,不可能在很短的时间内完成,应该及早进行准备。二是就当时的时间点,二战后出生的新一代新加坡人成长起来并不断进入国家的政治生活,他们的思维与行为方式与上一代人有很大的不同。要想与新生代保持联系并获得支持,则必须率先在党和政府内部更新观念,而更新观念最好的方式就是选拔新一代领导人。①1980年初,李光耀在《行动报》特刊上发表了题为《温故知新》的文章,再度强调了领导人新陈代谢的重要性。在李光耀等人的强力主推下,人民行动党高层对于老一辈领导人适时退位让贤的决定形成了较为一致的看法。也正是在此共识之下,吴作栋脱颖而出,开始接棒成为新加坡的第二代团队领袖。

领导者的个人组织实践能力是考核继任机制能否顺利运行的重要因素。吴作栋的政治生涯发迹于1976年,受邀以人民行动党候选人的身份参选马林百列选区国会议员并成功当选,在此之前他担任"新加坡海皇轮船公司"董事经理一职,展现出优秀的管理和组织能力。次年,吴作栋入选政府内阁,先后担任财政部部长、贸工部部长和卫生部部长等职。值得一提的是,吴作栋还身兼人民行动党第一组织秘书,负责新生代政治精英的物色和初选工作。1984年,在多个部门完成训练的吴作栋被新加坡内阁推选成为总理候选人,并随即在1985年1月升任为第一副总理兼国防部部长,李光耀也同时宣布第二代团队将接手国家的日常运作。②李光耀将其称为"老一辈仍守着岗位,年轻人先汲取经验"。对此,他的解释是:

---

① 李路曲:《新加坡现代化之路:进程、模式与文化选择》,新华出版社,1996,第434~435页。

② Diane K. Mauzy, "Leadership Succession in Singapore", *Asian Survey*, Vol. 33, No. 12, 1993, p. 1164.

"在一个完全改观的世界里,我们的杰出人才必须面临考验,汲取经验,以便使领导层能够制定有效和实际的办法来解决几乎无法解决的难题。我们必须发掘更多能够解决问题的领袖,这些领袖要有能力传达他们所制定的解决方案,以及号召和动员人民大众支持他们的解决方案。"①直至1988年底,度过"实习期"的吴作栋和其他第二代团队成员的身份才得以巩固,吴作栋本人也在不久后担任人民行动党第一助理秘书长,为继任总理做好准备。1990年11月26日,李光耀向时任总统黄金辉递交了辞呈,为吴作栋的正式接班铺路。两天后,吴作栋宣誓就任总理,象征着新加坡首次领导人权力更迭的正式完成。

与吴作栋类似的是,身为李光耀长子的李显龙也是被"邀请"进入新加坡的政治系统之中的,而提议者正是当时的国防部部长吴作栋。1984年,32岁的李显龙选择退出新加坡武装部队,加入人民行动党,并在当年12月的选举中当选成为国会议员。1985年经济衰退期间,李显龙出任经济委员会主席,向政府提出了包括降低企业税与个人税、实施消费税等一系列政策建议,有效地稳住了新加坡的经济大盘,他也由此跻身成为耀眼的政治新星。此后,李显龙相继担任了贸工部代部长、贸工部部长和国防部第二部长等职务。对于李显龙的参政,李光耀展现出开放的态度,他表示:"如果你选择了一群人,那么成功的概率就会大得多,其中任何一个人都有可能成为继任者。就让他们相互竞争,决定谁将成为领导者。"因此,李显龙与吴作栋在政治生活层面存在诸多交集与竞争,甚至不少评论认为吴作栋只是过渡人物,是一个"先把椅子坐暖的人",在短时间内便会将职位交给李显龙。然而现实的情况却是,虽然李显龙在1990年权力交接的同时被委任为两位副总理之一,但他依然在贸工部、金融管理局、财政部等岗位上接受了长时间的锻炼。而对于吴作栋来说,他也一直在按照

---

① 新加坡《联合早报》编著:《李光耀40年政论选》,现代出版社,1994年,第475页。

自己的节奏培养和选拔下一代领导团队，并且继承了李光耀的理念与做法。在带领人民行动党赢得1997年的国会选举后，吴作栋便公开表示将在合适的时间点交棒给新总理。2001年连任后，他再次重申，如果新加坡能够成功摆脱此轮经济危机，他计划在两三年内卸任。但在经济复苏之前，他将不会卸任。2004年8月，随着新加坡经济的好转，吴作栋信守承诺辞去了总理职务，李显龙正式继任成为新加坡的第三任总理，完成了第二次的领导人权力交接。

相较之下，第四代团队领袖的确立过程则经历了一番挫折。李显龙在继任后不久便启动了选拔和培养接班人的工作。2015年的国会选举结束后，李显龙更是表示要加速推进换代进程，表达出将在2022年70岁时退休的想法。2018年1月，人民行动党宣布李光耀的前首席私人秘书、公务员出身的王瑞杰出任第一助理秘书长，并在2019年5月升任新加坡副总理兼财政部部长，基本确定了他作为第四代团队领袖的身份。然而疫情的突然暴发打乱了原本的接班计划。2021年4月8日，王瑞杰宣布基于年龄和健康考量，决定不再担任第四代团队的领军人物，突如其来的变故无疑为下一代团队核心成员的组建平添了更多的不确定性。在随后的内阁改组中，因抗疫工作表现突出的黄循财接替了财政部部长一职，这也被普遍认为是确立为"候补"接班人的关键信号。2020年1月，已成为国家发展部部长兼财政部第二部部长的黄循财与卫生部部长颜金勇联合领导了政府跨部门抗疫工作小组，其所制定的抗疫措施不仅考虑到保障国民健康和安全，也兼顾了经济结构的韧性和疫情结束后的长远发展。①黄循财也因此获得了多数民众的信任和支持。按照李显龙的说法，一旦人民行动党赢得下届选举，黄循财便将继任成为新一届领导人。就目前

---

① 张泽渧、刘宏：《渐进决策与治理能力——以新加坡对抗新冠疫情为例》，《湖北社会科学》2020年第8期。

情况观察,人民行动党的基本盘依然稳固,黄循财已基本提前锁定了新加坡第四任总理之位。

三、新加坡领导人继任机制的适应性调整

新加坡的政治发展实践全面诠释了"有好领袖才会有好政府"①的意涵。通过领导人之间平稳的权力更迭,既维持了人民行动党长期且稳固的执政地位,又保证了国家各项大政方针的延续性与稳定性,新加坡也因此成为全球最具竞争力的经济体、国际人才中心,以及最受移民欢迎的国家。更为重要的是,在代际交替的过程中,不仅人民行动党内部建构了"自我更新"的政治文化,而且在遴选、培养与交接等各个关键环节均形成了较为成熟的工作机制,推动了领导人继任安排的制度化、规范化和程序化。

(一)构建系统主动的遴选机制

李光耀在其《回忆录》中表示:"发掘人才,尊重人才,依靠人才是我们的首要任务。"在1984年的人民行动党干部大会上,李光耀就公开表示找领袖不能凭运气,"行动党一旦停止罗致人才,就会变得脆弱,而能干者将会外流或向行动党的政治权挑战"。②首先,在"精英治国"理念的引导下,新加坡政府建立了一整套系统的人才栽培计划,为将来遴选政治精英做好了准备工作。从小学开始,新加坡政府每年都会筛选出成绩优秀、品行优异的学生,不论他们的家庭背景、肤色和宗教信仰,全程考察他们的进展。大学先修班(高中)考试中脱颖而出的品学兼优的学生将有资格获得新加坡政府颁发的"总统奖学金""武装部队海外奖学金"等,以资助他们前往全球著名学府进行深造。③包括吴作栋、李显龙在内的领导人都是新

---

① 《李资政为薪金白皮书辩护演词》,《联合早报》1994年11月2日。
② 新加坡《联合早报》编著:《李光耀40年政论选》,现代出版社,1994年,第472页。
③ [新加坡]吴元华:《新加坡良治之道》,中国社会科学出版社,2014年,第137页。

加坡政府奖学金获得者,从而有机会进入美国威廉姆斯学院、剑桥大学、哈佛大学等高校学习。

此外,人民行动党积极地在新加坡的社会精英中延揽有潜质的政治人才,并主动将他们吸纳到政治系统之中,形成了"党找人才"的特殊机制。正如李显龙所言:"在新加坡,你不会自愿投身政治——你是被邀请进入政治的。"为了物色最优秀的政治精英组成内阁,人民行动党不仅从党内基层组织的积极分子中选拔合适人选,也不只是消极等待党外合适人选主动加盟,而是主动招募和专门邀请游说各行各业的合适人选从政。①吴作栋就是"党找人才"的典型案例。在美国学成归国后,吴作栋选择就职于国营海皇轮船公司,在出任董事经理期间,领导了公司业务的"集装箱化"转型并且大获成功,这也使得他被财政部部长韩瑞生看中,并向李光耀进行了推荐。

(二)生成强竞争性的培养机制

进入到领导团队的遴选名单仅是政治舞台的"入场券",在获得正式提名和职务之前,新一代团队成员候选人还需要通过茶叙、面试、考试、心理测试等数道程序的考察。②然而,通过考察也并不意味着选拔的结束,而是磨炼的开始,候选人还将面临严苛的竞争淘汰机制。就李光耀的观点来看,如果能选出每个人都具备成为继承人潜质的一群人,并让他们互相竞争,自行决定谁当领袖,这样成功的机会就比较高,因为这是他们自己的选择,该继承人肯定会得到该群体的支持。③鉴于此,人民行动党在培养政治精英时表现出两大显著特征。

---

① 欧树军、王绍光:《小邦大治:新加坡的国家基本制度建设》,社会科学文献出版社,2017年,第164页。

② 具体考察内容参见李路曲:《新加坡道路》,中国社会科学出版社,2018年,第418~423页。

③ 由民:《新加坡大选人民行动党为什么总能赢——以1997、2001、2006、2011年国会选举为例》,经济管理出版社,2013年,第32页。

一是高强度的竞争及淘汰原则。从1968年开始,人民行动党就通过以推出一定比例的政治新人参选国会议员的方式,对具有潜质的接班人进行考验和筛选。至20世纪80年代初,人民行动党推举了近50名新人参加大选和补选,但他们之中仅有个位数成长为第二代领导团队成员,大部分都在担任内阁职务后主动或被动引退。即使是在人民行动党成立25周年确定了新一代领导团队七人名单之后,至1984年依然有两人被淘汰。对此,李光耀解释称:"政府引进这些优秀的人选,让他们接受至少两次大选的考验,一旦证明经得起考验才委以重任。"①

二是长周期的多岗轮训。从吴作栋到李显龙,再到黄循财,他们都曾在政府和政党的多个岗位上进行长时间的双轨轮训。吴作栋不仅先后在财政部、贸工部、卫生部和国防部等部门任职,而且也在党内相继担任第一组织秘书、第二助理秘书长、第一助理秘书长等职务,时间长达13年。李显龙同样经历了在贸工部、国防部、金融管理局、财政部等多个部门的历练,并且出任人民行动党青年委员会主席等职务,仅副总理任期就超过13年。而截至目前,黄循财任职的政府部门数量已多达8个,包括贸工部,卫生部,国防部,教育部,国家发展部,文化、社区及青年部,通信及新闻部,财政部;同时他还身兼人民行动党中央执行委员会委员和政策论坛顾问,亦遵循了此前的晋升路径。

(三)推行公平有序的交接机制

在政治精英的遴选和培养方面,人民行动党无疑是成功的。新西兰学者特雷梅万称,人民行动党政府执政优势所掌握的丰富的经济和社会资源,几乎垄断了人才培养和遴选的渠道,以主动邀请和游说的方式延揽社会精英,将其纳入自己的阵营之中,通过这种方式为人民行动党打造了

---

①《李光耀在首届新加坡人力资源峰会开幕式上的讲话》,《联合早报》2008年10月25日。

一个强大的治理团队。①关键问题是,虽然这一做法大幅扩充了领导团队候选人的基数,但也事实上增加了确定接班人的难度。

对于任何一国政府或政党而言,权力的交接从来都不是一件轻松的事情。新加坡之所以能够实现代际的平稳更迭,首先要归功于李光耀"退位让贤"的示范作用。新加坡第一代领导团队核心成员、副总理拉惹勒南就曾表示:"夺权最容易,行使权力难一些,但是最困难的,是主动放弃权力,那是领导人最伟大的表现。"②在20世纪90年代初,不到70岁的李光耀依然具备绝对强势的政治势能,但他却选择在全盛时期引退,主动交棒给新一代领导人,并给予充分的肯定。更为重要的是,面对迅速崛起的李显龙,李光耀并没有因为血缘关系而指定继承人。在他看来,"他(李显龙)没有理由继承我的总理职位。我没有义务要使他在政治上成功。我的工作是要使新加坡成功"③。同样,吴作栋和李显龙也都在执政稳定期内承诺在某一时间点完成权力的移交,从而延续了利他主义精神的传递。

在制度层面,团队决策以及资政"监国"确保了交接程序的公平性和可靠性。从李光耀时期开始,由整个团队而不是领导者个人决定下一代接班人就成为惯例。在最终敲定第四代团队领袖的过程中,李显龙委托了人民行动党前主席、前内阁部长许文远主持了该项推选工作。许文远会见了17名内阁部长、国会议长和全国职工总会秘书长,分别询问他们对于除自己以外的候选人的看法,并要求他们按照自己的偏好,对潜在候选人进行排序。结果显示,19人中有15人首选黄循财作为他们属意的领导人,超过了此前三分之二的惯例。李显龙本人并未参与投票过程,而是

---

① Christopher Tremewan, *The Political Economy of Social Control in Singapore*, Macmillan Press, 1994, p. 178.

② 吕元礼:《新加坡为什么能》,江西人民出版社,2007年,第94页。

③ 新加坡《联合早报》编著:《李光耀40年政论选》,现代出版社,1994年,第507页。

由新一代政治精英自行抉择,这有利于促进共识、凝聚团队。另一方面,资政是新加坡内阁中的特殊存在,是国家高级别领导人退任后,继续参与政府决策、辅佐现任领导团队的职位。李光耀和吴作栋在辞任后,分别以"内阁资政"和"国务资政"的身份继续留在新一届内阁之中,随后又同时在2011年宣布辞去资政职务。这种"扶上马,再送一程"的做法,不仅是给予新加坡民众和外国投资者以信心,而且也有助于政治体系的稳定运行。

四、第四代领导团队所面临的适应性环境挑战

现阶段的人民行动党赢得下一届的国会选举并非难事,但各个选区得票率的高低仍将是考察领导人与接班人的"政治生命"延续问题的关键性指标。此前被确立为人民行动党第四代团队领袖的王瑞杰,在2020年7月的国会选举期间,领衔人候选团队在东海岸集选区以微弱的优势(53.41%)险胜反对党新加坡工人党,这不仅对王瑞杰的领导力和政治声望形成重创,并成为其政治生涯的重要转折点。在下一届的国会选举(最迟于2025年11月举行)举办之前,对于仍处于"试用期"的黄循财及其领导团队而言,来自政治、经济和社会等领域的诸多挑战成为其不得不面对的选举难题。

(一)人民行动党的长期执政地位受反对党壮大威胁或有所动摇

自新加坡实现自治以来,其政党政治呈现出一种典型的"有限竞争"模式,反对党的活动空间被人民行动党长期压缩。然而工人党和前进党在2020年国会选举中的亮眼表现使得人民行动党不得不重新审视其能否长期一党执政的问题。从选举结果来看,作为最大反对党的工人党赢得了阿裕尼集选区(得票率59.93%)、盛港集选区(52.13%)和后港单选区(61.19%)在内的3个选区的胜利,斩获了国会93个席次中的10席,为历史最佳。人民行动党虽然获得了剩余的83个席次,但得票率较2015年下

滑了8.6个百分点，降至61.24%。更为关键的是，工人党不仅在盛港集选区击败了参与该选区竞选的3名人民行动党部长级别候选人（黄志明、蓝彬明、安宁阿敏），在落败的选区也取得了不俗的成绩，极限逼近人民行动党候选人的所得票数。如东海岸集选区，工人党得票率达到了46.59%。此外，从人民行动党出走的陈清木于2019年成立前进党，虽然首次推出的候选人并未在任一选区的选举中获胜，但由于在西海岸集选区（48.31%）和玛丽蒙单选区（44.96%）的高得票率，该党助理秘书长梁文辉以及副主席潘群勤得以出任国会非选区议员，享有与民选议员相同的投票权利。种种数据呈现出反对党正以逐步壮大的态势在对人民行动党构成威胁。

在李光耀看来，两党制将会导致新加坡沦为"平庸的城市"。因此在很长一段时间内，人民行动党在加强自身能力建设的同时，也利用国家权力对其他反对党实施限制与打压。在整个20世纪的后半叶，人民行动采取的行动包括六七十年代公开的武力干涉、内部安全法的法律威慑，以及八九十年代通过非选区议员制度、集选区制度等制度设计限制公平竞争。如今，人民行动党"一党独大"的政治体制正面临着更为严峻的挑战：一是因为在民主化与多元化的政治思潮下，人民行动党将无法启用直接的压制手段；二是受到边际效应递减的影响，对于人民行动党持续执政所需投入的成本和创造的绩效提出了更高的要求；三是反对党对自身角色的认知变化，从过去的"对抗者""反对者"转为"建设者"，树立了专业、理性的政党形象。特别是在2020年国会选举过后，新加坡的政党格局发生了显著变化：首先，工人党一举拿下10个国会席次，成为新加坡独立以来首个在国会拥有双位数议席的民选反对党；其次，工人党秘书长毕丹星成为首任官方反对党领袖，在新加坡国会中发挥着带动反对党议员批评和监督现任政府的功能。新加坡学者观察称："这反映了工人党作为国会主要反对党，力量日益增强。展望未来，这可能为两党制奠定基础，就像世界多数议会制最终的走向一样。"①由此可见,新加坡新的政党博弈版图正在形成,以工人党为首的反对党将会在越来越多的选区对人民行动党造成挤压效应,考验着黄循财团队的竞选策略与布局安排。

(二)全球性经济危机引发的诸多问题破坏政党稳定发展环境

疫情在全球范围的大规模暴发对于世界经济造成了严重的冲击,新加坡也未能幸免。根据新加坡贸工部的统计数据,在本土疫情蔓延的2020年,新加坡经济负增长5.4%,为建国以来的最大萎缩。2021年,触底反弹后的新加坡实现了全年7.2%的经济高增长率。然而这并不意味着新加坡走出了低迷的困境。主流媒体普遍认为,新加坡经济将会持续增长,各产业的发展前景却依然不甚均衡。随着新加坡国内防疫限制措施的逐步放宽,制造业、餐饮业、服务业、航空业等此前深受疫情冲击的产业正在有序复苏,但实际的经济增长预计难以在短时间内恢复到疫情之前的水平。特别是,劳动力短缺的问题不会在短期内完全解决,这将影响建筑业及海事与岸外工程业的复苏。②此外,作为一个高度开放型经济体,新加坡深受外部大环境的影响和制约。国际货币基金组织的最新预测表明,在疫情变异叠加俄乌冲突的背景之下,全球经济复苏之路更加艰难。全球经济增速预计将从2021年6.1%的估值下降至2022年和2023年的3.6%。2023年之后,全球经济增速将进一步放缓,并在中期回落至3.3%左右。因此,面对经济下行压力的进一步加剧,如何实现经济的稳步增长和产业的均衡发展,是对于身兼财政部部长的黄循财治理能力的一次检验。

国际局部冲突对新加坡亦有影响,这不仅反映在经济增速层面,而且还引发了大宗商品价格上涨、价格压力不断扩大,全球性通胀预计将维持

① 杨浚鑫、胡渊文:《观察家:毕丹星被点名反对党领袖 行动党或为国会两党制铺路》,《联合早报》2020年7月12日。

② 《新加坡贸工部:新加坡今年料维持扩张 但各行业增长仍不均衡》,中国国际贸易促进委员会,https://www.ccpit.org/singapore/a/20220220/20220220wph7.html。

高位,且持续时间将长于先前的预期。同样是来自国际货币基金组织的预测显示,2022年全球发达经济体的通胀率预计为5.7%,新兴市场和发展中经济体的通胀率预计为8.7%。受此影响,新加坡也正经历着近十年来最高的通胀率。华侨银行首席经济师林秀心预测,新加坡的核心通胀率从2022年6月起可能冲破4%,超过官方预测的2.5%～3.5%的上限。①新加坡金融管理局和贸工部也发布联合文告称,与4月相比,5月的整体通胀率上升0.2%,核心通胀率上升0.3%。其中,核心通胀上扬反映了食品、服务、零售和其他商品,以及电力和天然气等费用的上升。②这一系列的信号表明,新加坡的通胀压力还将在未来一段时间内持续。目前,黄循财已宣布政府推出了总计15亿新元的援助配套重点措施,面向个人/家庭、员工/自雇人士,以及企业、重点帮扶低收入与弱势群体。此外,新加坡政府还将出台一项新的"节能津贴"计划,协助食品服务、食品制造和零售行业采用更为节能的设备,以缓冲能源价格波动。从这个角度来看,能否通过有效地调控和货币政策稳定物价,将决定黄循财团队能够在多大程度上赢得民众的认可与支持。

五、结语

人民行动党在新加坡七十余年的执政经验表明,在理性的政治文化和有序的继任机制下,一党长期执政也可以实现国家治理绩效的全面提升,带来稳定的社会秩序与经济的繁荣发展。作为一个后发国家,新加坡并没有选择照搬西方式的竞争性选举、轮流执政的模式,而是走出了一条独特的新加坡道路,将"自我更新"的理念贯彻于领导人遴选、培养和交接的各个环节,主动网罗各界社会精英培养成为政治领袖,保持人民行动党

---

① 《经济师:我国核心通胀率下月起或冲破4%》,《联合早报》2022年5月24日。
② 《物价继续上扬我国5月核心通胀率升至3.6%》,《联合早报》2022年6月23日。

的核心竞争力。在新的政治生态中,人民行动党同样面临着适应性的问题,这就要求新任领袖黄循财及其团队对内要继续强化政治体制的吸纳、整合和治理能力,对外也要有效应对来自反对党派、经济危机,以及风险社会的挑战,从而维持人民行动党的执政优势与地位。

东盟国家的对冲战略对
东盟中心地位的削弱*

郭　宾

　　自2007年正式提出东盟中心地位以来,东盟各国均对其十分重视,并视之为指导东南亚区域内及东盟与域外大国合作的基础。同时,东盟各国针对域外大国始终秉持对冲战略,希望以此规避卷入大国冲突的风险。目前,学界对于东盟国家实施的对冲战略与东盟中心地位的联系的研究较少,且部分学者认为对冲战略是东盟各国保持东盟中心地位的恰当选择。然而本文认为东盟各国实施的对冲战略造成了一种离心倾向,且在美国提出印太战略的当下,对冲战略的政策选择空间逐渐缩小,对冲战略的实施实际上削弱了东盟的中心地位。本文旨在中外学界研究基础上界定东盟中心地位的存续条件,然后观察东盟各国的对冲战略的实施情况并论证其以怎样的方式削弱了东盟中心地位,最后尝试讨论在新的历史时期东盟国家有哪些可行的方式可以替代甚至超越对冲战略以护持东盟中心地位并探讨构建中国—东盟命运共同体对这种护持的潜在助益。

---

　　*郭宾,华中师范大学政治与国际关系学院国际关系专业硕士研究生,中印尼人文交流研究中心研究助理。

一、问题的提出及意义

东盟作为东南亚最大最具影响力的政府间国际组织,地处我国南部,沟通亚洲与大洋洲,印度洋与太平洋,其在地理上囊括了马六甲海峡、克拉地峡等重要的海路运输枢纽。东盟国家普遍与我国有着密切的经济往来,2020年,东盟超过欧盟成为我国的第一大贸易伙伴,同年,由东盟发起的区域全面经济伙伴关系协定正式签署通过,标志着横跨两大洲,拥有最大人口和最大贸易量的自由贸易区正式启动。同时,东盟国家与我国在南海问题上存在争端,对于我国不断提高的综合实力也普遍存在威胁认知,视美国在东南亚的军事存在为制衡我国崛起与稳定区域秩序的保障,因此东盟国家普遍采取对冲战略,形成了经济上依靠中国,安全上依靠美国的现象。

东盟自创始以来始终保持一个包容开放的多边主义态度,并且提倡通过磋商对话、制定议事程序的形式为解决区域内问题,以及本区域与东亚、亚太大国间的问题提供平台,逐渐形成了"东盟+"的一系列东盟机制,围绕东盟构建同心圆式的区域主义合作。在亚太地区内缺乏实质性区域性霸权,各大国处于竞合状态,大国之间存在合作与协商余地的情况下,东盟成为链接亚太国家的制度中心,成为创造亚太区域主义的驱动者与支点。[①]其中东盟防长扩大会议、东盟地区论坛和东亚峰会等嵌套制度十分引人注目。这种中心地位既是体系互动的结果,也是东盟国家共同努力的目标与方向,在多届东盟峰会的声明与其他东盟重要成果文件中都有所体现,这一中心地位的最早明确提及可以追溯到2007年的《东盟宪章》,在这份东盟成立40年来的第一份具有普遍法律意义的文件中这

---

① Acharya, "The Myth of ASEAN Centrality?", *Contemporary Southeast Asia: A Journal of International and Strategic Affairs*, Vol. 39, No. 2, 2017, pp. 273-279.

样写道："维护东盟在开放、透明和包容的地区架构中的中心地位和积极作用,作为促进和外部伙伴关系进行合作的主要动力。"①

国内外学者的研究普遍认为,之所以东盟能够在区域化合作进程中处于中心地位,是因为其维持了参与东南亚区域进程的域外大国尤其是中美之间的平衡,为大国提供了协商合作的平台,东盟的中心地位得益于东盟的区域组织能力和号召能力,其是作为东亚乃至亚太地区的合作网络中的"中心"和"支点"而获得了重要的地位,东盟本身不具备与大国相等的能力,却因为置身于国际合作网络中而获得了关系性权力。②因此,在提及东盟国家的对冲战略时,现有研究往往认为这种战略有利于维持大国平衡进而加强东盟的中心地位,③还有学者认为对冲战略与东盟中心地位具有连通性,需要放在一起进行考察。④本文认为在一段时间内,东盟国家实行的对冲战略确实起到了加强东盟中心地位的作用,然而这并不足以将东盟各国对冲战略的实施与东盟中心地位的稳固视作正相关关系。一方面,本文认为对冲战略不等同于简单的中立政策,有必要在明确对冲战略的概念界定的基础上具体观察东盟各国的对冲战略所使用的不

---

① Association of Southeast Asian Nations, "The ASEAN Charter", https://asean.org/wp-content/uploads/images/archive/publications/ASEAN-Charter.pdf.

② 关于这部分研究可以参见:董贺:《关系与权力:网络视角下的东盟中心地位》,《世界经济与政治》2017年第8期;Jones L., "Still in the 'drivers' seat', but for how long? ASEAN's capacity for leadership in East-Asian international relations", *Journal of Current Southeast Asian Affairs*, Vol. 29, No. 3, 2010, pp. 95–113; Goh E., Acharya A., "The ASEAN Regional Forum and US-China Relations: Comparing Chinese and American Positions", Paper Prepared for the Fifth China-ASEAN Research Institutes Roudtable: Regionalism and Community Building in East Asia, 2002.

③ Saha P., "The Quad in the Indo-Pacific: Why ASEAN Remains Cautious", *ORF Issue Brief*, No. 229, 2018, pp. 1–12.

④ Mueller L. M., "Challenges to ASEAN centrality and hedging in connectivity governance—regional and national pressure points", *The Pacific Review*, Vol. 34, No. 5, 2021, pp. 747–777.

同政策组合,本文将要得出的结论是,东盟各国在实施以规避风险为导向
的对冲战略时所选用的政策具有面向不同大国的追随或制衡倾向,其离
心倾向削弱了东盟的内部一致性。另一方面,本文认为国际环境的变化
使得对冲战略的实施逐渐丧失了灵活性,随着中美竞争关系加剧,尤其是
2017年开始,美国提出印太战略,继而构建包括四方安全对话、三边安保
联盟协定等准安全同盟体系,①形成对中国的遏制趋势,这种安全同盟式
的外交已经超越了原有的以"东盟+"机制为中心的亚太地区的合作机
制,在这种情况下继续实施对冲战略只会加剧大国在区域内的竞争态
势,诱使大国以更大的筹码或更强硬的态度换取东盟国家的选边站队。

因此,本文认为有必要审视对冲战略为何及如何削弱了东盟中心地
位,并考虑能否避免这一阻力。这一问题的深入研究对于我国国际战略
也具有重要现实意义,继续护持东盟中心地位,围绕以东盟为中心的区域
合作机制有利于为我国创造稳定的外部环境,也有利于在印太区域内形
成战略支撑点以应对美国不断深化的印太战略可能带来的不确定性因
素。在当下国际地区形势深刻演变的背景下,发展好中国东盟全面战略
伙伴关系至关重要,我国外交部发布的立场文件中也明确表示对东盟中
心地位的支持。②中国与东盟各国的良好关系是东亚和东南亚区域和平
与繁荣的基石,在本文的最后也将探讨构建中国—东盟命运共同体对东
盟各国走出对冲战略的桎梏,齐心协力维护好东盟中心地位的潜在助益。

二、对冲战略的概念界定与东盟中心地位的分析框架

本文旨在揭示东盟国家的对冲战略对东盟中心地位的削弱,鉴于国

---

① Koga K., "Getting ASEAN Right in US Indo-Pacific Strategy", *The Washington Quarterly*, Vol. 45, No. 4, 2022, pp. 157–177.

②《中国支持东盟中心地位的立场文件》, https://www.mfa.gov.cn/web/wjb_673085/zfxxgk_674865/gknrlb/tywj/zcwj/202208/t20220804_10734026.shtml。

内外学者对于对冲战略有着差异较大的定义,因此有必要对这一概念进行清晰的界定。在对冲战略的概念界定完毕后,本节还要在国内外学界对东盟中心地位的大量研究的基础上,搭建一个有关东盟中心地位存续条件的分析框架,以便接下来进一步研究东盟国家实施的对冲战略到底如何削弱了东盟中心地位,又可以通过哪些路径来突破对冲战略的局限,从而护持东盟中心地位。

(一)对冲战略的概念界定

对冲战略,是在国际政治学者们研究后冷战时期的国家行为体战略时提出的一种用来描述对抗或容纳一个大国威胁的战略选择,这种战略选择被大多数学者看作是一种介于追随和制衡当中的中间道路选择。研究者们之所以从金融学借用对冲这个概念,是因为冷战后一些中小国家的战略选择脱离了传统现实主义视角的预期。当中小国家面对崛起大国和原有主导国的竞争,它们并没有选择选边站队,也没有被动中立地迎接国际格局变化的影响,而是积极主动地同时开展面向崛起国与主导国的外交行动,试图在规避因为大国竞争带来的不确定风险的同时也不丧失与大国合作所得的收益。可以说,对冲为我们看待小国针对区域内大国的战略行为提供了一个区别于追随制衡二分法的新的视角,面对东盟国家长时间的经济上靠中国、安全上靠美国的状况,可以用对冲战略对这种特殊的国际政治现象加以描述和解释。相应地,对于对冲这个概念也要加以界定,想要了解东盟国家的对冲战略对东盟中心地位造成了怎样的影响,首先要明确东盟国家是否在对冲,其对冲形态又是怎样的。

目前,国内外学者对于对冲概念的研究与辩论主要围绕以下问题展开:一是对冲的定义,一部分学者认为对冲是小国对大国所采用的一系列政策组合以构建一种保险形式,规避不确定性风险,如郭清水把对冲定义为一国在高不确定性和高度利害关系的情况下,通过旨在产生相互抵消作用的多种政策选择来抵消风险的行为,①另一部分学者则认为对冲是一种安全策略,例如吴翠玲在她的著作中将对冲定义为国家无法决定制衡还是追随政策时所选用的一组策略,旨在长期保持或应急维持一种中间道路。这一定义方式虽然也强调对冲是对风险的规避,但更多侧重于是在追随与制衡政策无法制定时的一种替代选择。②一些注重国家结盟政治研究的学者指出对冲是一国期望与大国进行有限结盟时做出的一种战略选择,例如西奥西阿里指出东南亚国家出于安全因素考虑希望与美国成为盟友,但是又希望可以维持区域秩序稳定,避免卷入大国冲突,因此普遍采取对冲战略以便达成与美国的有限结盟。③王玉主将对冲概念回归金融学的解释,他认为把对冲视作规避风险的一组政策组合的做法使得对冲在实际研究中被滥用,他强调了对冲只是小国的选择,并且是小国用来对冲因过早选择制衡或追随政策而站错队的风险的一种外交策略。④二是对冲的发生原因,学者们多从体系与单元两个层面来分析对冲的原因,在体系层面,大部分学者都认同存在主导国和崛起国之间力量的相对均衡才给予了中小国家实施对冲的空间,而这些中小国家的对冲目的也正是维持这种均势格局。在单元层面上,对大国的威胁认知是大部分学者认同的对冲原因,此外,郑在浩针对东南亚国家实施对冲战略提出了三个因素的制约:与美国的联盟关系、与中国的领土争端情况、对冲实

---

① Cheng-Chwee K., "The essence of hedging: Malaysia and Singapore's response to a rising China", *Contemporary Southeast Asia: A Journal of International and Strategic Affairs*, Vol. 30, No. 2, 2008, pp. 159-185.

② Goh E., "Meeting the China Challenge: The US in Southeast Asian Regional Security Strategies", *Policy Studies*, No. 16, 2005, pp. 1-51.

③ Ciorciari J. D., "The balance of great-power influence in contemporary Southeast Asia", *International relations of the Asia-Pacific*, Vol. 9, No. 1, 2009, pp. 157-196.

④ 王玉主:《对冲策略及对中国—东盟关系的意义》,《世界经济与政治》2021年第5期。

施国自身的政权特征,①李大陆从政权合法性观点出发,深入分析影响合法性的因素,认为民族主义与国内政治权力结构是影响对冲的两个重要单元层面因素。②三是对冲如何实施,大部分对冲战略的研究者都认为对冲战略的实施是一系列战略组合,但是关于这种组合究竟包括哪些可用战略存在分歧,如吴翠玲将软制衡视作对冲战略组合的一部分,认为对冲战略是隐含着向制衡战略发展的倾向的,③利姆和库伯则将释放模糊的信号看作对冲的主要方式,认为通过模糊的结盟信号可以实现有限结盟,④其他学者也大多认为对冲战略的政策工具选择介于追随与制衡之间,其表现出的战略行为方式以吴翠岭认为的软制衡和利姆和库伯认为的有限结盟为限度。⑤

因本文旨在研究东盟国家的对冲战略对于东盟中心地位的影响,无意于解决围绕对冲概念产生的众多学理性分歧,所以文中对冲战略的定义将广泛采纳众多学者与此相关的界定与说明,并根据东盟国家的实际外交行为选择最符合对东盟国家的对冲战略的定义方式。在对冲的定义上,本文采纳对冲作为一种风险规避策略的观点,认为对冲的实施主体是

---

① Chung J. H., "East Asia responds to the rise of China: Patterns and variations", *Pacific Affairs*, Vol. 82, No. 4, 2009, pp. 657-675.

② 李大陆:《民族主义、国内政治权力结构变迁与南海争端国对华对冲差异》,《当代亚太》2020年第2期。

③ Goh E., "Great powers and hierarchical order in Southeast Asia: Analyzing regional security strategies", *International Security*, Vol. 32, No. 3, 2007, pp. 113-157.

④ Lim D. J., "Cooper Z. Reassessing hedging: The logic of alignment in East Asia", *Security Studies*, Vol. 24, No. 4, 2015, pp. 696-727.

⑤ 例如:温尧:《东南亚国家的对华对冲:一项理论探讨》,《当代亚太》2016年第6期;凌胜利:《二元格局:左右逢源还是左右为难?——东南亚六国对中美亚太主导权竞争的回应(2012—2017)》,《国际政治科学》2018年第4期;Cheng-Chwee K., "The essence of hedging: Malaysia and Singapore's response to a rising China", *Contemporary Southeast Asia: A Journal of International and Strategic Affairs*, Vol. 30, No. 2, 2008, pp. 159-185; Medeiros E. S., "Strategic hedging and the future of Asia-pacific stability", *The Washington Quarterly*, Vol. 29, No. 1, 2005, pp. 145-167.

为了避免潜在的不确定风险,在体系与单元因素的双重推动下,采取一系列介于追随与制衡之间的策略组合。因此,本文强调对冲战略中规避风险这一属性,这就使得对冲与均势战略区分开来,因为风险是不确定的,而均势战略旨在消除的是明确的安全威胁。另一方面,本文定义对冲为实施国主动选取的一系列策略组合,因此也与被动的中立战略区别开来。除此之外,本文也将对冲的政策工具选择限制在追随与制衡之间,在一定程度上使用软制衡和模糊结盟的概念,但避免对冲的外延扩展到制衡和追随领域。

(二)分析框架——东盟中心地位的存续条件

国内外学者对于东盟中心地位的存续条件也进行了深入的研究,梅利在社会网络理论的视野下对东盟中心地位进行了界定,认为中间度、亲密度与程度是影响东盟中心地位的三个变量,也即其存续条件,还相应地提出了维持东盟中心地位的方式,认为东盟需要保持自主制定议程、提供会议平台及召集区域内大国的能力,而且必须扩大东盟规范的影响和提高塑造区域秩序的能力;结构现实主义学者把国际格局作为影响东盟中心地位延续的主要变量,认为东盟中心地位归根结底是受权力分配制约、由大国主导、被区域力量博弈赋予的,埃莫斯聚焦于东盟地区论坛构建的合作安全规范所体现的东盟中心地位,他认为其是在中美两个大国之间的权力平衡的情境下形成的,大国权力平衡这一因素是东盟中心地位的存续条件;制度主义学者认为国际格局与权力分配是重要的,但更重要的是东盟国家的政策选择与制度设计,一个开放包容,能够容纳多元价值的亚太或更大区域内国家的制度平台是维持东盟中心地位的关键所在,陈思诚分析了东盟防长扩大会议相较于东盟地区论坛的成功之处,他认为两个制度都体现着东盟中心地位,但一个比之另一个相对成功,这是因为东盟防长扩大会议比之东盟地区论坛有着更为灵活的成员控制机制以及对预先存在的权力与利益分配的考虑,也就是说,陈思诚在这篇文章中认同权力平衡是东盟中心地位的存续条件,但认为良好的制度设计可以绕过一些权力平衡带来的安全困境。王传剑与张佳指出,东盟中心地位本质上是其与外部参与者互动的产物,其形成与存续依赖于内外两个一体化进程,他们把东盟中心地位得以存续的条件归结为四个:一是地区均势状态,从冷战至今在东南亚区域内的均势状态促生了东盟中心地位;二是大国竞合关系,中美两国的竞合关系限制了东盟内行为体的单边倾向;三是共享领导体系,即没有一个区域内国家享有完全的领导权;四是大国平衡外交,东盟中心地位的存续有赖于东盟国家的平衡外交努力。

本文主要根据以上国内外学者的研究对影响东盟中心地位的存续条件予以界定,以此构建一个分析框架,以便观察东盟国家的对冲行为以怎样的方式和在哪些方面对东盟中心地位造成了影响。本文综合考虑现实主义学者强调的力量平衡、制度主义者强调的制度设计,梅利所提出的在国际社会网络关系中的关键位置,以及王传剑与张佳指出的内外两个一体化,认为对于东盟中心地位的存续条件可以分为东盟内部因素与环境因素两个维度。在内部因素这一维度中,最重要的是东盟国家对于东盟中心地位的一致认同,以及共同的中间立场。这取决于东盟国家的利益认知,东盟的组织原则中占有重要地位的两条标准分别是不干涉原则和协商一致原则。[①]这样的组织原则使得东盟在面临具体事务时,其作为一个组织的整体利益难以实现甚至有时要让步于作为构成成员的各个国家的利益,东盟各成员国在追求自身利益的过程中会根据自身的利益认知采取不同的政策,这些倾向不同的政策很容易损害东盟各国的一致性。在环境因素维度,域外大国在区域内的均势状态与竞合关系,以及东盟在环境中的关键位置是维持东盟中心地位的必要因素。这里需要提出,作为亚

---

① Acharya A., "Ideas, identity, and institution-building: From the 'ASEAN way' to the 'Asia-Pacific way'?", *The Pacific Review*, Vol. 10, No. 3, 1997, pp. 319-346.

太区域及范围更大的印太区域的一个次区域组成部分,东盟各国所处的东南亚是更大范围体系内的区域强国甚至世界性强国进行影响力与综合实力竞争的区域舞台,在历史上曾经有帝国主义的日本与西方列强尤其是美国在这一区域争夺殖民控制权,①之后冷战时期该区域又经历了以美苏为首的两大阵营之间的竞争。②如今,盟国家通过开展军事演习、加强军事合作与互信、缔结盟约等方式改变大国战略竞争在区域内的军事存在状况从而影响大国在区域内的均势状况。竞合关系则是指一种非对抗性竞争的状态,在这种状态下,中美两个大国存在协商对话与开展合作的空间。东盟在该区域内的关键位置则体现在其议程设置能力、为大国提供协商对话与合作的平台的能力、号召区域内国家参加合作的能力等多个方面。

三、对冲战略削弱东盟中心地位

本文在上一部分已经搭建了一个东盟中心地位存续条件的分析框架,接下来将把东盟各国实施的对冲战略纳入这一分析框架中进行考察,观察其对于东盟中心地位的内外存续条件的影响如何。首先,对于东盟中心地位的内部存续条件——东盟成员国对东盟中心地位的一致认同与维护。本文认为,对冲战略始终发挥着消极作用,因此通过简要分析东盟主要国家的对冲战略实施情况,发现东盟国家的对冲政策工具选择存在差异,并且在同一时期或同一问题上也各有其侧重点,这种差异不利于东盟国家维持内部的一致性。接下来,本文将考虑对冲战略对东盟中心

---

① Fifield R. H.,"Southeast Asia as a regional concept", *Asian Journal of Social Science*, Vol. 11, No. 1, 1983, pp. 1–14.

② Yazid M. N. M.,"The cold war, bipolarity structure and the power vacuum in the East and South East Asia after 1945", *Journal of Global Peace and Conflict*, Vol. 2, No. 1, 2014, pp. 121–128.

地位的外部存续条件的影响,认为东盟国家实施的对冲战略在冷战结束后通过促进大国平衡而客观上构建了东盟中心地位赖以存续的环境因素。但本文强调对冲战略不等同于中立战略,对冲战略的本质是为了避免不确定风险,而非以维持中立为根本目的,当维持大国平衡不能减少不确定性风险时,对冲实施国就会选择更具倾向性的制衡或追随战略。在美国提出印太战略以后,东盟国家实质上面临新的印太格局带来的挑战,在这一格局下大国之间的竞争日趋激烈。在这种情况下,对冲战略包含的更多制衡或追随因素,将无助于维持大国均势与竞合关系,甚至会起到反作用。另外,东盟国家的对冲战略也影响东盟作为对话协商平台的可信性,这些因素都不利于维持东盟中心地位。

(一)对冲战略不利于东盟内部一致性

东盟中心地位的内部存续条件是东盟内部的一致性,对冲战略本质上是一套策略组合,在每个成员国在自身利益驱动下自行进行政策组合的情况中,制定出的政策很难具有一致性,中外学界围绕东盟国家的对冲战略实施状况进行了大量研究,本文将对主要东盟国家的对冲战略进行简要归纳,并将其纳入一个考虑政策组合介于制衡与追随两端的程度,以及对冲政策选择偏向区域整体效能或国家个体利益两个衡量指标的比较分析框架。通过图示的方式直观呈现出来(见图8-1),其中x轴代表对冲国实施对冲战略所选择的政策组合介于制衡与追随之间的程度,这种程度不同主要与对冲实施国对崛起国的威胁认知与对冲国和守成国的合作程度有关;y轴代表对冲实施国选择具体策略时更看重对冲的区域效能还是更考虑对冲给本国带来的个体收益,因为国家权势、价值观念等因素的不同,不同的东盟国家对于区域利益与本国利益的协调程度和优先程度的看法不同。另外,这里需要指出对冲实施国对区域整体利益的看重与否同对冲的追随和制衡程度没有必然联系,无论是出于区域整体利益考虑还是实现国家利益,对冲实施国都有各自的理由去偏向追随或偏向制衡,因此x轴和y轴的衡量指标是各自独立的,不会互相施加影响。

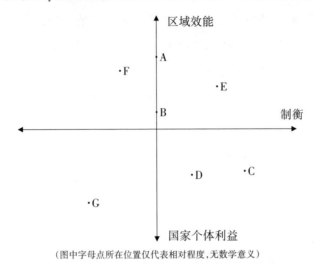

(图中字母点所在位置仅代表相对程度,无数学意义)

图8-1 东盟各国政策组合及对冲政策选择偏好比较分析框架

印度尼西亚是东南亚次区域内的中等强国,也是东盟创始国之一,因为其重要的地理位置与区域内领先的人口数量及国土面积,以及军事与经济能力,被认为在东盟中发挥领导作用,其历届政府通过构建制度体系,为东盟提供行动框架和制定议程等方式致力于获得东盟的领导权。另一方面,出于对自身地区内强国身份的认知及经历艰苦斗争摆脱殖民者统治的历史记忆,印尼倾向于维持东南亚区域整体的安全与独立自主,印尼总统苏哈托曾公开强调:"从长远来看,我们希望东南亚有共同的能力管理他们自己的未来,而不是让这个未来被外部力量决定或干涉。一个强大的东南亚可以实现人民的福祉……与世界和平。"[①]印尼在对冲的具体策略选择上较多采用经济实用主义的接触政策及强调东盟方式的约束

---

① Nabbs-Keller G.,"ASEAN centrality and Indonesian leadership in a contested In-do-Pacific order",*Security Challenges*,Vol. 16,No. 3,2020,p. 23.

政策,希望通过东盟地区论坛等区域制度架构对中国进行社会化约束,例如佐科政府提出的全球海洋支点战略致力于扩大印尼与印度洋国家的国防、政治和经济接触,通过印度洋沿岸协会等多边组织开展多边协作,[①]巩固印尼在东盟的领导地位并加强区域架构(特别是东亚峰会)以防止大国霸权。综合以上论述,本文将印尼在图8-1上置于A点。

马来西亚是东南亚区域内强国,其人口、国土面积与国内生产总值总量在东南亚区域内都位居前列,而且同时也是东盟的创始国与核心成员国,马来西亚地处东盟的海上部分与陆上部分的连接处,马六甲海峡沟通太平洋与印度洋,具有十分重要的战略地理意义。马来西亚同样对东盟具有领导意愿,并且重视区域利益,一方面,东盟为马来西亚提供了一个与区域内国家协商对话的平台,另一方面,依托东盟与更大区域如东亚、亚太、印太的联系,为国内经济发展增添助力。因此,马来西亚始终坚持"东盟基石"的外交政策,被视为奠定了东盟大国平衡的中立原则的《和平、自由和中立区宣言》就是在吉隆坡签订的。[②]但是马来西亚与印度尼西亚不同,其获得独立主要经由与曾经的殖民宗主国英国进行和平谈判,独立后仍与英联邦维持密切联系,并且在获得独立的初期因为民族、宗教、领土等问题与东盟其他多个成员国如印度尼西亚、泰国、越南、新加坡等发生过摩擦甚至是冲突,[③]基于这些原因,马来西亚对待东盟的工具主义态度更强。其他方面与印尼相似,出于和中国并无重大利益冲突,以及对区域独立性的偏好,马来西亚多采取经济实用主义的接触政策,或依托

① Nisa A. C., "Diplomasi Maritim Indonesia Dalam Indian Ocean Rim Association (IORA): Indonesian Maritime Diplomacy within the Indian Ocean Rim Association (IO-RA)", *Journal of Government Science (GovSci): Jurnal Ilmu Pemerintahan*, Vol. 1, No. 2, 2020, pp. 51–63.

② https://cil.nus.edu.sg/wp-content/uploads/2019/02/1971-Zone-of-Peace-Free-dom-and-Neutrality-Declaration-1-1.pdf.

③ 葛红亮:《马来西亚与东盟的区域一体化发展》,《学术探索》2017年第11期。

东盟对中国进行束缚与社会化。马来西亚与中国的经济合作不断升级，2008年马来西亚成为中国在东南亚的第一大贸易伙伴，2015年发布的马来西亚第十一个规划（2015—2020年）强调基础设施建设，与"一带一路"倡议高度吻合，但其仍在个别问题上与中国存在分歧。①本文将马来西亚在图8-1上置于B点。

菲律宾与泰国都是美国的盟国，同时也是东南亚区域内的中等强国，菲律宾历史上长期是美国在亚洲的殖民地，其政治体制也是效仿美国，因此在政治、文化、宗教等多方面都与美国有密切联系，菲律宾虽然是东盟创始国之一，但其出于意识形态的动机大于区域合作的动机。②泰国由于自身宗教、政体与大部分东南亚国家不同，其对于东南亚整体区域利益的认同度不高，同时在安全上依赖美国。菲律宾的对华对冲战略多有反复，在阿罗约总统前，菲律宾对华保持一定距离。2001年随着中国加入世界贸易组织，阿罗约总统从经济实用主义出发，加强与中国的接触，中菲高层多次互访，军事上也通过开展演习加深互信，为南海和平提供坚实保障，阿基诺三世上台后，菲律宾逐渐向制衡战略倾斜。③在杜特尔特执政后，其政府又选择了对中国采取积极态度，希望参与"一带一路"建设为菲律宾经济增长创造商机，杜特尔特政府希望通过搁置南海争端、拉远与美国距离等方式从中国获得更大的经济利益。④泰国的情况也和菲律宾类似，其对冲战略在经济利益与威胁感知之间摇摆。他信总理因为自身的华裔出身，以及平民路线的合法性来源，在对华政策上较为友善，希望搭

① Chin K. F., "Malaysia's perception and strategy toward China's BRI expansion: Continuity or change?", *The Chinese Economy*, Vol. 54, No. 1, 2021, pp. 9–19.

② 郑蔚康:《菲律宾对东盟政策中的美国因素》,《东南亚研究》2009年第5期。

③ 陈庆鸿:《菲律宾对华对冲战略评析》,《当代亚太》2015年第6期。

④ Chao W. C., "The Philippines' perception and strategy for China's belt and road initiative expansion: Hedging with balancing", *The Chinese Economy*, Vol. 54, No. 1, 2021, pp. 48–55.

中国发展的便车。2006年军事政变后,由于美国暂停了对泰国的经济援助与军事支持,素拉育军政府与中国的合作进一步密切,中泰在此期间签订多个自贸区协议等经济协定,此后泰国政界在黄衫军与红衫军之间转变,对华政策也在制衡与追随间摇摆,2011年英拉上台后延续了亲平民路线,但也密切了与美国的军事合作,如参与年度金色眼镜蛇项目,2014年政变后上台的巴育政府由于美国援助的暂停又倒向亲华态度。①本文将菲律宾与泰国在图8-1上分别置于C、D位置。

越南是东南亚区域内的中等强国,也是该域唯一的共产主义国家,因为意识形态的分歧,越南保持与美国之间的外交距离,同时也与中国保持距离。越南把国家主权建设与东盟方式相兼容,寻求地区主义作为政权合法性的支撑。越南希望植根于东盟国家被殖民和侵略的共同历史构建东南亚地区主义,同时由于自身的意识形态而格外强调包容与互不干涉,这与"东盟方式"高度契合。反殖民主义与民族主义既是越南政权合法性的来源也是越南想要构建的东盟共同体意识。②越南在对冲战略方面执行对大国的双向对冲,对华强调经济合作,积极参与"一带一路"建设,但也采取依托东盟的规范化束缚,以及发展自身军事力量及联合美国进行军演对华实施软制衡,对美国除了采取制度化束缚,强调与美国的安全合作,化解与美国的意识形态对立,从观念上试图降低与美国相互间的威胁认知,2013年奥巴马时期越南国家主席张晋创访美,美越关系升级为全面合作伙伴,2017年特朗普时期越南国家总理阮春福访美,再度提议加强伙伴关系。③本文将越南在图8-1中置于E点位置。

① Wong M. Y. H., "Chinese influence, US linkages, or neither? Comparing regime changes in Myanmar and Thailand", *Democratization*, Vol. 26, No. 3, 2019, pp. 359-381.

② Sutherland C., "Reconciling nation and region: Vietnamese nation building and ASEAN regionalism", *Political Studies*, Vol. 57, No. 2, 2009, pp. 316-336.

③ Tu D. C. and Nguyen H. T. T., "Understanding the US-Vietnam Security Relationship, 2011-2017", *The Korean Journal of Defense Analysis*, Vol. 31, No. 1, 2019, pp. 121-144.

新加坡虽然国土面积与人口都位列东盟国家倒数,但其人均国内生产总值却排名首位,新加坡长期以来始终采取服务导向型的发展政策。新加坡的经济发展依赖精密电子产品加工与出口、医疗服务、航运、旅游业等资本密集型产业,稳定的区域环境对于新加坡十分重要。新加坡致力于打造跨国区域总部,汇集了众多国际公司在新加坡设立区域总部,形成规模效应,①因此新加坡自身利益与区域整体利益具有高度一致性。新加坡对华对冲总体上呈现以经济实用主义为导向的温和形式,虽然也经历了南海仲裁案与新加坡装甲车被扣押等政治风波,但出于文化认同及收益认知大于风险认知的政策判断,新加坡对华对冲始终没有偏离"与时俱进的全方位合作伙伴关系"的发展轨道。本文将新加坡置于图8-1中F点位置。

缅甸在东盟国家中经济发展水平相对落后,在东盟经济共同体建设中始终处于受援国地位,其国内的多次政变及罗兴亚难民问题都在东盟内部引起不满,东盟国家受限于东盟方式的不干预内政原则,难以用实质性干预手段对待缅甸内政问题,但也会以断绝经济援助、拒绝缅甸参与东盟领导人峰会等形式表达反对,因此缅甸与东盟区域利益的一致性较低。②缅甸与中国地理位置临近,经济上依赖中国,在人文、民族等方面亦有相通之处。但也为了避免因过度依赖中国丧失其独立性而适度扩大与西方接触例如开展多样化的经济合作、进行多渠道的外交与防务合作。③本文将缅甸置于图8-1的G位置。此外,关于老挝与柬埔寨是否实行对

---

① Dicken P. and Kirkpatrick C., "Services-led development in ASEAN:Transnational regional headquarters in Singapore", *The Pacific Review*, Vol. 4, No. 2, 1991, pp. 174-184.

② Barber R. and Teitt S., "The Rohingya crisis:Can ASEAN salvage its credibility?", *Survival*, Vol. 62, No. 5, 2020, pp. 41-54.

③ 彭念:《东南亚国家对华对冲战略——缅甸是个例外?》,《南亚研究》2021年第1期。

冲及其对冲战略的实施情况,学术界也有相应讨论,①本文认为其与缅甸的情况相近。

通过上述的比较分析,以及结合图8-1的直观呈现,本文认为东盟国家的对冲战略呈现离心倾向,与地区利益相对一致的东盟国家印尼、越南、新加坡等在实施对冲战略时更加注重对冲的区域效能,愿意付出更多资源来避免地区秩序恶化,而与地区利益一致性较小的国家菲律宾、泰国、缅甸等则更加注重对冲的成本收益比,当实施对冲战略的潜在成本过大时,这些国家很可能停止对冲,转向完全的追随或制衡战略,这种对于区域整体效能与国家个体利益的认知不同使得东盟国家在实施对冲战略时的限度不同,这将损害到东盟国家的内部一致。另一方面,与中国存在较多利益冲突的国家以及与美国存在密切军事合作或盟友关系的国家在实施对冲战略时倾向于制衡性,而与中国经济联系密切或与美国外交关系较差的国家则在对冲中倾向于追随性,即使东盟国家都考虑对冲战略实施的地区效益,也会因为对地区效益的不同评估,实施有分歧的具体政策。总而言之,东盟国家实施的对冲战略在客观上损害了东盟中心地位的内在存续条件,即影响了东盟国家的内部一致性。

(二)对冲战略影响东盟中心地位存续的环境因素

本文在国内外学者研究的基础上提出了东盟中心地位的外部存续条件——东盟中心地位得以存续的环境因素,即区域内的域外大国均势状态,区域内的域外大国竞合关系,东盟在区域社会网络内的关键位置。本

---

① 相关论文包括:杨美姣:《后冷战时期对冲战略探究:以菲律宾、马来西亚和老挝为例》,《国际政治研究》2020第6期;Po S. and Primiano C. B., "An 'ironclad friend': Explaining Cambodia's bandwagoning policy towards China", *Journal of Current Southeast Asian Affairs*, Vol. 39, No. 3, 2020, pp. 444–464;Železný J., "More than just hedging? The reactions of Cambodia and Vietnam to the power struggle between the United States and China in times of Obama's pivot to Asia", *Asian Politics & Policy*, Vol. 14, No. 2, 2022, pp. 216–248.

部分将分析东盟国家的对冲战略如何影响这三个条件,进而影响东盟中心地位存续的环境因素。

东盟国家的对冲战略首先无法促成区域内的大国均势状态。以往的研究多数认为,东盟国家实施的对冲战略旨在平衡中美两个大国在区域内的实力,即采取主动构建均势的战略。确实,在很长一段时间内,东盟国家的对冲战略客观上起到了构建区域均势的作用。但是正如郭清水强调的那样,东盟国家实施的对冲战略的目的不是制造中美间的实力平衡,而是对中美两国分别采取一组相反的外交政策,以维持外交政策倾向性的平衡。①本文认为,东盟国家的对冲战略不等同于均势构筑战略,原因有三点:一是东盟国家实际上不具备建立区域内均势的能力,典型的维持均势的外交政策可以追溯到古典欧洲国际体系中英国的离岸平衡政策,均势战略依赖于与大国实力等同,或者起码与大国在区域内的实力等同的实施国,而无论是作为个体的东盟各国还是作为整体的东盟都不具备等同中美任意一方的实力。二是东盟国家的对冲战略与均势战略的实施对象不同,均势战略的调整对象是区域内的大国的实力,也就是说成功的均势战略应该真正改变中美在东南亚区域内的实力对比情况,而对冲战略的对象是东盟国家与大国的关系及外交距离,在对冲战略实施的过程中,大国本身在东南亚区域内的实力对比并没有因此发生直接变化,改变的仅仅是东盟国家与两个大国间外交关系的亲疏状况。三是,对冲战略与均势战略的目标不同,对冲战略旨在规避大国竞争及其可能造成的地区秩序变动对国家自身主权与利益的潜在风险,而非以维持区域秩序的均势状况为第一要务。在区域状况被认为对国家自身利益没有损害或者说维持均势的努力带来的损害更大时,东盟国家的对冲战略就会丧失客

---

① Kuik C. C., "How do weaker states hedge? Unpacking ASEAN states' alignment behavior towards China", *Journal of Contemporary China*, Vol. 25, No. 100, 2016, pp. 500-514.

观上促进区域内大国均势的作用。另外,还需要指出的是,东盟国家的对冲战略也不同于被动中立,对冲战略具有很强的主动性,正像新加坡前贸工部部长陈振声所说:"我认为我们不愿处于一种只与一方打交道而不与另一方接触的境地,我相信其他的亚洲国家也是同样的立场,每个国家都希望可以有所参与。"①

东盟国家的对冲战略会对大国竞合状态产生直接与间接影响,与中国存在分歧的东盟国家在实施对冲战略时会强调对冲的制衡性,多采用牵制与软制衡手段,例如越南与美国建立伙伴关系,菲律宾与美国签订《部队访问协议》等。②这些借助美国的牵制与软制衡手段,将增加美国军事力量在东南亚地区的存在,虽然并没有直接改变美国在该地区的能力大小,却为美国的军事部署提供了相应的合法性。美国军事实力的增长必将带来中国的担忧,推动中美竞合关系中竞争性因素的增长。正如上文所论述的,东盟国家的对冲战略是以改变东盟国家与大国的外交距离为对象的。

东盟国家的对冲战略也影响到其在区域内社会网络中的位置,根据梅利的研究,东盟中心地位主要依赖于东盟为区域内大国提供一个对话协商的平台的能力,理查德的论文中则提到东盟作为一个国家集团在国际体系中发挥领导作用主要依赖于以下三点:促进区域问题的解决、主导区域协商基础建设、影响和塑造讨论问题的方式。③这些条件潜在要求的是东盟这个平台为大国所信任,因为东盟自身并不具备主导议程的实力,

---

① "Singapore wants to remain open to both China and US: Chan Chun Sing", *Straits Times*, https://www.straitstimes.com/business/economy/singapore-wants-to-remain-open-to-both-china-and-us-chan.

② 邓佳:《冷战后越南与菲律宾南海对冲战略差异研究》,《南洋问题研究》2019年第2期。

③ Stubbs R, "ASEAN's leadership in East Asian region-building: strength in weakness", *The Pacific Review*, Vol. 27, No. 4, 2014, pp. 523-541.

其主导议程的关键位置是区域内领导国的缺乏情况所赋予的。东盟国家实施对冲战略一方面可能增加区域内的问题,而非解决区域问题,例如牵制与软制衡手段引发区域大国关系紧张;另一方面,企图两头获益的对冲战略将降低区域内大国对东盟平台的信任程度,适度的对冲战略被大国所接受,但超过限度的对冲战略很可能被大国视作不稳定因素,从而影响大国选择东盟作为开展对话的中间桥梁。

结合以上论述,本文认为对冲战略虽然在客观上曾经起到维持东南亚区域内大国实力均衡的作用,但是整体上来看将有损于东盟中心地位的外部存续条件。首先对冲不等同于均势战略,并不一定能维持域外大国在区域内的均势。其次,对冲战略不利于维持东盟作为一个可供大国进行协商沟通的平台的可信性,从而危害东盟在东南亚及更大区域的社会结构网络中的关键地位。

四、超越对冲战略的可行路径

(一)印太格局下继续致力于对冲战略的东盟国家

美国总统特朗普在2017年11月越南举行的亚太经合组织领导人非正式会议上第一次提出推动自由开放的印度—太平洋地区建设;2018年在新加坡举行的香格里拉对话中,美国国防部部长马蒂斯、印度总理莫迪及日本、澳大利亚国防部部长等都阐述了东盟在印太战略中的重要位置,并强调东盟的中心地位。但是这种强调更多是在争取东盟国家的支持,实际上印太战略提出了一种新的区域内秩序,正如克里斯托弗在伦敦国家战略研究所富勒顿论坛上的演讲中提出的:"我们所向往的印太地区是一个以规则为基础的秩序,一个开放、包容、不受胁迫的秩序。"美国所追求的基于规则基础上的秩序与本身存在的以东盟为中心的区域秩序不尽相同。①因为东盟国家依赖美国的军事存在来维持区域安全秩序,东盟国家必定受到美国的印太战略影响,但同时东盟国家的经济发展也离不开中国,因此也不能接受一个以遏制中国为主要目的的印太战略。虽然东盟国家与澳大利亚等国相似地把中国崛起视为一种潜在风险,但东盟国家与中国的经济依赖程度及地缘距离使得其更不愿意做出选边站队的选择,新加坡总理李显龙在2018年主持东盟峰会时提出:"我们都可以看到地缘政治的不确定性在增加。同时,东盟各成员国也受到来自不同大国的不同拉力与压力。在这种情况下,我们更必须保持团结,努力保持我们的凝聚力和效力。"②在这种双向矛盾下,东盟国家也努力提出自己的印太战略,在2019年6月举行的第34届东盟峰会上,东盟领导人正式通过了《东盟印太展望》,该文重申了东盟中心地位与东盟方式的重要性。

总体来看,东盟各国在新的印太格局下依然坚持对冲战略,印尼继续坚持其"海上锚点"地位的建设,并且提出了雅加达版本的"印度—太平洋合作概念",并将这个概念视作在大国竞争之中取得平衡的一种办法;马来西亚则强调在印太格局下坚持"重新调校的等距离"主义;越南可能加深与"四方安全对话"成员国的合作,但并不会加入"四方安全对话"的协调行动。③在印太格局下,东盟国家的对冲战略依然存在不一致性,甚至这种不一致性因为大国竞争的加剧而扩大,从而加重危害东盟内部一致性。另外,东盟国家有条件地接受美国"印太战略",部分东盟国家加强与"四方安全对话"等遏制中国的集体组织的合作,在印太及东南亚区域内

---

① Le Thu H., "Southeast Asia and Indo-Pacific concepts", *Security Challenges*, Vol. 16, No. 3, 2020, pp. 53–57.

② Lee Hsien Loong, "Transcript of Speech by Prime Minister Lee Hsien Loong at The Opening Ceremony of The 51st Asean Foreign Ministers' Meeting and Related Meetings", https://asean.org/wp-content/uploads/2018/08/PM-Remarks-Transcript.pdf.

③ 陈思诚:《致力于对冲:东南亚与美国的自由开放印太战略》,《南洋问题研究》2020年第2期。

引入更多美国军事存在,此举可能损害中美区域均势,加剧中美关系竞争的烈度。同时,东盟国家对"一带一路"和美国"自由开放的印太"两个在很多方面相互抵触的区域制度的同时参与,将引起中美两国对其合作平台功能及可信度的怀疑。

（二）集体对冲与替代对冲——护持东盟中心地位的可行性选择

东盟中心地位在印太格局下受到挑战是东盟国家共同认知到的事实,东盟国家也在寻求护持东盟中心地位的方式。东盟国家首要关注的是构建东盟内部的一致性,2015年11月18日,柬埔寨外交与国际合作部国务秘书高金洪在第27届东盟峰会后举行的发布会上表示,东盟领导人宣布将在2015年12月31日建成以政治安全共同体、经济共同体和社会文化共同体三大支柱为基础的东盟共同体,同时通过了愿景文件《东盟2025:携手前行》。该文指出东盟国家在面对新的印太秩序时也注重维护地区的"准共同体秩序",东盟通过的《东盟印太展望》也是对于共同体建构的努力,希望印太地区的合作是基于《联合国宪章》及相关国际条约,秉持开放、透明、包容等原则,遵循互不干涉内政、尊重主权、互利互惠的东盟方式。[①]因此,在实施对冲战略方面,东盟国家或许也可以依赖一体化的路径,从而形成东盟集体层面上的、协调一致的对冲战略,这主要涉及一致的对冲方向、程度与共同的对冲工具选择。这需要东盟国家能够调和本国利益与区域利益,使得对冲不仅仅是用来维护本国利益、规避自身将要遭受的风险的战略工具,同时也是规避区域风险的工具。东盟国家为了自身长远利益而维护区域共同利益存在不少实例,例如在面对美国的"印太战略"时,虽然其中的航行自由、开放市场等原则对很多东盟成员国具有吸引力,但这些国家考虑到维持东盟中心地位而不予完全接受,印

---

① 陈宇:《"印太"地缘政治张力与东南亚国家对冲战略的限度》,《国际关系研究》2021年第4期。

尼与新加坡都暗示不会倒向美国。①在实践方面,立足东盟集体的对冲也有成功的例子,2018年10月,东盟和中国在广东省湛江市近海水域成功举行了在"10+1"框架下的海上演习,在这次演习开始前,东盟防长会议上就确定了2019年内与美国开展海上联合演习。②然而这种集体对冲战略难以维持,因为对冲战略是一套政策组合,即使各国有大体上一致的对冲战略实施方向,在具体的政策选择过程中,仍然会因为各国的不同决策而造成离心倾向。想要真正实现集体对冲战略,还需要继续增强东盟一体化程度,构建起一个共同决策的机制,这在短期来看是较难实现的。

除了在共同体建设框架下寻求东盟集体层次上的一致对冲,本文认为,东盟还可以通过寻求对冲的替代战略以避免对冲带来的对东盟中心地位存续条件的损害。替代对冲战略的方式是建立信任关系,这种信任关系并不意味着追随某个大国,而是让区域内的大国相信东盟旨在维持地区稳定、促进地区的进步发展与共同繁荣,并且让大国确信通过东盟这个平台进行对话协商是解决区域内问题的最佳选择(这种最佳可能是最低的成本或最高的收益)。要建立信任关系主要有三种途径:一是加强合作的存在,东盟应该致力于提供更加有效的合作协商平台与机制,吸引区域内大国参与东盟主导的合作,形成以东盟为中心的制度惯性;二是加强信任的表达,东盟成员国应该注重经常性地释放信任信号,尤其是对某些成员国过度的对冲行为提出共同的批评;三是自愿接受脆弱性,东盟国家可以通过接受东盟的中心地位来自区域内大国的认可这一结构性事实来自愿接受一定程度的脆弱性,在解决区域内问题时保持相对无私的态度,因

---

① Charissa Yong, "Singapore will not join Indo-pacific Bloc for now: Vivian", *Straits Times*, https://www.straitstimes.com/singapore/spore-will-not-join-indo-pacific-bloc-for-now-vivian.

② Tan S. S., "Consigned to hedge: south-east Asia and America's 'free and open Indo-Pacific' strategy", *International Affairs*, Vol. 96, No. 1, 2020, pp. 131-148.

为即使通过对冲战略弥补脆弱性,东盟国家也面临很大的能力缺失问题。信任的构建也可以起到减少或消除参与者面临的总体风险和不确定风险的功能,信任的存在使得行为体在与另一个行为体互动的过程中产生意料之外的结果的可能性大大降低①,因此构建信任关系可以成为对冲战略的替代方案。但是信任的构建很难通过单方面的努力完成,尤其是很难在实力相对较弱的一方的积极行动下完成,因为信任的成功构建还面临接受和反馈的两个难题。即使东盟成员国按照上述三个途径去构建信任关系,区域内的大国也不一定会持有正面态度:一方面,大国可能认为东盟成员国的信任构建是为了谋取更多利益的投机行为;另一方面,大国也可能出于自身利益的考虑,不愿意被承诺所束缚,因此拒绝接受东盟国家构建的信任关系。在这种情况下,单方面作出让步的东盟国家可能因为支付了成本而未收获相应的回报而放弃构建信任关系的努力。因此,想要以构建信任关系的战略替代对冲战略,除了东盟国家的自身举措外,还需要目标大国的积极回馈。接下来,本文将考察我国实施的中国—东盟命运共同体的建构对于替代并超越对冲战略的潜在助益。

(三)构建中国—东盟命运共同体对超越对冲的潜在助益

2013年,习近平主席在印尼国会发表演讲时首次提出构建"中国—东盟命运共同体"的倡议。在这次演讲中,习近平主席指出,中国与东盟双方在坚持讲信修睦、合作共赢、守望相助、心心相印、开放包容的基础上不断努力,将能够打造为双方和本地区人民带来更多福祉的紧密的命运共同体。②此后,中国与东盟共同制定了《中国—东盟战略伙伴关系2030年愿景》《中国—东盟全面战略伙伴关系行动计划(2022—2025)》等一系列重要指导性文件,开展了"一带一路"、中国—东盟自贸区建设、《区域全

---

① Raffnsøe S., "Beyond rule: trust and power as capacities", *Journal of Political Power*, Vol. 6, No. 2, 2013, pp.241-260.

② 习近平:《携手建设中国—东盟命运共同体》,《人民日报》2013年10月4日。

面经济伙伴关系协定》落实等一系列具有深远意义的经济合作。这种全方位、多层次的命运共同体构建，正是东盟国家实施信任战略以超越对冲战略所急需的潜在助益。中国—东盟命运共同体的建设将在文化观念、环境结构、行动方式三个方面助益东盟国家构建起真正的信任关系。

首先，在文化观念上，中国与东盟各国有历史文化渊源，双方曾经在很长时间里共处于一个儒家文化体系，东南亚各国国内也生活着为数众多的华人，不论是相同的文化带来的对双方行为处事的良好预知能力，还是共同的血脉和身份团体带来的天然亲近感，都将有助于双方信任关系的顺利构建。有学者认为，中国与东盟各国有着"家人、兄弟、同志"般区别于一般国际关系规范亲缘性和历史认同基础，例如"中泰一家亲"的说法，中国和老挝越南之间"同志加兄弟"的历史认同，中国柬埔寨之间的"铁杆兄弟"的特色定位。[①]这种基于共享文化价值观念的先天优势，是中国与东盟构建信任关系的一大助益。

其次，中国与东盟各国所共处的环境结构决定了双方将实现"利益共同体"向"命运共同体"的超越。"命运共同体"中的各方不仅基于客观的共同利益而合作，更是基于对各自前途命运共生性关系的强烈共识。[②]这种共同体的演进是由中国和东盟各国所处的客观环境结构决定的。一方面，中国与东盟各国无论是经济、科技还是卫生教育等领域交流往来都十分密切，双方构成了极为深入的相互依赖关系，一方的发展与繁荣必然外溢到另一方；另一方面，任意一方的衰落都将造成另一方的巨大损失，更不用提在现代战争的水平下，任意一方卷入战争都有可能给另一方带来巨大的经济与生态损失。因此，在这种密切相连的环境结构中，中国与东

---

① 田飞龙、秦博：《人类命运共同体的典范建构：中国—东盟关系新论》，《成都大学学报（社会科学版）》2022第3期。

② 阮建平、陆广济：《深化中国—东盟合作：从"利益共同体"到"命运共同体"的路径探析》，《南洋问题研究》2018年第1期。

盟国家构建信任关系具有深厚的基础。

最后,在行动方式上,中国—东盟命运共同体的建设实际上是双方制度化合作的延续和升级。中国—东盟命运共同体是中国的"人类命运共同体"战略和东盟的"东盟＋"战略的系统对接,可以创造性地解决不对称合作的难题,并促进区域的整体演进。[①]这种制度化的整合和发展,将使得中国与东盟双方共同构建的信任关系具有牢固的保障,不会因为一些突发性和偶然性事件而轻易瓦解。

构建中国—东盟命运共同体是我国发展与东盟关系的重要战略方针,展现了我国愿意与周边国家睦邻友好、共同发展的良好愿景,同时也将起到对东盟各国以构建信任关系的方式替代对冲战略从而护持东盟中心地位的潜在助益。当然,最终这种替代战略能否实现,还要依赖东盟各国的自身认知和选择,但我国为其提供的良好助益也是不可忽视的成功条件。

五、结语

本文在学界研究的基础上将东盟中心地位的存续条件归结为内部因素与外部环境因素两个部分,其中内部因素主要是东盟内部的一致性,外部环境因素主要是区域内大国均势、大国竞合关系、东盟在区域网络中的关键性位置。本文认为,东盟国家的对冲战略是一种风险规避行为,旨在对冲区域内大国力量对比变动及其引发的区域秩序变动带来的不确定风险。在明确对冲战略的定义并搭建起一个可供验证的东盟中心地位的分析框架后,本文着重研究了东盟国家的对冲战略对于东盟中心地位的存续条件的影响,通过对比分析东盟国家的对冲战略,发现了对冲实施的限

---

① 翟崑、陈旖琦:《第三个奇迹:中国—东盟命运共同体建设进程及展望》,《云南师范大学学报(哲学社会科学版)》2020年第5期。

度与形态具有离心倾向（见图8-1），据此本文认为对冲战略不利于东盟内部的一致性。同时，对冲战略对于东盟的外部存续条件也存在损害，本文强调对冲战略不同于均势战略，不必然导致区域内的大国均势。东盟国家对冲战略还可能会损害区域内的大国竞合关系，对冲战略带来的不确定性会影响区域内大国对东盟作为一个协商对话平台的信任程度，从而使东盟丧失在区域网络中的关键位置。最后，本文讨论在新的印太格局下东盟国家有何途径可以超越其继续坚持的对冲战略。一方面，可以通过建立共同体的努力来实现对冲战略在集体层面上的一致性；另一方面，本文提出可以通过建立信任关系来替代对冲，构建中国—东盟命运共同体对这种信任关系的建立具有潜在助益。

　　未来东盟将面对一个更具不确定性的印太秩序，可以预期的是东盟国家短期内仍然会沿用对冲战略，根据本文的分析，对冲战略对东盟中心地位将起到消极的削弱作用。继续巩固东盟的中心地位对于中国与东盟都具有现实意义，东盟是我国参与东南亚地区事务的良好平台，东南亚地区已经成为我国的第一大贸易伙伴，并且我国与东南亚国家开展着日益深入的经济、社会、医疗卫生等领域的合作，维持东盟中心地位，一方面有利于降低东盟国家对我国的威胁感知，另一方面也可以借助东盟实现与美国、澳大利亚、印度等国的有效对话，成为我国与企图遏制我国崛起的守成大国集团之间的缓冲和协商平台。对于东盟国家来说，维持东盟的中心地位有利于促进区域秩序稳定，促进区域和平、繁荣与发展。因此，避免对冲战略对东盟中心地位的消极影响十分必要，本文提出了通过构建信任关系作为对冲的替代性战略选择，中国—东盟命运共同体的构建就是建立信任关系的一次重要实践。当然，本文主要旨在揭示对冲战略对东盟中心地位的削弱作用，对于如何超越对冲战略以实现对东盟中心地位的护持这一重要问题讨论不足，还有待进一步深入研究。

第一届"东南亚国别政治与区域治理研究"博士生论坛综述

孙　晨

　　季风吹拂,椰林掩映,多元的文明交织于东南亚这片热土。中国与东南亚山水相连,人文相亲,是好邻居、好朋友、好伙伴,中国—东盟关系一直引领东亚区域合作,成为亚太合作的典范。2022年11月5日,由华中师范大学政治学部国际政治研究中心、华中师范大学政治与国际关系学院和《社会主义研究》编辑部联合主办的第一届"东南亚国别政治与区域治理研究"博士研究生学术论坛在华中师范大学召开。本次论坛采用线上线下相结合的方式,根据相关主题分为两个平行会场同时召开,来自北京大学、南京大学、厦门大学、中山大学、中国人民大学、兰州大学、广西大学、云南大学、北京外国语大学、上海外国语大学、华东师范大学、华中师范大学、华南师范大学、武汉理工大学的二十余名青年学子就"东南亚国别政治与区域治理"等一系列重点和前沿问题展开深入探讨。

　　论坛开幕式由华中师范大学政治与国际关系学院教授、中印尼人文交流研究中心主任韦红教授主持。华中师范大学政治与国际关系学院院长胡宗山教授致欢迎辞,他对与会专家学者的到来表示欢迎并预祝论坛取得圆满成功。他指出,东南亚不仅是世界上经济发展最有活力的地区之一,也是全球政治与文化多样性的缩影,在全球化不断深入的今天开展东南亚的国别政治与区域治理研究,有助于更好地理解这一地区的内在逻辑和发展动态,也可为全球治理和国际关系研究提供重要参考。华中师范大学政治与国际关系学院国际政治系主任、《社会主义研究》副主编赵长峰教授就刊物概况、投稿要求等进行了介绍,他诚挚邀请与会学者踊跃投稿,为《社会主义研究》的发展贡献智慧和力量。

在论坛讨论环节,与会学者围绕论坛主题,使用多样化的研究方法和视角对中国与东南亚国家合作、东南亚国家政党政治、东南亚国家外交、东南亚国家民族社会文化、东南亚国家海洋安全政策、东盟组织建构等问题进行了深入剖析。在东南亚国别政治研究分会场,南京大学国际关系学院博士生马赟菲以《"预备大国":一种对印度尼西亚国际角色的时空分析》为题分析了印度尼西亚自独立以来的对外行为,使用角色理论解释了其构建的"预备大国"主导角色及其辅助角色(民主倡导者、地区领导者、和平建设者),并指出这些角色演绎得到了国际社会的接受,从而使得印度尼西亚的对外政策在时间和空间上保持了一致性。华中师范大学政治与国际关系学院博士生郭志奔以《政党制度化与政治民主化:东南亚四国的比较研究》为题,就泰国、菲律宾、新加坡和印尼四国的政党制度化程度从自主性、组织性和适应性三方面进行测量,认为四国主导性政党的制度化水平的差异导致了民主转型绩效差异,制度化水平高的政党能够积累和内化民主规则及程序,从而充分发挥利益表达、社会动员和组建政府的功能,为维系民主体制的有效运转提供必要条件。厦门大学台湾研究院博士生郭剑峰、王艺桦以《迈向4G时代:新加坡领导人继任机制的运行实践与适应性挑战》为题,认为新加坡人民行动党在接班人遴选、培养和交接等方面形成了成熟、系统且独特的机制,维持了长期执政的稳固地位和政策的延续性,但在新一轮代际交接中,反对党的崛起、全球经济危机、后疫情时代的公共卫生和地区安全风险等挑战,是以黄循财为领袖的第四代领导团队面临的重大选举难题,能否应对形势变化是观察人民行动党长期执政能力建设的关键。南京大学国际关系研究院博士生李宇闳的论文《冷战时期地缘政治与泰北国民党军身份互动研究(1949—1975)》分析了冷战时期泰北国民党军在不同政治力量的博弈下形成了多重身份,使泰北地区出现"多重等级体系"的异化现象,各方在战略和安全考量下利用和施压举措并行,使得泰北国民党军在不同力量间保持能动性,实现在国际体系中的灵活应对与生存。上海外国语大学国际关系与公共事务学院博士生黄沛韬以《天下礼制与现代国际秩序——越南在中越南海争端中的实践逻辑》为题,分析了在中越南海争端中,越南对华采取成本收益不成比例的强硬政策的偏好原因,认为越南因受天下礼制场域影响,其行为习惯与现代国际秩序场域的规则存在显著差异,导致理论理性预期与实际行为分离,证明了实践逻辑在行为体组织实践中具有关键作用。

在东南亚区域治理研究分会场,兰州大学马克思主义学院博士生任明哲以《"澜湄太空合作计划"的基础、挑战及前景》为题讨论了中国在澜湄合作第七次外长会上提出的"澜湄太空合作计划",指出长期以来中国同下湄公河国家间良好的战略关系为太空合作奠定了基础,但同时也面临着诸如国家认可、资金匮乏等挑战,未来应秉持"共商、共建、共享"和"四位一体"合作理念,建立专门的太空合作平台,推动太空科技在新领域的应用,以促进澜湄合作机制的创新发展。华中师范大学政治与国际关系学院博士生孙晨以《印太战略视域下的欧盟—印尼海洋安全合作:动因、现状与挑战》为题分析了佐科执政后,欧盟与印尼在维护海上贸易安全、加强战略自主与应对非传统海洋威胁等需求推动下,不断构建涉海合作机制、强化海洋传统与非传统安全合作,但双方合作的深化面临着海洋安全思维差异与内部民族主义思潮、欧盟整体一致性与印尼政治连贯性及印太权力结构与俄乌冲突背景等挑战掣肘。华中师范大学政治与国际关系学院博士生李云龙分享了《中国—东盟数字卫生合作:内涵、挑战与进一步推进的路径》的研究,认为在全球传染病频发的背景下,中国与东盟合作构建卫生健康共同体显得尤为必要和紧迫,但该合作仍面临诸如数字鸿沟、公共卫生治理不平衡、合作机制协调不足及政治因素干扰等挑战,因此双方应加强基础设施建设、医药研发、公共卫生服务数字化及人才培养,推进中国—东盟卫生健康共同体的建设。厦门大学台湾研究院博士生夏昂以《21世纪以来中美东南亚权力格局演变——"权力转移理论"视角》为题,分析了21世纪以来东南亚在全球地缘政治中的重要性不断上升,中美相继提出了针对东南亚的战略或倡议,出现了中美在东南亚战略交错对冲的态势,基于权力转移理论,中国的崛起导致中美在东南亚出现权力转移,改变了区域权力格局,加重了美国的战略焦虑。华中师范大学本科生院周震老师的论文《大国竞争促进区域合作还是会导致制度过剩?》,探讨了中外国际关系理论及其新发展能否解释大国竞争与区域合作的内在逻辑,采用折衷主义和哲学分析方法,从福柯的话语体系及斯帕瓦克的庶民研究视角分析了区域小国在国际竞争中的行为,通过湄公河次域案例以新经济制度主义制度供求关系的视角解释了大国竞争在促进区域合作方面的优势。华中师范大学政治与国际关系学院硕士生郭宾以《东盟国家的对冲战略对东盟中心地位的削弱》为题,分析了自2007年以来东盟中心地位的重要性,认为东盟各国采取的对冲战略旨在避免卷入大国冲突,但实际上导致了东盟内部的离心趋势。尤其在美国提出印太战略后,对冲战略的空间进一步受到限制,从而削弱了东盟的中心地位。

厦门大学东南亚研究中心主任、《南洋问题研究》主编范宏伟教授,南京大学国际关系研究院副院长郑先武教授,华中科技大学东盟研究中心主任黄栋教授,广西民族大学东盟学院副院长葛红亮教授,中国现代国际关系研究院东南亚和大洋洲研究所副所长骆永昆副研究员,暨南大学国际关系学院/华侨华人研究院潘玥副研究员等专家学者对参会论文进行了全面且专业的点评,涵盖论文选题意义、问题意识、文章结构、理论框架、逻辑推论及研究方法等多个方面,不仅为博士生们提供了宝贵的学术指导,也为未来的研究工作指明了方向。与会同学们纷纷表示,通过各位专家的专业点评,更加清晰地认识到在撰写一篇合格的论文时,应该科学地选题、选择合适的研究方法、构思严密的理论框架以及养成规范写作习惯。在论坛闭幕式环节,华中师范大学政治与国际关系学院国际政治系主任赵长峰教授宣布了本次论坛的获奖名单并向获奖者表示热烈祝贺,他鼓励各位同学要"胜不骄,败不馁",不论面对成就还是挑战,都应坚持不懈,努力追求卓越,为创造更好的科研成果而不懈努力。

东南亚各国与我国在经济、社会、文化等各个领域有着密切的交流往来,是"一带一路"倡议实施的重点区域,自1991年中国与东盟开启对话进程以来,双边关系实现跨越式发展,给20多亿民众带来了实实在在的利益。2021年11月,习近平同东盟国家领导人共同出席中国—东盟建立对话关系30周年纪念峰会,宣布建立全面战略伙伴关系,成为双方关系发展进程中的重要里程碑。因此,举办"东南亚国别政治与区域治理研究"博士生论坛有助于激发青年学者对东南亚区域研究的学术写作热情,促进新兴学科区域国别学发展,以期为东南亚区域国别研究人才培养积累经验。